受刑者の法的権利

第2版

菊田幸一 著

三省堂

第 2 版　はしがき

　本著出版から15年が過ぎた。この間に「刑事収容施設及び被収容者等の処遇に関する法律」が成立した（平18・5・24施行）。

　改訂作業では、当然ながら新法下での裁判例検討作業に重点をおいたが、新法施行後10年が過ぎても、新裁判例は10件に満たない（選択基準に左右されるが）。しかも数少ない裁判例でも、旧監獄法下での裁判例を基本に論理構成されているきらいがある。

　新法129条1項「刑事施設の規律及び秩序の維持を害する結果を生ずるおそれがある」の文言は、監獄法47条1項「不適当ト認ムルモノハ其発受ヲ許サス」に該当する。ほぼ100年目に成立した新法も、実質的に「法の支配」には遠い存在であり、司法がそれに追従している。

　2020年の東京オリンピック開催時に、第14回国連犯罪防止会議が日本で開催される。この会議では、「国連被拘禁者処遇最低基準規則」改訂（マンデラ・ルール）が採択される予定である。

　残念ながら日本の行刑は、国際的圧力に頼るしかない。本書が何らかの意義ある資料となれば幸いである。

　本著は、三省堂編集部のご理解と助力なくしては第2版に至らなかった。ここに衷心より感謝致します。

2016年8月20日

著　者

初版　はじめに

　矯正関係における基本法は、1908（明治41）年の制定にかかる監獄法である。ところが、わが国の矯正において、実質的な被収容者の権利の保障・制限にかかわるのは、それ以下の政令、省令による、いわゆる矯正法令であり、さらに、ほんらいは法的拘束力を有しない訓令・通達（国家行政組織法14条2項）に大きく依存している。むろん政令・省令はもとより、その他の訓令・通達においても法律を根拠とするものであり、その基本理念が憲法にあることはいうまでもない。ところが、ほんらい矯正の実務の細部にまで「法律による行刑」で対応できないことを根拠として、各種の行刑上の裁量権が付与されている。その裁量権は法の理念をこえるものであってはならないものであるが、現実には、つねに枠をこえる危険性を有している。

　かつての特別権力関係論は、そのような枠をこえ、施設長に包括的支配権を付与する論拠を提供してきた。しかし、こんにちでは行刑の法違反は、それ自体が司法判断の対象となることが確立している。ところが、たとえば最高裁昭和55年12月19日判決では「行刑及び未決拘禁に関する通達等は、もともと監獄法令を適用、実施するにあたっての職務上の指示ないし指針であって、収容者の目に触れることを前提として作成されたものではない。……通達等の定める収容者の処遇の内容そのものは特に秘匿する必要がない場合であっても、……これを収容者に閲読させることにより、無用の誤解を与え、ひいては不安、動揺の原因となりうるものがありうる」（訟月27巻3号552頁）として、被収容者の図書の閲読許可に際し通達類の部分を含めた雑誌の閲読不許可に違反はないと判示している。通達の内容そのものよりも、被収容者に見せること自体が不要であると判断している。

　他方では、東京地裁昭和50年11月21日判決（訟月21巻12号2493頁）では未決拘禁者に対する新聞図書閲読制限に対し、監獄法31条、同法施行規則86条1項および法務大臣訓令（昭和41年12月13日矯甲1307号「収容者に閲読させる図書、新聞紙等取扱規程」）3条1項（①証拠隠滅に資するおそれないもの、②身柄の確保を阻害するおそれのないもの、③紀律を害するおそれのないもの、に限り閲読させる）に依拠し、支障となる部分の切取りが「拘禁目的」からやむを得ないものであったと判示し、「これらの法令、訓令並びに通達は、いずれも監獄内における未決拘禁者の新聞図書等閲読の制限の実質的根拠及びその範囲等に関する基本的観点として、その制限範囲を順次具体的に定めたものと解せられるのであり……憲法19条、21条に違反するものでない」としている。

ある場合には、被収容者に秘匿することが正当であるとし、他の場合は、その秘匿している通達・訓令を根拠に申立てを棄却している。つまり、いずれにしても行刑に対する司法判断自体が、被収容者に対し、アウト・ローの観念で支配されている疑念が、この二つの判例からも拭えない。わが国の行刑は「法律による行刑」には、はるかに遠い存在であり、しかもそれを司法が追認している。これらの諸問題について、個別的に理論と実際から検討するが、これらの判例は、現実の行刑のほんの一部分を垣間みるにすぎない。受刑者が訴訟を提起するということは、間違いなく仮釈放の希望を絶たれ、あらゆる手のいやがらせを覚悟しなければならない。そのうえで多くの場合において負けの結末である。このような想像を絶する犠牲のうえでの裁判例の積み上げを、単に判例として放置しておくこと自体が問題とされなければならない。なぜ負けなのか、この先も負けるはずのものなのかを検証する必要がある。むろんこれまでにもこの種の検証はなされている。しかし、その大部分は行刑当局か、それに近い人物による作業であった。しかし、判例解釈そのものまで行刑当局の恣意的判断にゆだねているわけにいかない。こんにちの行刑は、ひとり行刑当局に任せておくべき問題ではない。裁判例そのものに客観的検討が加えられなければならない。人権問題は普遍的であり、日本的行刑で人権が語られて合理化される課題ではないからである。無数の問題提起した受刑者の痕跡を無駄にしてはならない。

　本著は判例時報（1531号～1597号、1995年～1997年）に22回にわたって連載したものに加筆したものである。ところが、この数年において裁判にも顕著な変化がみられる。たとえば平成9年11月25日の高松高裁判決（保安情報80号1頁）では弁護士との接見時における看守の立ち会いを違法であると判示している。こうした裁判所による積極的な違法判断の背景には、国際人権規約など国際的な影響もあるが、民間による「監獄人権センター」の設立や、マスコミによる行刑の実態報告等の影響もあるものと判断される。

　受刑者による訴訟提起はその背景に自由を拘束されているという特殊な状況がある。その問題提起は自ずから訴訟提起者の特殊な状況と無関係のものであろうはずがない。これに対する血も涙も感じられない裁判がいかなる場においても真理であるとは思わない。しかし最近の裁判の動きには血と涙を回復させるかの兆しがみられる。

　本著執筆に際しては、監獄人権センター、日本弁護士連合会（法制課）および長年にわたる僚友である鴨下守孝氏（現・仙台矯正管区長）による資料の提供、同氏の著書『新行刑法要論』（1980年、東京法令出版）に負うところが大きい。また朝倉京一氏（元・法務省矯正局参事官、現・弁護士）にも長年にわたり御教示を受けてきたうえ、同氏の著書『改訂監獄法（ポケット註釈全書）』（1970年、有斐閣）に

負うところも大きい。この御両人らにまず感謝申しあげる。立場は異なるが、本書を通じさらなる叱咤、批判をいただき次の課題にしたいと念じている。

　本書がわが国における受刑者の法的権利にいささかの貢献するところがあれば幸いこれに過ぎるものはない。なお、菊田幸一編著『受刑者の人権と法的地位』（1999年、日本評論社）も併せ参照いただければ幸いである。

　2001年4月

菊田　幸一

● ● ● 目　次 ● ● ●

第 2 版　はしがき　　i
初版　はじめに　　iii

第 1 章　収容関係

[1]　刑事施設拘禁関係の特殊性 ･････････････････････････････････ 1
　　1　特別権力関係論　▶　1
　　2　比較較量論　▶　7
　　3　「明白かつ現在の危険」の原理　▶　11
[2]　裁判を受ける権利 ･･･ 12
　　1　証拠書類を閲読する権利　▶　13
　　2　訴訟準備のための防御権と外部交通権　▶　14
　　3　受刑者の法廷出頭権　▶　15
　　4　義務づけ訴訟、違法確認など　▶　20
　　5　行政事件訴訟で勝訴した事例　▶　21
　　6　行政事件訴訟の対象とされたが却下または棄却された事例　▶　23
　　7　裁判を受ける権利　▶　24
[3]　新法における分類と不服申立て ･････････････････････････････ 25
　　1　累進制と分類　▶　25
　　2　新法における受刑者の分類　▶　26
　　3　新法における分離処遇の課題　▶　29
[4]　移　送 ･･･ 31
　　1　法的性質　▶　32
　　2　移送の告知義務　▶　36
　　3　移送の相当性　▶　37
[5]　独居拘禁 ･･･ 39
　　1　独居拘禁の法的性質　▶　40
　　2　昼夜独居　▶　43

3　旭川刑務所厳正独居事件　▶　49
　　　4　国際基準に違反　▶　54
[6]　戒　護 ………………………………………………………………………………… 55
　　　1　制裁具の使用　▶　55
　　　2　保護室拘禁　▶　57
　　　3　死刑囚の特殊房　▶　61
　　　4　全裸検身　▶　62

第2章　作　業

[1]　刑務作業 ……………………………………………………………………………… 65
　　　1　禁錮刑受刑者の勤労の権利と義務　▶　65
　　　2　懲役刑受刑者の就労の義務　▶　67
　　　3　作業報奨金の法的性質　▶　68
　　　4　報奨金の削減　▶　72
　　　5　その他の諸問題　▶　74
[2]　刑務官の職務上の注意義務 ……………………………………………………… 76
　　　1　戒護上の注意義務　▶　76
　　　2　作業上の注意義務　▶　80
　　　3　医療上の注意義務　▶　83
　　　4　刑務官の不法行為責任　▶　87

第3章　教　育

[1]　図書・新聞の閲読 …………………………………………………………………… 91
　　　1　未決拘禁者の閲読　▶　92
　　　2　既決拘禁者の閲読制限　▶　99
　　　3　死刑囚の閲読制限　▶　106
　　　4　購読紙の一部削除　▶　110
　　　5　書籍の証拠上程方法　▶　112
　　　6　閲読誌の冊数制限　▶　114
　　　7　閲読時間の制限　▶　117

　　　　8　証拠書類の閲読　▶　117
　　　　9　新聞紙の閲読　▶　118
　　　　10　閲読禁止の根拠　▶　122
[2]　宗教の自由 ……………………………………………………… 123
　　　　1　信仰の自由と収容の目的　▶　124
　　　　2　宗教家への公金の支払い　▶　127
　　　　3　受刑者への宗教の強制　▶　130
　　　　4　死刑確定者への宗教の強制　▶　131
　　　　5　刑務所における宗教　▶　132
　　　　6　アメリカにおける裁判例　▶　133

第 4 章　給　養

[1]　糧　食 …………………………………………………………… 137
　　　　1　憲法25条と糧食給与基準　▶　137
　　　　2　糧食の一般基準　▶　139
　　　　3　アメリカの給食　▶　144
[2]　喫　煙 …………………………………………………………… 145
[3]　差入れ・自弁・領置・宅下げ ………………………………… 148
　　　　1　未決拘禁者への差入れ　▶　149
　　　　2　受刑者への差入れ　▶　155
　　　　3　自　弁　▶　157
　　　　4　領置・宅下げ　▶　160
　　　　5　新法における差入れ・自弁・領置・宅下げ　▶　163

第 5 章　外部交通

[1]　在所者と外部との面会 ………………………………………… 165
　　　　1　未決拘禁者の面会　▶　165
　　　　2　受刑者の面会　▶　170
　　　　3　死刑確定者の面会　▶　181
　　　　4　面会の意義　▶　191

[2] 信書の発受 ………………………………………………… 192
 1 未決拘禁者の信書の発受　▶　194
 2 受刑者の信書の発受　▶　203
 3 死刑確定者の信書　▶　210
 4 信書の発受と人権　▶　214
[3] 著作および著作物の発表 ……………………………………… 215
 1 未決拘禁者の著作　▶　216
 2 確定死刑囚の著作発表　▶　220
 3 既決囚の著作　▶　224
 4 刑事施設における「著作」　▶　226
 5 受刑者の表現の自由　▶　227

第6章　保健と医療措置

[1] 保　健 ………………………………………………………… 229
 1 頭　髪　▶　229
 2 入　浴　▶　232
 3 運　動　▶　233
[2] 医療措置 ……………………………………………………… 236
 1 医師不足　▶　236
 2 法条の有効確認　▶　238
 3 医療行政上の不当　▶　239
 4 医療技術上の過失　▶　242
[3] 医療措置に関する最高裁判断 ………………………………… 247

第7章　懲　罰

[1] 懲罰と適正手続 ……………………………………………… 249
 1 懲罰手続の不備　▶　249
 2 懲罰事例　▶　253
 3 未決勾留中の懲罰　▶　259
 4 懲罰の量定　▶　260

5　行政手続の保障原則　▶　263
　　　6　刑事施設法の懲罰規定　▶　265
　　　7　アメリカの懲罰　▶　266
　　　8　国際準則と懲罰　▶　269
[2]　**軽屏禁罰と行動の規制** ·· 272
　　　1　運動・入浴の禁止と軽屏禁　▶　273
　　　2　その他の懲罰と軽屏禁　▶　278
　　　3　未決拘禁者の軽屏禁　▶　280
　　　4　刑事施設法の閉居罰　▶　281

第8章　刑務官の職務権限と守秘義務

[1]　**刑務官の職務権限** ·· 283
　　　1　保安作用の内容と限界　▶　283
　　　2　違法とされた事例　▶　286
　　　3　適法とされた事例　▶　288
[2]　**刑務官の守秘義務** ·· 291
　　　1　職務上の秘密　▶　291
　　　2　被収容者の身分帳簿　▶　292
　　　3　接見表・書信表、願箋・診療録　▶　294

第9章　代用監獄

　　　1　代用監獄制度の意義と弊害　▶　297
　　　2　代用監獄の問題点　▶　300

判例索引　303
事項索引　316

装丁＝三省堂デザイン室
組版＝木精舎

○○○ 凡　例 ○○○

○法令名

　基本的にはフルネームで示したが、適宜、刑事収容施設及び被収容者等の処遇に関する法律は「法」あるいは「新法」さらに「刑事収容施設法」と、刑事収容施設及び被収容者等の処遇に関する法律施行規則は「新規則」「規則」などと、監獄法は「旧監獄法」「旧法」などと、監獄法施行規則は「旧施行規則」「旧規則」と、市民的及び政治的権利に関する国際規約は「Ｂ規約」あるいは「自由権規約」などと表記した。また、形態を問わず抑留または拘禁されている者の保護に関する原則（国連）は「国連被拘禁者保護原則」とした。

○判　例

　判例集等は下記のように略記した。

刑集	最高裁判所刑事判例集
民集	最高裁判所民事判例集
高刑集	高等裁判所刑事判例集
下刑集	下級裁判所刑事裁判例集
下民集	下級裁判所民事裁判例集
行例集	行政事件裁判例集
刑事月報	刑事裁判月報
東高刑時報	東京高等裁判所刑事判決時報
東高民時報	東京高等裁判所民事判決時報
訟月	訟務月報（法務省訟務局）
判時	判例時報（判例時報社）
判タ	判例タイムズ（判例タイムズ社）
判例体系(5)(6)	判例体系「少年・矯正保護法」5、6（第一法規出版）
矯裁例集	矯正関係裁判例集（法務省）
矯裁例集(2)	矯正関係裁判例集（二）（法務省）
保安情報	保安情報（財団法人矯正協会）

第1章　収容関係

［1］　刑事施設拘禁関係の特殊性

1―特別権力関係論

　公法上の営造物利用関係の一種とされている刑務所への受刑者収容については、「公法上の特別権力関係」であるとして、特別権力の特殊な包括的支配に服するものとされてきた。しかし、刑務所が公法上の営造物利用関係である点については異論がないとしても、後に論ずるように、国立学校の学生・生徒の在学関係、公務員の勤務関係等の伝統的な特別権力関係とは同一に論ずることはできない。また戦後の現行憲法下において基本的人権の尊重に基づき、受刑者の収容関係についても行政上の一般条項が採用されるに至り、特別権力関係論はその論拠を喪失したとみなされている。しかし、刑事施設拘禁関係における裁判の実際においては、必ずしも特別権力関係論が喪失したものとは理解されていない。

平峯判決

　この点に関し最初に問題提起したのはいわゆる平峯判決（裁判長の姓を冠した）である（大阪地判昭33・8・20行例集9巻8号1662頁）。原告は大阪拘置所に収容されていた確定死刑囚（孫斗八）であるが、請求は拘禁、戒護、教養、給養、運動、接見、信書、領置、その他の多岐にわたる。その基本問題として拘禁における法律上の地位（公法上の特別権力関係）についての司法判断を求めたものである。この裁判において被告（大阪拘置所長）側は、「被告が原告に対してする各種の処分は、特別権力関係に基くものであり、行政訴訟の対象にならない」とし、「特別権力関係は、国が特定の行政目的を遂行す

るため特別の地位にある私人に対し、強度の服従を要求しうるもので……その関係の成立には法律の根拠を要するが、特別権力関係が成立した以上は、……継続的かつ有機的な関係が成立し、その特別権力関係の性質によって定まる一定の範囲内において私人は包括的な服従義務を負う。この場合、直接、権力を行使する行政庁の私人に対する下命行為は、一般的なかたちでなされるときは行政規則として、そうでないときは個別的、具体的な下命行為としてあらわれる。しかし、その下命行為は法規によるものではなく、行政庁の合目的的な裁量に委されているから、その処分の当否につき法規による評価ということはありえない」とした。

　一方、原告は「発信を拒否、隠匿、抹消したり、表現の自由を奪う目的で原稿用紙等の使用を禁止したり、……被告の行為は、特別権力関係を理由に、原告の市民としての憲法上の権利を剥奪するものであり、また監獄法も無視しているものである。……被告の行為は監獄管理という特別権力関係の目的達成に必要な措置ではなく、専ら憲法を無視し、人権蹂躙をほしいままにして、監獄の秩序を維持し、因襲的な監獄職員を保護するものであり……」と反論した。

　これに対し裁判所は「公法上の特別権力関係が成立していることは疑いがない」としながらも、「特別権力関係は……設定目的のために必要な限度において、……包括的な支配権の発動として、命令、強制をなし得るものであると説かれている。しかし、このことが拘置監関係その他の監獄収容関係にもそのまま妥当し、……具体的な法律の根拠なしに命令強制を行い得ると速断することは許されない。なんとなれば、監獄収容関係は法律によってのみ成立するものであって、収容者にとっては全く害悪と屈辱の場であり、……それがもたらす効用ないし利益はもっぱら一般社会にのみあって、収容者にはなく、……その他の特別権力関係〔公立学校や公務員の関係〕が、当該私人に利益を与えつつ公の目的を果しているのとは、……趣を異にしている……。一般に営造物の行政的管理は命令の形式でできるが、使用の強制と自由権の制限は法律をもってしなければならない。監獄関係はその最たるものであることは多言を要しないであろう。……拘禁の目的を達する必要上、必然的に制限せざるを得ない限度において、基本的人権が、……制約を受ける

ことはやむをえないところと解すべく、また、それとともに、法律によるその制限も、設定目的に照して必要最小限度の合理的制限のほかは認められるべきでない」と判示した。

平峯判決の意義

現行憲法下において、国民の権利・自由は、すべて法律に根拠をもち（法律の留保）、憲法に違反する法令は裁判所の違憲審査権に服するものとされている（98条、81条）。それでもなお刑務所という営造物に関しては、特殊な支配服従関係にあり、法律によらない命令強制の可能な包括的支配権を有するとの理論が、特別権力関係論のもとに展開されてきた。先に示した被告（拘置所）の申立てがその典型である。

これに対し、平峯判決は、第1に、従来の特別権力関係論による権利自由の制約の可能性を否定し、刑務所における処分行為に対する行政裁判の許容性を認めた点で重要な意義がある。

第2に、判決は、刑務所収容関係を公権力発動関係とし、「設定目的に照して必要最小限度の合理的制限のほかは認められるべきでない」としている。たとえ、その制限が「法律のわく内と委ねられた範囲では、被告の自由裁量が行われるもの」であったとしても、その自由裁量行為も、当然に法規の授権に基づく行為であらねばならないとした。

第3に、付論ながら指摘しておくと、平峯判決は、「公法上の特別権力関係が成立していることは疑いがない」とし、部分的には特別権力関係を容認しつつも法によらない包括的支配を排除したものであって、その後の特別権力関係否定論者からは、本判決の論理的背景に矛盾のあることが指摘された（たとえば、室井力『特別権力関係論』1968年、勁草書房、413頁以下、菊田幸一編『判例刑事政策演習（矯正処遇編）〔改訂増補版〕』1987年、新有堂、1～8頁〔菊田幸一執筆〕等参照）が、法規の授権内での自由裁量という枠を設定した点で意義があった。

特別権力関係論の推移

明治憲法下においては、特別権力関係を認める理論は、ドイツのO・マイヤー（O. Mayer, 1846～1924）らの相対的区別論に与してきた。しかし新憲法下においては、特別権力関係否定論が有力視されながらも、包括的支配服従

関係を認める特別権力関係論はいぜんとして根強い。

　平峯判決の後における裁判例の推移から検討しておきたい。静岡地判昭35・3・18（行例集11巻3号716頁）では、「特別権力関係内部の行為であっても、それが個人の権利義務その他の法律関係に変動を生じさせるものである限り、……抗告訴訟の対象となりうる」として懲戒処分を取り消しているが、基本的には平峯判決に依拠している。また千葉地判昭35・4・14（行例集11巻4号1114頁）も、受刑者を他の刑務所に移送する処分は、特別権力における刑務所長の自由裁量行為であるが、「受刑者が……情願等において刑務所の運営の不正、不当を指摘したことに対する報復として」行われるような場合は、「自由裁量の範囲をこえ違法となり、司法救済の対象となる」としている。広島地判昭42・3・15（行例集18巻3号223頁）では、「営造物に受刑者として収容されている原告と営造物の主である国との間には懲役監収容という営造物使用関係が存在する。そうして、……刑務所長たる被告と原告の間には右の刑の執行の為に必要な範囲と限度において、被告が原告を包括的に支配し、原告は被告に包括的に服従すべき関係いわゆる公法上の特別権力関係が成立している。ところで、特別権力関係においても憲法の保障する基本的人権は排除されるわけでなく、ただ特別権力関係設定の目的に照らして合理的と認められる範囲において制限をうけるにすぎない」と表現している。

　このように「合理的に不可欠と考えられる範囲を逸脱し、社会的観念上著しく妥当を欠く場合は、これに対する司法救済を求め得る」と判断し（同旨、津地判昭36・10・21行例集12巻10号2138頁、大阪地判昭41・12・26行例集17巻12号1385頁、東京地判昭44・12・26訟月16巻4号400頁）、特別権力関係を前提としつつ司法救済を認める見解が定着してきた。

　また、拘留中の在所者について、特別権力関係下にあるものとし、その関係下においては、「一々法律の根拠を要せず、一般的に又個別的に命令強制をなし得るものであると解する……。しかしてかかる関係はそれが法律の規定によると、任意に出たものであるとの区別はなく、その設定目的に照応する包括的支配服従関係の設定されるところにその本質があるものと解する」（高知地判昭40・3・31訟月11巻6号873頁）として、旧監獄法施行規則96条（喫煙の禁止）が合理的範囲内のものであると判示した（同旨、最大判昭58・6・22

民集37巻5号793頁)。この事例は、喫煙の禁止は、人身の自由に対する制限の合理的範囲に属し「行政目的の範囲内」において許され違法ではないとしたのである。

ただし、高知地裁判決の上告審において最高裁は、第一審を支持しながらも、ことさら特別権力関係たることの表現を避けて原告による上告を棄却している（最大判昭45・9・16民集24巻10号1410頁）。その後、一、二例の裁判例（鹿児島地判昭49・5・31訟月20巻9号103頁、神戸地判昭54・9・27訟月26巻1号94頁など）があるが、ことさら「特別権力関係」という表現を避けている。もっとも「特別権力関係」という用語は、一般的には「国または公共団体とその特別統治権に服する者との法律関係」（杉村敏正編『行政法概説　総論〔三訂版〕』1988年、有斐閣、67頁）であって、刑務所収容がその一例であることに異論はない。問題は、こうした特別権力関係内において個人の基本的人権の制限が法律を根拠としつつも、どこまで包括的に制約できるかにある。先に示した神戸地判昭54・9・27では「公法上の特別権力関係」としており、その限りでは、さして問題ないといえよう。

ともあれ、近年においては、受刑者の人権制限には具体的な法律の根拠が必要であり、刑務所管理者の「裁量権の限界」をこえる処遇を行った場合には違法となり、司法審査に服するとの見解が定着し、同時に実質的にも特別権力関係を否定するかの傾向がみられる。

この傾向は1981（昭和56）年ころより、とくに拘置所の在所者が、図書・新聞の閲読の制限、信書の授受・接見の制限、喫煙禁止、戒具の使用、物品所持の制限、懲罰、看守の暴行等の違法性を具体的に争うようになって顕著となった。最大判昭58・6・22（民集37巻5号793頁）は、いわゆる公安事件被拘禁者の新聞記事閲読に関し、前掲最高裁大法廷判決（昭45・9・16）を踏襲し、特別権力関係論を避けた。この方向に沿って、こんにちでは、特別権力関係論はことさら問題とされない現状にある。そして、前掲最高裁大法廷判決（昭45・9・16）の棄却理由でも、「必要な限度において、被拘禁者のその他の自由に対し、合理的制限を加えることもやむをえない」とし、「右の制限が必要かつ合理的なものであるかどうかは、制限の必要性の程度と制限される基本的人権の内容、これに加えられる具体的制限の態様との較量のうえに立

って決せられるべきものというべきである。……喫煙の自由は……基本的人権の一に含まれるとしても、あらゆる時、所において保障されなければならないものではない。……喫煙禁止という程度の自由の制限は、必要かつ合理的なものであると解するのが相当であ」るとしている。

　ここでは制限の必要と合理性の判断の基準は「利益衡量」で決せられているが、その根拠は「合理的目的の範囲」であるとするのが大方のとるところである。そして、この最大判昭58・6・22は、「利益衡量」の具体的判断基準を示したものとされているが、「どのような内容、程度の制限措置が必要と認められるかについては、監獄内の実情に通暁し、直接その衝にあたる監獄の長による個個の場合の具体的状況のもとにおける裁量的判断にまつべき点が少なくないから、障害発生の相当の蓋然性があるとした長の認定に合理的な根拠があり、その防止のために当該制限措置が必要であるとした判断に合理性が認められる限り、長の右措置は適法として是認すべきものと解するのが相当である」としている。「長の認定に合理的根拠があり、その判断に合理性が認められる」ということでは、何ゆえに合理的であるかの根拠の説明にはなっていない。いわゆる「利益衡量」の判断基準の問題が生じた。

　むろん1908（明治41）年制定にかかる監獄法・同施行規則が、個別具体的司法判断になじまないものであることは理解できないわけではない。しかし問題は当該事件に関していえば思想・良心の自由の不可侵を定めた憲法19条や表現の自由を保障した憲法21条に対する司法判断である。司法判断であるうえは、行刑処分に対する法律問題としての見解が示されなくてはならない。刑事施設の長による包括的判断にゆだねられていた特別権力関係論から、その論拠に依拠しつつも司法判断にゆだねられ、さらに特別権力関係論そのものの否定から司法判断へ推移したかのごとくみられる裁判例においても、実はその実体としての特別権力関係論は厳然として有力な根拠となっていると考えられる。

　わが国において裁判官が刑務所の実務内容について、どの程度熟知しているかについては、むろん推定の域を出ないが、刑事裁判担当の裁判官においてさえ受刑者の刑務所における生活をどの程度つかんでいるかは疑問である。

　むしろ特別権力関係論を背景に、矯正実務の実態については知ることを避

けてきたきらいがある。結果的には刑務所当局は、全体を統制し、管理することに主力をそそぎ、受刑者の個別的な諸問題は規律維持を名目に軽視されてきた。

その実態的な現状について、さらに検討を加えておこう。

2―比較較量論

特別権力関係論にいわば代位するものとして登場してきたのが「公共の福祉論」である。むろん公共の福祉論は特別権力関係論とともに被収容者の権利制限の根拠として併用されてきた。たとえば前掲平峯判決（大阪地判昭33・8・20）においても「監獄の保安維持と一般社会の不安防止という公共の福祉のために、監獄の長が在監者の発受する通信を検閲することは許される」としている。その他「刑の執行の目的は、公共の福祉にあると言わねばならないから、これに必要な範囲と限度においては、基本的人権の制限は憲法に違反しない」という裁判例もある（広島高判昭48・5・29行例集24巻4・5号376頁、東京地決昭41・3・16下刑集8巻3号524頁、東京地判昭44・12・26訟月16巻4号400頁）。

そこで「公共の福祉」とは何かが明確にされなくてはならないのであるが、公共の福祉の評価については「世間にイデオロギーの差があるのと同じほど多様に分裂する」危険性がある（渡辺洋三『現代法の構造』1975年、岩波書店、139頁）。ここで公共福祉論を展開する余裕はないが、少なくとも「公共の福祉が介入できる範囲は、基本的人権に対する枠組みまでであり、基本的人権そのものの排除までではない」と筆者は考えている（菊田幸一『いま、なぜ死刑廃止か』1994年、丸善、23頁参照）。被収容者についていえば、少なくとも集会・結社の自由など刑務所収容に伴う必然的な物理的制約を除いた思想・良心の自由等は福祉論によっても排除されるものであってはならない。在所者の基本権の制限が抽象的な概念で根拠づけされることが危険であることはいうまでもない（池田政章「刑務所収容と特別権力関係」田中二郎・雄川一郎編『行政法演習(1)』1963年、有斐閣、33～34頁）。こうした公共福祉論の多義性に当面した結果であろうか、近年の裁判例では「公共の福祉」に代わって

「行刑目的」、「拘禁目的」ないしは「収容目的」と「収容秩序維持の目的」という言葉が多用されるに至っている（若干の例では「公共の利益」という言葉が使われている。例、東京地判平4・7・27判タ806号144頁）。ところが、これらの目的に、ある行為が反するか否かの判断基準は、むろん具体的には未決拘禁、刑務所、確定死刑囚によって異なってくるにしても、はたしてどこまで基準たり得るかが問題である。

特異な観点ではあるが、受刑者の選挙権について注目すべき判決がある。大阪高判平25・9・27（判時2239号24頁）である。公職選挙法が、受刑者に選挙権および被選挙権の行使を認めていないことの違憲を確認している。

拘禁の目的

たとえば未決勾留について、前掲最大判昭45・9・16では「逃走または罪証隠滅の防止を目的として、……秩序を維持し、正常な状態を保持するよう配慮する必要がある。……右の目的に照らし、必要な限度において、……その他の自由に対し、合理的制限を加えることはやむをえない」とし、「制限が必要かつ合理的なものであるかどうかは、制限の必要性の程度と制限される基本的人権の内容、これに加えられる具体的制限の態様との較量のうえに立って決せられるべき……である」として、いわゆる「比較較量論」を展開している。

受刑者の「収容目的」については、長崎地判昭60・5・22（判タ562号144頁）では「自由に対する制限が必要かつ合理的なものとして是認されるかどうかは、〔刑の〕目的のために制限が必要とされる程度と、制限される自由の内容及び性質、これに加えられる具体的制限の態様及び程度等を較量して決せられるべきである」とし、図書閲読不許可処分について、刑務所内の規律および秩序の維持上放置できない程度の障害が生ずる蓋然性があったと認めることは困難で違法であると判示した。しかし控訴審の福岡高判平2・12・20（訟月37巻7号1137頁）は、これを棄却し、最判平5・9・10（判時1472号69頁）も第一審を破棄した。その判断基準の相違は施設長の裁量判断をどの程度まで認めたかにかかっている（詳細については、第3章［1］参照）。

次に、確定死刑囚については、旧監獄法9条では未決に準ずるとしていたが（刑事収容施設及び被収容者等の処遇に関する法律123条参照）、1963（昭和38

年3月15日矯正局長依命通達「死刑確定者の接見及び信書の発受について」（矯正甲96号）以来、裁判所は、収容の確保、心情の安定と規律秩序の維持を最大の目的とし、未決はもとより一般受刑者とも厳格に区別している。東京地判平元・5・31（判時1320号43頁）では、比較較量論を判断基準としたが、前掲東京地判平4・7・27では、「死刑確定者の拘禁は、逃亡の防止及び死刑執行の確保という目的を達成するため……未決拘禁者の拘禁とも自由刑の執行としての拘禁とも性格を異にするものではあるけれども、……監獄内の規律及び秩序の維持の観点からの一定の制限を加えられることもまたやむを得ない」とし、その具体的判断は「監獄の長たる所長に広い裁量権が与えられている」としている。そして、東京地判平5・7・30（判タ841号121頁）になると「死刑囚の拘禁目的は、執行までの身柄確保と社会からの隔離」であるとし、所長の裁量権や比較較量論も判断基準とはなっていない。

　以上の検討から明らかなように、被収容者の拘禁の目的からは、明確な判断基準を見出すことは困難である。そこで前掲最大判昭58・6・22が示した判断基準について、さらに具体的に検討しておこう。

最高裁の判断基準

　この判決は、「よど号事件」新聞記事抹消に関するものである。「よど号事件」発生以降のすべての新聞記事を東京拘置所長が塗りつぶし抹消したため、国家賠償請求したものである。同判決が示した自由制限の判断基準は、①制限の具体的根拠、②制限の許容基準、③具体的な制限措置の適法性判断基準の3点に分けることができる（鴨下守孝『新行刑法要論』1991年〔2009年、全訂2版〕、東京法令出版、80頁参照）。

　①については、「勾留により拘禁された者は、その限度で身体行動の自由を制限されるのみならず、……逃亡又は罪証隠滅の防止の目的のために必要かつ合理的な範囲において、それ以外の行為の自由をも制限されることを免れないのであり、……これらの者を集団として管理するにあたっては、内部における規律及び秩序を維持し、その正常な状態を保持する必要があるから、この目的のために必要がある場合には、……その者の身体的自由及びその他の行為の自由に一定の制限が加えられることは、やむをえない」とした。

　②については、「これらの自由に対する制限が必要かつ合理的なものとし

て是認されるかどうかは、右の目的のために制限が必要とされる程度と、制限される自由の内容及び性質、これに加えられる具体的制限の態様及び程度等を較量して決せられるべきものである」とした。

③については、「右の制限が許されるためには、……規律及び秩序が害される一般的、抽象的なおそれがあるというだけでは足りず、被拘禁者の性向、行状、監獄内の管理、保安の状況、……規律及び秩序の維持上放置することのできない程度の障害が生ずる相当の蓋然性があると認められることが必要」であるとした。

ちなみに、この裁判は、格別新しい司法審査の基準を示したものではなく、同事件の第一審（東京地判昭50・11・21訟月21巻12号2493頁）、最大判昭45・9・16（民集24巻10号1410頁）、東京地判昭50・2・21（行例集26巻2号211頁）、ならびに東京地判昭54・12・6（判時947号67頁）などで示されていた「相当の蓋然性」基準を支持することを明らかにしたものである。問題は、「相当の蓋然性」の判断に至る「許容基準」の基盤である「利益衡量」（最大判昭45・9・16）が、「相当の蓋然性」とどう合理的に結びつくかにある。

ほんらい被収容者の権利制限については、伝統的に「明白かつ現在の危険」（clear and present danger）が判断基準の原則とされてきた。ところが、この原理は徐々に、その範囲が拡大されてきた。広島地判昭42・3・15（行例集18巻3号223頁）は「ある文書図画を受刑者に閲読させることによって監獄からの逃亡の防止と監獄内の規律および秩序の維持に『明白かつ現在の危険』を生ずる蓋然性の認められる場合には〔当該〕文書図画の閲覧を禁止又は制限することも許される」と判示した。続いて本件の控訴審である広島高判昭42・10・31（高民集20巻5号484頁）は「〔受刑者の文書図画の閲読の自由は〕行刑目的に照らして……それが逃亡の防止、刑務所内の秩序維持に明白かつ現在の危険を生ずる程度にいたらなくても、原則として、刑務所長の専門的、技術的判断にしたがって制限しうる」とした。その背景をなす基準は「相当の蓋然性」という所長の広範な裁量権を付与したところにある。同判決において裁判所は「『明白かつ現在の危険』の理論は、そのような自由が可能なところ、すなわち、一般社会において適用される理論であって、刑務所に収容され、刑の執行のために種々の自由が制限さるべき受刑者に対して、ただ

ちにそのまま適用される理論ではない」と断定するに至った。

3 ―「明白かつ現在の危険」の原理

アメリカ合衆国最高裁判所が形成したこの原理（1919年）は、まさに言論・表現の自由妨害への実質的基準となるべきものであった。近年においては、この基準も若干の修正を余儀なくされている（「明白かつ切迫した危険」）が、言論の自由を保障する基本的基準であることに変わりない。同時にアメリカにおいても登場した「二重の基準理論」（double standard）やLRA（less restrictive alternative）理論は、「現在の危険」論をより発展した緻密な基準とされてきた。もとより、これらの基準も本質的には主観的判断基準であることを免れない。被拘禁者の現実の権利義務の判断基準としてどの程度有効であるかは不確かである。しかし、基本的人権である表現の自由の侵害が「明白かつ現在の危険」の原理でどこまで制限できるか、この原理に向かっての個別・具体的な積み重ねが求められねばならない。

「二重の基準」の理論は、ほんらい、言論や表現の自由など精神的自由の規制基準手段ではあるが、基本的には比較較量論であり、比較のどちらに重みを置くかによって相反する結論が生まれるという点では共通している。しかし、この理論の詳細について検討することは避けたい。その理由は、主として、この理論がわが国の裁判で論じられてきたのは、主に労働問題や性表現の問題など、刑事施設内の人権とは別分野の問題についてであり、被収容者の人権にかかわる「明白かつ現在の危険」の基準も、せいぜい下級審裁判の段階であり、最高裁では、1件もない。つまり刑事施設における人権の問題は裁判においてもまだ黎明期であり、不毛の状態なのである。それは旧監獄法自体が被収容者の人権の枠組みを設定したものではなく、管理者側による被収容者の権利規制の根拠のためのものであるところにも要因がある。こんにちでは、これまでに検討してきたように、「相当の蓋然性」という「公共の福祉」に代替する基準と「専門家たる監獄の長の認定に合理的な根拠がある」（最大判昭58・6・22）とする事実上の特別権力関係論に逆もどりしつつある。「明白かつ現在の危険」基準がなしくずし的に放棄され、特別権力関

係論そのものが、実質的にこんにちの裁判を支配しているようである。

［2］　裁判を受ける権利

　矯正施設を特別権力関係としてとらえる考えは根強く残っているが、特別権力関係に基づく行為でも司法救済を求めることができるとする方向は裁判所においても定着しているとみてよい。大阪地判昭33・8・20（行例集9巻8号1662頁）は「具体的な行政処分がなされない以前においても公法上の権利関係の存否について裁判によって確定するに適する法律的紛争が存在し、その紛争が裁判によって解決するに足る程度に現存する、いわゆる争いの成熟が存する限り、裁判所は右争いのある権利関係の存否を確定し、当事者間の紛争を解決して司法救済を与えるべき職責を有する」とし、「裁判は、一般の場合には、法適用の保障的機能を果せば足りるから、事後審査が建前上妥当し、従って、裁判所にその事前の段階において、第一次的判断を要求する訴は、権利保護の資格を否定されるのを是認しなければならない。しかし、それ等を絶対的に貫き例外を許さないとするのは偏狭であり明らかに正義に反する。裁判所の事後審査が明らかに無意義にして不合理と認められ、しかも事前審査のみがよく救済に適合するような場合に、なおかつ事前の出訴を許さないとすることが、どうしてできようか、司法万能の考えはもとより排すべく、司法は、適正な行政の運営を期待して謙虚たるべきで、同法万能の弊は小さしとしない。しかし行政独善の弊はそれにも増して排すべく、その弊の赴くところ、自由と権利は画に描いたもちと化するに近い。少なくとも義務確認訴訟は一定の場合に認められなければならない所以である」と判示した。

　同判決においては、さらに①現実の権利の侵害がある場合、②現実の権利の侵害はないが、その危険がさし迫っている場合、③権利の侵害の危険がさし迫っているとはいえないが、原告が当面している問題に対する裁判所の判決が価値をもつような事態の発生の合理的蓋然性が存すると認められる場合

には、宣言的判決が容認される、と判示した。そして、行政事件訴訟として取消訴訟、無効確認訴訟、義務確認訴訟の適法性を認め、作為・不作為請求訴訟をも義務確認訴訟と同視する見解を明らかにした（同旨、津地判昭36・10・21行例集12巻10号2138頁、東京地判昭38・7・29行例集14巻7号1316頁）。

かくして広島高判昭42・10・31（高民集20巻5号484頁）では「裁判を受ける権利の憲法上の権利」が尊重されると判示するに至った。こんにち刑務所の措置による権利侵害の救済を求めて、民事（国家賠償法によるものは民事として扱われている。国賠1条1項、2項）または行政の訴訟を提起する例が増加しているが、具体的事例としては①証拠書類等を閲読する権利、②訴訟準備のための防御権および外部との交通権、③裁判所へ出頭する権利の有無が問題となる。その現実を概観しておきたい。

1――証拠書類を閲読する権利

岐阜地判昭59・5・14（訟月30巻12号2613頁。本書102頁、117頁、156頁参照）は、服役中、他の受刑者に傷害を負わせて起訴された受刑者が、弁護人から差し入れられた被害供述調書など証拠書類の閲読許可を願い出たところ不許可となり、その取消しを求めた訴訟である。本件は書類の差入れが接見交通権に基づくものであることを認定したうえ、在所者の文書・図書を閲読することの自由を制限する必要性の有無ないしは必要とされる制限の内容および程度について判断を誤った違法があり、「刑事訴訟法上の権利が侵害された」と判示した。

これに対し、国側は既決囚でもある刑事被告人に刑事訴訟法39条1項が当然に適用されるかについて疑義があること、本件書類を原告に閲読させるときの危険性および図書等の閲読制限に対する刑務所長の裁量が尊重されるべきこと等を理由に控訴した。しかし控訴審（名古屋高判昭60・3・27訟月31巻11号2860頁）では、既決囚にして刑事被告人でもある者について弁護人との接見交通権が認められるとしたうえ、本件のように弁護人が訴訟上差入れの必要があると判断し、在所者がこれを閲読して事前準備をしようとした特別な事情がある場合は、自由権に基づく場合よりも権利としてさらに加重されて

おり、全面的に不許可としたのは不合理であり違法であるとして控訴を棄却した。

本件は弁護人の接見交通権の問題ではあるが、被控訴人は①自己の刑事被告事件の防御のため、②公判期日前の罪状認否等の正確性を期するための事前打合わせの必要から、刑務所長は、これを尊重しなければならないとした。しかし、本判決の基本となっている「相当の蓋然性」は、具体的状況いかんによっては不許可の適法性にも結論づけられるものであり、その後の判例として定着しているものではない。

2 ── 訴訟準備のための防御権と外部交通権

被収容者が懲罰を受けたため訴訟準備ができないことがある。前橋地決昭52・5・19（矯裁例集(2)306頁）では、看守に暴行を加えたとして軽屏禁60日の懲罰を受けた被告人が、その取消訴訟とともに、執行停止を求めたが、被告事件の防御権には支障がないとして却下されており、多くの同類の却下事例がある（例、山口地決昭52・7・11矯裁例集(2)323頁、広島高決昭52・7・20矯裁例集(2)328頁、東京地決昭52・12・26矯裁例集(2)463頁、東京地判昭53・2・20矯裁例集(2)374頁、東京地決昭53・7・24矯裁例集(2)431頁等）。いずれも被告人に懲罰が科せられた事例であるが、京都地判昭52・11・25（訟月24巻1号109頁）は、懲役刑の余罪受刑者が許可なく認書行為をし所定の刑務作業を行わなかったことにつき、紀律違反として軽屏禁・文書図書閲読禁止20日の懲罰を科せられ、これを違法として損害賠償を求めた事件で、「懲罰処分に裁量権の濫用はない」として却下している。

実務では、受刑者が告訴、告発または民事訴訟等の訴訟書類を作成するにあたって、余暇時間だけでは足りないとして就業時間中の出願をしても許可していない。ただし余暇時間の延長措置が可能な限りとられているようである。

次に、受刑者が自己の訴訟準備のために弁護人以外の者や民事訴訟のため外部と交信ができるかの問題がある。

東京地判昭50・11・4（行例集26巻10・11号1259頁）では、拘置所長は在所者

が被告人として公判期日に出廷する際の携行文書につき、「諸般の事情を勘案し、被告人の防御権の行使が実質的に妨げられない限り、携行する文書を一定の範囲に制限することも許される」とし、棄却している。

本件は、原告が審理の併合、起訴状の釈明要求等の訴訟活動に不可欠であるとして公判準備文書携行を要求したのであるが、メモ文書の携行が可能であったとして、職員の検査の負担増などをも根拠に棄却したものである。公判準備資料として差入れを受けており、訴訟活動に不可欠な文書であるとしているのであるから、その判断は原告がすべき問題であり、職員の検査の負担量で許否できるものか疑問がある。

その他、在所している被告人に対する第1回公判期日の召喚状が施設の長に対し適式に送達されていたものの被告人には交付されていなかった事案において、被告人が同期日に出頭しており、右交付を受けていないことについて異議を述べていなかったとして違法の主張は棄却されている（東京高判昭61・6・26刑事月報18巻5・6号725頁）。

3 ─ 受刑者の法廷出頭権

民事または行政訴訟においては、訴訟代理人が設けられており、代理させることは可能であるが、在所者に裁判所から呼出状が送達されれば、本人を口頭弁論期日に出廷させなければならないか、つまり憲法32条は裁判所に出頭することまで保障しているか否かが問題となる。

東京地判昭45・12・14（訟月17巻4号624頁）では、憲法32条の保障する裁判を受ける権利とは、裁判所に訴えを提起する自由であり、出頭して訴訟を遂行することまでは含まれないとし、広い意味では含まれるにしても、無制限ではなく、刑務所長の許可を前提とすると判示していた（同旨、東京高決昭45・9・3判例体系(5)39の2頁、最決昭45・12・18判例集未登載、徳島地判昭40・11・25訟月11巻12号1805頁）。

これに対し、札幌高決昭52・9・26（判タ364号205頁）は、民事事件または行政事件の当事者たる在所者が裁判所への出頭許可申請を出したが懲役刑の目的に支障をきたす等を理由に不許可処分となったことに対する即時抗告申

立事件である。

　原審（函館地決昭52・5・17判例集未登載）は、在所者の訴訟救助申立てのうち、国に対する請求部分を容認し、刑務所長に対する請求については却下の決定をしたが、抗告審の本決定では、原決定の申立容認部分を取り消して在所者の申立てを却下し、抗告を棄却したものである。

　その棄却要旨は、①憲法32条1項は、憲法の許容する例外の場合を除き、民事事件または行政事件の訴訟を起こした者が口頭弁論期日に出頭することができることを保障するが、国家が法律の定める手続によって人身の自由を奪い得ることは憲法31条の反対解釈上明らかであり、刑事事件の確定判決を受けた者は法律の定める手続によってこれを受けたものと推定されるし、またいわゆる自由刑である懲役刑を受けた者は刑事施設に拘置し、定役に服させることになっているのであるから、刑務所に収容された服役中の懲役受刑者が、民事事件または行政事件の当事者として口頭弁論期日のため裁判所に出頭することができないとしても、これは憲法の許容する例外の場合の一つにあたるものである。

　②刑務所長は、受刑者から裁判所への出頭許可申請があった場合には、当該受刑者を裁判所に出頭させることが当該受刑者に対する刑の執行に支障をきたさないか否か、当該受刑者を裁判所に出頭させるために必要な護送が容易か否か等を考慮し、その裁量によってその許否の決定をすべきである。

　③行政庁に対する、いわゆる義務確認訴訟、処分の差止め訴訟、義務づけ訴訟は、行政庁が特定の行政処分をなし、またはなすべからざることが法律上一義的に決められていて、自由裁量の余地がなく、裁判所が裁判をしても行政庁の第一次的判断権を実質的に侵害したものとはいえず、しかも行政庁がその処分をしないこと、またはすることによって、国民が現実に損害を被り、または被る危険がさし迫っていて、しかも裁判所によるより他に適切な救済手段が存しない場合に限って許される。

　本決定は、憲法32条は裁判所に出頭させることをも保障しているが、憲法31条の反対解釈から、在所者は刑務所長の許可がある場合に限って出頭することができるとし、憲法上からは、不許可は許容する例外の一つであるとした。つまり本人は事件の口頭弁論期日に出頭できないとしても、裁判そのも

のを拒否されることはないし、代理人に委任して訴訟追行が可能であるから不当ではないと判示したものである。

そして出頭を拒否するか否かは、第一段階として刑務所長の権限であり、その裁量にあたっては受刑者といえども「裁判を受ける権利が憲法上の保障されているものであることを念頭におかなければならない」としているが、刑務所長の裁量において出頭を拒否しても憲法に違反しないとした。結論的には、前掲東京地判昭45・12・14と何ら異なるところはない。のみならず事実上、出頭の許否は刑務所の管理運営からの判断によるのでなく、憲法上の「許容された例外の一つ」として一律に処理することが可能となる。

その後において本件に対する最高裁の判断は出ていないが、「受刑者が当該事件の口頭弁論期日に出頭して訴訟行為を行うことを望んでいるときは、その希望をできる限りかなえることが望ましいことはいうまでもない」としながらも、「刑罰の執行を受けるという国家目的の実現のため、……行刑上の目的との対比においてその権利が制約をうけることは、それが相当の範囲を超えるものでない限り、許容される」(大阪地判昭60・4・5訟月31巻12号3109頁)とし、「刑罰執行」を根拠に棄却している(同旨、東京地判昭62・5・27行例集38巻4・5号457頁)。

なお、未決勾留者が拘置所所定の願箋を提出しなかったため、拘置所職員がノート、雑誌等を交付せず、公判期日へのメモの携行を許可しなかったことも違法ではないとされている(東京地判平8・3・25判夕929号143頁)。

出頭許否の基準

東京高決昭63・2・19(判夕680号235頁)では、「〔憲法32条は〕裁判所において自ら訴訟を追行する権利までをも保障するものではない」と判示している。

同事件の原決定(東京地決昭62・12・28判例集未登載)は、憲法32条は、裁判を受ける権利を保障するとしながらも、出廷の権利まで保障するものではないとし、刑の執行目的から所長の裁量権に逸脱はなかったとしたのである。ところが東京高裁は、前掲東京地判昭45・12・14を「原決定理由説示と同一であるから、これを引用する」とし、訴訟代理人の出廷で裁判を受ける権利は保障されており、刑の執行目的から本人の出廷を拒否した所長の裁量に違

法はなかったと判示した。

　ところで原決定（東京地決昭62・12・28）の却下理由は、「民事、行政訴訟については、訴訟代理の制度が定められており、自ら出廷することが必要不可欠のものでないこと、訴訟代理人を選任する費用のないものに対しては法律扶助等の制度が定められていることからすると……自ら訴訟を追行する権利までをも保障するものではない」とし、申請人（在所者）の地位について、「刑務所長は、刑の執行という国家目的を達成するために必要かつ合理的な範囲内において、当該事件の性質・進行状況等からみて受刑者自身が出廷することの必要性、出廷が刑の執行に及ぼす影響、護送の難易等の事情を総合的に勘案し、その出廷の許否を決する裁量権を有するものというべきであ」り、「しかるところ、本件においては、一件記録によっても、被申請人が右裁量権を濫用し、又はその範囲を逸脱したと認定するに足る事情は全く窺われない」としている。ここでは記録によると「裁量権の濫用、その範囲の逸脱」が認定されないという点を指摘するにとどまり、出廷を拒否する根拠は示されていない。

　前掲東京地判昭45・12・14（訟月17巻4号624頁）においては、出廷申請の許否判断の際に考慮すべき点を次のように示していた（矯正判例研究会『行刑実務の基本問題〔増補改訂版〕』1980年、東京法令出版、160頁参照）。

(1)　訴訟代理人を活用することができない内容の訴訟であるか否か（同旨、徳島地判昭40・11・25訟月11巻12号1805頁、東京高決昭45・9・3判例体系(5)39の2頁、広島地決昭44・8・1判例体系(5)55の201頁）。

(2)　裁判所が遠隔地にあって出廷に相当の日数を要するか、警備、護送のための職員配置が困難であること等の管理運営上の支障が認められるか（同旨、徳島地判昭40・11・25）。

(3)　本人の健康状態が出廷のための護送によって悪化しないか否か（同旨、徳島地判）。

(4)　受刑者について、本人を出廷させるため相当日数施設外に護送することが刑の目的を達成する上に著しい支障となるか否か（同旨、徳島地判）。

(5)　本人が本省指令による保安上移送を受けた受刑者であるなどの事由により、施設限りの判断で出廷の許否を決せられないものであるか否か。

これまでは、こうした基準が裁判所の見解として定着していた。しかし前掲東京高決昭63・2・19は、この基準から一歩踏み出し「裁判所において自ら訴訟を追行する権利までをも保障するものではない」とし、所長の裁量権の濫用、逸脱がない限り、出頭を拒否することが適法であるとするに至った。民事訴訟法では当事者の一方が口頭弁論期日に出頭しなければ（口頭弁論主義）相手方の主張に同意したものとなる。府中刑務所では、前記と類似の許否基準のほか、「とくに出頭させなければならない理由があるかどうか」定めている。この基準からは出頭を許可することはあり得ない。東京地判平3・7・16（保安情報67号28頁）では、許可するかどうかは刑務所長の裁量であり、刑務所に積極的義務があるとはいえないと判示している（同旨、千葉地佐倉支判平5・9・30保安情報71号90頁）。訴訟代理人をおくことが現実には困難な現状からすれば事実上、受刑者の、この種の法廷出頭権は閉ざされているといえる。

　実務では、1960（昭和35）年7月22日、矯正局長通達「収容者提起にかかる訴訟の取扱いについて」（矯正甲645号）が基本とされている。「収容者の出廷」に関して、①訴訟について裁判所から召喚を受けた収容者の出廷については、具体的事案における出廷の必要の程度および出廷の拘禁に及ぼす影響の程度等を勘案し、施設長の裁量によりその許否を決すること、②〔省略〕、③当該訴訟には刑事訴訟法と異なり訴訟代理人制度が認められているので、収容者にできるだけこの制度を活用させ訴訟を迅速適正に終了させるよう配慮し、無用の出廷を避けること、等である。

　なお、勾留中の刑事被告人についても民事・行政訴訟の当事者となっている場合における口頭弁論への出廷不許可は、警備・戒護・護送の能力から拘置所長は許否を決定する権限を有するとして出廷させる義務のないことを判示している（東京高決昭55・7・29東高民時報31巻7号159頁）。同旨、死刑囚の裁判所出頭拒否が違法でないとされた事例（東京地判平10・9・21判例集未登載）では、口頭弁論の期日に出頭しなくとも、裁判所はその者が提出した訴状その他の準備書面に記載した事項を陳述したものとみなすことができる（民訴法158条）としている。

　福岡地判平9・3・23（保安情報78号51頁）は、死刑確定囚につき、市民的及

び政治的権利に関する国際規約（B規約）10条1項、14条1項等に違反するものでないことを判示している。

4──義務づけ訴訟、違法確認など

いわゆる義務確認訴訟、処分の差止め訴訟、義務づけ訴訟といわれる行政事件訴訟における無名抗告訴訟の適否については、行政事件訴訟法3条の解釈をめぐって学説・判例は分かれている。現在の学説は、いずれも一定の要件のもとで許容する見解が有力のようである（南博方編『注釈行政事件訴訟法』1972年、有斐閣、54頁以下〔山村恒年執筆〕、田中二郎「抗告訴訟の本質」菊井維大先生献呈論集『裁判と法』1967年、有斐閣、1143頁以下参照）。

前掲札幌高決昭52・9・26は、要件③を条件として、容認されるとしながらも刑務所長の裁量による許否の正当性を容認したものである。しかし事実上、そのような要件の充足されることは希有な場合であるから、形式肯定、実質否定そのものである。義務づけ訴訟は、回復し難い損害を生じる等緊急の必要があると認められることを要する、というのが従来の判例である（大阪地判昭51・12・17矯裁例集(2)250頁参照）。その後の義務確認等請求事件においても、受刑者からの作為または不作為義務確認訴訟は、ことごとく却下されている（例、那覇地判昭53・8・10矯裁例集(2)433頁、神戸地判昭53・9・12訟月24巻11号2378頁、大阪地判昭55・9・30矯裁例集(2)762頁等）。

また口頭弁論期日についての出頭不許可処分は、その期日が終了した場合は、これを取り消す法律上の利益は消滅しているとして却下されている（東京地判昭54・1・24矯裁例集(2)465頁）。本件における原告は、東京地方裁判所に起訴された刑事被告人であるが、行政事件訴訟を提起し、口頭弁論期日の呼出状の送達を受けた。そこで出廷確保押送要求書を提出したところ不許可の告知を受けた。

これに対し裁判所は、①口頭弁論期日は終了しており不許可処分を取り消す利益はなく、不適法である。②原告が出頭するについて、被告が許可しなければならない義務を負っていることの確認またはその義務履行を求める、抽象的な義務の確認、履行を求める訴えは、具体的争訟事件の解決を図る現

行の訴訟制度のもとにあっては不適法な訴えである、として却下した。

　岐阜地判昭54・4・25（矯裁例集(2)539頁）は、原告が再審の訴状等を作成するためのカーボン紙の使用許可を求めたのに対し、その許否は行政事件訴訟法3条の抗告訴訟のいずれの類型にも該当しないとし、ただし行政庁に対し作為、不作為を命ずる給付の訴えは許されるとしたうえ、当該事件では、所長の自由裁量による判断が正しいとし、訴えを却下している。前掲札幌高裁決定を踏襲したものである。

　このように行政事件訴訟では、現実の受刑者の権利救済への結びつきを期待することは困難である。裁判所としても損害賠償請求に変更させるなどの釈明権行使による救済の余地はないのであろうか。

5──行政事件訴訟で勝訴した事例

　それでは、どのような事例が行政事件訴訟で勝訴しているかを例示しておく。

　岐阜地決昭40・12・24（行例集16巻12号2076頁）は、「在監者の処遇階級低下処分に対する執行停止の申立てが、病気休養中であるから回復困難な損害を避けるため緊急の必要がある」として執行を判決確定まで停止するとした。

　大阪地決昭45・7・20（判例体系(6)811頁）は、「懲罰処分のうち軽屏禁50日の執行期間中に戸外運動を禁止した処分につき、6日ごとにその禁止部分の執行を判決が確定するまで停止する」（同旨、大阪高決昭58・3・31判タ498号189頁）としている。

　東京地決平3・7・12（判タ780号176頁）は補助参加に関し第一審勝訴、第二審敗訴（最高裁確定）の事例である。本件は、死刑確定者として拘置されている者と、その他の131名に対する外部交通（面会、信書の発受）許可申請に対し、許可しない旨の告知を受けた。原告らはその告知の取消訴訟を提起した。申立人らは、この訴訟を補助するために参加の申出をしたが、所長側は本件訴訟の結果に利害関係を有するものではないと異議を述べた。本決定はこれに対する判断である。

　判決では「行政事件訴訟法7条によって準用される〔旧〕民事訴訟法64条

の『訴訟ノ結果ニ付利害関係ヲ有スル』とは、訴訟の結果……私法上又は公法上の権利関係に法律上影響を受けるという法律的な利害関係を有することを意味するものである。そして申立人らは、いずれも被参加人〔在所者〕が外部交通許可申請書をもってした外部交通の申請（面会又は信書の発受）によって外部交通をしょうとしている者らであって、被参加人を補助するために本件補助参加の申立てをしたことに照らせば、右申請に対して相手方〔拘置所長〕がした不許可処分の性質について被参加人と同様の主張をするものと認められるところ、右主張を前提とすれば、申立人らは、右不許可の取消しを求める本件訴訟において被参加人が敗訴判決を受ければ、被参加人と面会をし、……信書の発受を行うという公法上の権利関係に法律上影響を受けることになる」とした。

　相手方は、これは被参加人との限定された法律関係において、外部交通の許否の判断を行うべく、一般的な取扱いに関して、一応の基準を告知したもので、申立人らの法律上の地位に影響を及ぼすものではないと主張したが、裁判所は、「本件においては、このような相手方の主張の前提である右不許可処分の法的性質ないし処分性の有無自体が争点の一つとなっているのであるから、右のような理由によって、申立人らが本件の結果に利害関係を有するものではないとすることはできない」とし補助参加申立てを認容した。

　これに対する控訴審で東京高決平3・12・16（訟月38巻6号1084頁）は、民事訴訟法64条（現42条）のいう利害関係について、「訴訟の結果、すなわち訴訟上の請求について判決主文によって示される裁判所の判断の結果を論理的な前提として、……法的地位に法律上影響を受けるという法律的な利害関係であることが必要であり、事実上の利害関係を有するにすぎない者や単に訴訟の結果につき反射的利益を有するにすぎない者はこれに該当しない」とし、具体的な権利または法律的地位でなければならないのであるから、被参加人が通信を発した場合に現実にこれを受け取る立場にある補助参加人は、具体的な権利ないし法的地位を有する者ではない、として却下した（なお本決定に対しては、1名が特別抗告したが、却下されている。最決平4・4・9判例体系(5)58頁）。

　高裁決定の理由の一つは、利害関係について「論理的関係」として利害関

係あることを要するとし、「事実上」の利害関係を否定した点にある。しかも補助参加者は被参加者が通信を発したときに受け取ることができる立場の者にすぎず、これをもって具体的な権利ないし法的地位を有するとはいえないとしている。しかし、受け取る者がなければ発信することがあり得ないのであるから、受取人の法的地位の問題以前に、発信人の権利そのものが、そのことによって阻害される。その意味で訴訟の結果に「反射的利益」を有する者を排除して、利害関係なしということの理由は成り立たないのではないか。

　本件は、基本的には確定死刑囚の外部交通権（面会、信書）の極端な制限に対する問題提起として、民事訴訟法64条（現42条）の補助参加を根拠に提訴したものであろう。しかし行政事件訴訟法7条により民事訴訟法64条（現42条）が準用されるについては反対説がある（高林克己「訴訟参加」『実務民事訴訟講座(8)』1970年、日本評論社、197頁）。

6 ── 行政事件訴訟の対象とされたが却下または棄却された事例

　静岡地判昭35・3・18（行例集11巻3号716頁）は、「在監者の紀律違背に対する懲罰は、受刑者の権利義務その他の法律関係に変動を生じさせ得るものである限り、抗告の対象となる」と判示した。しかし、「在監者に対する叱責処分が行われた後においては処分の取消を求める訴えの利益はない」として却下している。

　千葉地判昭35・4・14（行例集11巻4号1114頁）は、要旨「受刑者を他の刑務所に移送する処分行為は刑務所長の自由裁量行為であるが、受刑者が刑務所の運営の不正、不当を指摘したことに対する報復として行われるような場合は、自由裁量の範囲をこえ違法となり、司法救済の対象となる」としながらも、本件においては、原告を移送することの理由が適当と認められるとして棄却、却下している。

　大阪地判昭41・12・26（行例集17巻12号1385頁）は、「受刑者に対する糧食給与行為は事実行為ではなく受忍義務賦課の違法性を主張する訴えと解する」としたが、本件では、受刑者に対する糧食の給与は、健康保持に必要な

最低限度の給与がなされており違憲違法とはいえないとして却下した。

福岡地判昭43・3・15（訟月14巻4号411頁）は、「受刑者の移送申立に対する移送拒否は、抗告訴訟の対象となる公権力の行使に当たる」とし、本件は、その自由裁量の限界をこえるものではないとして棄却した。

東京地判昭58・9・14（訟月30巻3号540頁）は、「在監中の刑事被告人の他の在監者に対する領置物の宅下げ等の房内所持の申請不許可は裁量権の濫用とは言えない」として棄却した。

大阪地判昭54・2・2（行例集30巻2号158頁）は、受刑者に採用している累進処遇制の階級低下処分に伴う不利益を回避するため、「無効確認訴訟を提起する法律上の利益がある」としつつも、本件では、原告が刑務所長の裁量権の濫用について具体的主張立証をしておらず濫用があったと認められないので適法である、として却下した。

大阪地判昭33・8・20（行例集9巻8号1662頁）は、「いわゆる公法上の義務確認訴訟は、行政庁がある行政行為をなすべきこと、またはなすべきではないことが法律上き束されているときには可能である」とし、本件については訴えの利益を欠く、不適法等により棄却となったが、本判決は、いわゆる平峯判決として著名となった（前掲参照）。

7―裁判を受ける権利

こんにちでは、いわゆる裁判を受ける権利は、行政事件訴訟、国家賠償法による損害賠償等がある。そして裁判所は、一様に「受刑者の裁判を受ける権利」を認めている。しかし、その実、現実の判例からは、その権利をどのようにして認めるかの発想があるとは思えない。むしろ、いかにして権利を認めないかの論理の展開に終始している。「相当の蓋然性」、「管理運営」の判断資料は刑務所側の論理に与するものであり、そうした形式裁判が裁判の本質であるとの観念で支配されているうえは、こんにちの裁判に「受刑者の人権」の視点からの結論を期待すること自体が無理というものであろう。

平峯判決（前掲大阪地判昭33・8・20）において、「司法万能の考えはもとより排すべく、……しかし行政独善の弊はそれにも増して排すべく、その弊の

赴くところ、自由と権利は画に描いたもちと化するに近い」と論破した司法への期待は、こんにちでは、まさに「画に描いた餅」そのものである。

［3］ 新法における分類と不服申立て

2006（平成18）年5月24日より「刑事収容施設及び被収容者等の処遇に関する法律」（平成17・5・25、法律50号）が施行され、同処遇規則（平成18年5月23日、法務省令57号）（以下、新法、同処遇規則）が施行された。新法では、従来の累進制度は廃止され、受刑者の分類制は「被収容者の分離」（4条）とし、処遇要領を基本とした「分離」を規定するに至った（同処遇規則第10章以下）。

1──累進制と分類

旧監獄法のもとでは、「行刑累進処遇令」（昭和8年10月23日）に基づき累進制がとられていた。その目的は、受刑者の改善に向けた自発的な努力を促進するためとしていた。具体的には、刑の執行過程に四つの段階（第1級ないし第4級）を設け、入所当初の最下級（第4級）から順次上級に進級させる。基本的には4級、3級では雑居であるが、2級以上では昼間雑居、夜間独居も認められた。ところが問題は、接見・信書の回数が4級では月1回、1通、3級では月2回、2通、2級になると週1回、1通、1級では随時となるほか、作業、教化（図書閲読、集会、運動会等の実施など）、接見の立会等、刑務所内での日常生活のことごとくが階級によって差別されるものとなっていた。

この階級の昇進は、作業成績、操行の良否、責任等により評価され（旧行刑累進令第21条）、刑務官会議で昇進および下降が決定されてきた。

このような累進制に対しては、累進制度が所内の秩序維持の手段となり、ほんらい基本的に取り上げてはならない権利を剥奪したうえ階級累進により緩和するところに問題がある、との批判が多方面から指摘されていた。

累進制に制度上の欠陥があることは、科学的な分類制の遂行に支障をきたすものであるとの立場からも指摘されてきた。わが国における分類制は戦後の矯正界に科学的処遇を導入するための先駆的な役割を果たしてきたと指摘されてきたが、実務においては戦前からの累進制のもとでその機能を十分に果たすことが困難であった。そうしたところから、「分類あれど処遇なし」との言葉が定着していた。

　新法は、2003年12月22日に発表された行刑改革会議の提言により後述の新たな施策を具体化したものであり、その方向性に間違いはないが、累進制そのものに問題があったにしても、一方では比較的客観的判断で階級制が維持される点での利点があった。問題はその客観性は同時にマイナス面でもあったわけだが、新法において、その客観性を排除したまでは理解されるにしても、それに代わる制度が現実に受刑者の処遇の個別化にどのように適用されるかに関心がある。

2―新法における受刑者の分類

　新法では、従来の収容分類は「受刑者の集団編成に関する訓令」(平18・5・23、矯成訓3314号)により、(1)収容分類級、(2)処遇分類級が新たに実施された。おおむね、作業、改善作業、学科指導に大別され、それらの属性として、女子、日本人と異なる処遇を必要とする外国人、禁固受刑者、執行刑期が8年以上の者など、従来の収容分類と大差はない。

　刑の執行開始後の訓練期間を経て (新法85条)、集団処遇に編成され (86条)、一般受刑者は、同施行規則による旧来の累進制度に代わる第1類から第4類までの区分を指定し (制限区分、規則49条)、その制限区分の指定を条件次第 (優遇措置) で順次緩和する方式に帰属する。制限区分には4段階があり (第1種から第4種)、入所初めが第4種からスタートするものではないとはいえ (ほとんどの初入所者は第3種に指定されている)、次に表示するような更生の意欲、勤労意欲、生活態度、心身の健康状態、学力の有無等を総合的に評価して処遇審査会に諮ったうえ、所長が決定するものとされている。

　この区分により、収容場所、検身、自治活動、接見等に差がつけられる点

は旧累進制と変わりない。むしろ新法では、時間の経過基本でないだけに担当の主観的判断の関与が強く影響することが懸念されている。

制限区分

制限区分の基本となるのは、次の各号に掲げる区分による（「受刑者の生活及び行動の制限の緩和に関する訓令」平18・5・23、矯成訓3321号）。

（制限区分の指定）
(1) 第1種　改善更生の意欲の喚起及び社会生活に適応する能力の育成を図ることができる見込みが特に高いこと（判断基準としては、仮釈放の基準が満たされていること、生活態度の良好状態が継続していること、集団処遇が可能であること、など）。
(2) 第2種　改善更生の意欲の喚起及び社会生活に適応する能力の育成を図ることができる見込みが高いこと（仮釈放の条件を満たす見込みがあること、職業上の有用な知識と技術を修得する見込みがあること、など）。
(3) 第3種　改善更生の意欲の喚起及び社会生活に適応する能力の育成を図ることができる見込みが中程度であること（第1種、第2種及び第4種の指定基準に該当しないこと）。
(4) 第4種　改善更生の意欲の喚起及び社会生活に適応する能力の育成を図ることができる見込みが低いこと（犯罪の責任の自覚、改善更生の意欲が低いこと、勤労意欲が低いこと、生活態度の不良な状況が継続していること、など）。

居室の指定（規則49条以下）

第1種の制限区分に指定された者の居室は、収容を確保するための設備または措置の全部または一部のない室が指定される。

第2種または第3種は、「処遇上適当と認められるときに限り」第1種と同じ居室様式となる。

第1種または第2種に指定された者の矯正処遇は、主として居室棟外の適当な場所で行う。また適当なときは施設外の場所で行うことができる。

第3種に指定された者は、矯正処遇は施設内での居室で行う。

第4種に指定された者の矯正処遇は、施設内の居室棟内で行う。

刑事施設長は、開始時の指導が終了した受刑者に対し、次の事項を総合的

に評価して「制限区分」の指定をする。
- (1) 犯罪の責任の自覚及び悔悟の情並びに改善更生の意欲の程度
- (2) 勤労意欲の程度並びに職業上の有用な知識及び技能の習得状況
- (3) 社会生活に適応するために必要な知識及び生活態度の習得状況
- (4) 受刑中の生活態度の状況
- (5) 心身の健康状態
- (6) 社会生活の基礎となる学力の有無

これらの制限区分は、指定された後、適宜変更される。その審査は処遇審査会が担当する。

優遇区分の指定（規則53条以下）

先に示した制限区分（第１種から第４種）の基礎となるものとして、受刑者の態度を評価する優遇区分の指定がなされる（規則53条以下）。その区分は第１類から第５類まであり、点数で評価される。その最初の評価は、当該受刑者が就業等する工場や居室の担当職員が行う。職員は別の訓令で定めている事項に沿って「生活評価カード」に記載する。従来から問題となっていた「担当制」は存続し、担当の権限がむしろ強化されたことに注目する必要がある（優遇措置評価基準表参照）。

　　第１類　評価基準の合計点が12点以上の者
　　第２類　評価基準の合計点が６点から11点までの者
　　第３類　評価基準の合計点が０点から５点までの者
　　第４類．評価基準の合計点が－４点から－１点までの者
　　第５類　評価基準の合計点が－５点以下の者

優遇区分については、たとえば受刑者の衣類や居室に表示するものとなっている。

優遇措置の具体例

　　第１類　ユ－１　室内装飾、物品の貸与、１月１回以上の嗜好品の支給、寝衣、サンダル、娯楽活動に用いる物品、食料品、飲料の自弁による摂取許可。面会時間の通常の２倍の許可。面会回数を１月につき７回以上。信書の通数を１月につき10通以上、等の緩和措置。

　　第２類　ユ－２　室内装飾、サンダルの自弁、嗜好品の１月２回以上の

自弁による摂取。面会の回数を1月に5回以上。信書を1月に7回以上等。

第3類　ユー3　室内装飾、サンダルの自弁による使用許可。嗜好品の1月1回以上の自弁による摂取。面会の回数を1月につき3回以上。信書の通数を5通以上。

第4類　ユー4　信書の通数を1月につき5通以上。

第5類　ユー5　優遇処遇は受けない。

3――新法における分離処遇の課題

新法が施行され10年が過ぎた。この間に問題となっている諸点を検討しておきたい。

まず、「制限の緩和」（法88条）だが、この「制限」とは、「受刑者の自発性及び自律性を涵養するため、刑事施設の規律及び秩序を維持するための受刑者の生活及び行動に対する制限」という。この制限を4段階に区分した。それが現実にどのように区分されるかが問題である。法76条に適合しない無期限の昼夜独居収容者を第4種、一般工場就業者を第3種、自営作業（営繕、経理等）就業者を第2種としており、6か月ごとの定期審査で審査するものとなっているが、第4種の者は、工場就業が認められないと昇進できない。またこの「制限の緩和」対象者は、刑執行開始時指導が修了している者、つまり新入工場（考査工場）を経て各工場へ配分された者のみに限られる。たとえば移送待ちの者は原則として「無指定」となる。

最近の傾向として刑が確定しても拘置所から刑務所へ移送されるまでに6か月を過ぎることもある。また医療刑務所へ移送すべき精神障害者や認知症老人などが一般刑務所で数年間移送待ちすることもある。これらの者にも新法の趣旨は生かされていない。

新法の「優遇措置」は、旧累進制と事実上大差がない。これまでの4段階の「級」が「類」に代わっただけとの指摘がある。事実、多くの刑務所では、第1類－受刑態度が特に良好、第2類－受刑態度が良好、第3類－受刑態度が普通、第4類－受刑態度がやや不良、第5類－受刑態度が不良、と区分さ

れている。

新法施行によっても旧累進制がそのまま継続している。1級が1類に、2級が2類に、3級が3類に、そして4級が4類と5類に分けられ、「不良」のレッテルである5類が追加されただけに思える。

不服申立制度

新法では、これまでの情願制度や所長面接等を廃止し、行刑施設長の違法または不当な処分については不服申立制度（審査の申請、法157条以下）を、その他の苦情については苦情申立制度（苦情の申出、法166条以下）を設けることとなった。これに伴い刑事施設視察委員会の設置、刑事施設不服審査会の設置などがある。

しかし、これらの不服申立ては受刑者本人以外の弁護士や家族には与えられていない。

これは「あらゆる形の拘禁・受刑のための収容状態にある人を保護するための原則」第32（以下では保護原則とする）を満たしていない。

(1) 審査の申請

「審査の申請」は、現金の使用、保管私物の交付、診療を許さない処分、宗教上の禁止、訴訟閲読の禁止、隔離処分、作業報奨金の支給、傷害手当金、信書の発受の禁止等、各条項に規定がある16項目についての不服を申し立てるものとなっている（新法第13節157条）が、これら具体的な事項以外の不服は後述の苦情の申出として処理するものである。

「審査の申請」は管轄の矯正管区長に申請するが、管区長は、審査の申請に関しての調査は「必要あるとき」（法160条）に施設長に行わせることができるのであって、処理結果の告知が法的義務となっていない。ただし、受刑者が、①身体に対する違法な有形力の行使、②不当な捕縄、手錠、拘束衣の使用及び③不当な保護室への収容については、管区長に事実の告知ができ（事実上30日以内）、管区長は、事実の確認と結果通知をしなければならない（法163条）。

(2) 苦情の申出

その他、受刑者が自己の受けた措置に不満のあるときは、法務大臣、監督官および施設長に苦情の申出をすることができる（新法166条以下）。つまり

前述の「審査の申請」以外の苦情の申出がこれに該当する。外形上は、重大な不服問題は「審査の申請」で処理し、それ以下の不服は「苦情の申出」で処理するかのごとくであるが、「審査の申請」の対象には、面会、差入れ、入浴、運動、調髪あるいは、職員の取り扱いに関する事項等は含まれていない。

　これらの不服は、すべて「苦情の申出」で処理されるのだが、その結果は、法務大臣、監査官および施設長のいずれも、これを「誠実に処理」し、申出た者に通知するだけである（166条3項）。法務大臣が誠実に処置できていれば、これまでの情願制度も同様の機能を果たし得たであろうし、通知義務も単なる従来のものと特段の進展はない。

　この規定には新たな法的拘束もなく、何らの斬新さもないことが指摘されなければならない。新法においては90日以内の裁決を「努力目標」としたのみで法的拘束はないに等しい。

　これらを総合すると、受刑者の不服申立ては、新法の制定による特段の進展を期待できない。新しく規定された矯正管区長への事実の申告（163条）についても、その事実を確認し、その事実から「再発の防止措置」をとるという、受刑者の権利・義務関係の基本法である施設法に無関係な条項に終始し、「事実の申告」をした者への法的措置についての規定がないものとなっている。

［4］　移　送

　受刑者の移送は、矯正処遇の点から必要であり、旧監獄法70条、同施行規則162条2項、同164条1項、同165条、行刑累進処遇令（昭和8年司法省令35号）18条、同20条等に移送を前提とした規定があった。新法においては特段の規定はなく、すべて所長の裁量にゆだねられている（ただし、勾留中の被疑者または被告人の勾留場所の変更については規定がある。刑事訴訟規則80条）。ところで移送は受刑者にとっても利害の生じることも多く、所長の権限によ

り恣意的に移送決定されることは許されず、そこに一定の限界があることはいうまでもない。

1—法的性質

裁判例には、受刑者の移送処分を「行政処分」と解するもの（千葉地判昭35・4・14行例集11巻4号1114頁）と「事実上の処分」と解するもの（大阪地判昭33・8・20行例集9巻8号1662頁）がある。その背景には旧行政事件訴訟特例法（昭和23年制定）が、わずか12か条の法律により解釈運用されていたところに要因があった。1962（昭和37）年に同法が廃止され、現行の「行政事件訴訟法」（昭和37年法律第139号）が制定されたことにより、一応問題は解決したかのようである。

現行の行政事件訴訟法3条1項は「この法律において『抗告訴訟』とは、行政庁の公権力の行使に関する不服の訴訟をいう」と定め、同条2項は、「処分の取消しの訴え」を行政庁の処分その他公権力の行使に当たる行為の取消しを求める訴訟と規定した。つまり現行法により、受刑者の移送処分は抗告訴訟の対象となることが明白となった。しかし裁判例においては「行政処分」と解するものだけではなく、「事実上の処分」とするものもいぜんとしてある。その基本には移送処分を特別権力関係としてとらえ、所長の包括的処分であるとする理解がある。

行政処分と解する例

千葉地判昭35・4・14は、現行行政事件訴訟法以前のものであるが、移送処分は行政処分であるとした事例である。

同事件は、浦和刑務所から千葉刑務所習志野作業所に移送後わずか74日後に、宇都宮刑務所に移送する旨の処分の言渡しを受けた原告（受刑者）が、これを不服として処分取消しを求めたものである。

原告が移送処分を受けた理由は、原告が習志野作業場に在所している74日間に作業所長、保安課長その他の課長等に面接願その他の出願を頻繁にしたので、その応接に追われ、物的設備が脆弱である作業場では警備その他に支障をきたすこと、また原告は精神上の疾患を有する疑いがあり、その診断を

する必要があるとされた。

そこで原告は、次の理由からこれが不当であると申し立てた。第1は、原告の面接願いや出願は前の刑務所での不当な扱いに対する全受刑者の改善のためにしたものである。第2に、習志野作業場は開放的ではあるが職員が少ないとはいえず、警備に支障とはなっていない。第3に、原告は精神上の疾患などない、等を主張した。

これに対し、被告は第1に、拘禁場所を変更しただけであって、それにより原告の権利・義務に何らの影響を与えていないので単なる事実行為であり、行政処分ではない。第2に、この処分は、特別権力関係に基づくものであって、原告の市民的権利・義務には何ら関係のないものであり、抗告訴訟の対象とはなり得ない、と主張した。

判決では、第1に、受刑者を移送することは受刑者の拘禁上の法律関係に影響を与え、かつ行政庁の意思の発動としてなされることは明らかであって、行政庁の精神作用を要件とせず、かつ行政の行為でなくとも同一の効果を生じ得るような行為、すなわち事実行為ではないとして、行政処分であることを認めた。

しかし第2に、公法上の特別権力関係については、それが絶対的なものであって、これに対して司法救済の途が絶対にないということはできない。特別権力関係に基づく命令、強制も社会観念上から妥当を欠く場合は違法となり、その結果基本的人権の侵害ありと目される場合は司法救済を求めることができるとした。

裁判では、刑務所の運営の不正・不当を指摘したことに対する報復として受刑者を移送するごときは、特別権力関係設定の目的からくる限度をはるかに逸脱し、自由裁量の範囲をこえることは明らかであるとし、受刑者は一般的に憲法22条に基づく住所移転の自由を制約されているが、絶対的に一般社会から隔絶されるものではなく、特定の刑務所に拘禁されることにより、当該受刑者の住所ないし居所が定まり、面会、通信などの利害関係が生ずるから、受刑者の移送処分が基本的人権と関係のない、単なる事実関係であるとすることはできないとし、移送処分が違法な場合のあることを認めた。

しかしながら、本事案については、「被告側のとった措置にも多少反省さ

せられるべき点もあるが、それにしても原告の諸要求はその数において、又その執拗さにおいて、その問題処理の困難さにおいて作業場管理の処理能力を上回っていたものと認めるべきである」とし、単に情願等をなした報復措置ではなく裁量の限度をこえているものではないと判示し、これを却下した。

公権力の行使と解する例

前述のごとく1962年に旧行政事件訴訟特例法は廃止され、徳島地判昭46・2・16（訟月17巻5号824頁）は現行法のもとにおいて、受刑者の移送処分を行政処分と判断することを避けた。

本事案は、府中刑務所において服役中の原告が突然徳島刑務所に移送されたことを理由に、府中刑務所長を相手に移送処分の取消しを求めたものである。その申立理由の第1は、本件処分の告知を受けないまま、移送先を告げられたのは東京駅で護送車に乗せられ時間待ちしていたときに初めて知ったこと、第2に、移送の2日前に移送のための独居引込みの言渡しを受けたので移送拒否の申立てをし、説明を受ける職員面接を願出したが手続されず、移送当日の夕方、数名の職員が原告を居房外に出し、タオルで猿ぐつわをし、寝具を頭からかぶせ、連鎖用の縄で裸体をぐるぐる巻きにし、そのうえ両手錠をかけ、東京駅構内の群衆の中を荷物を運ぶように扱われ、唇ははれ、両手錠により手や両足首も傷がついた。第3に、原告は入所後の1年7か月にわたって反則事故は一度もなく職員に手数をかけたこともなかった。第4に、本人を移送する合理的理由はまったくなかったというのである。

これに対する被告の答弁は次のようである。

第1に、当時の東京の治安情勢は極左集団による闘争が激化し、公安関係者を収容することが予想され、その対象として100名を移送対象とした。

第2に、原告が移送対象に選ばれたのは、本人の精神状況は精神病質の疑いがあり、将来独居舎に収容する事態になることが予想された。

第3に、移送の告知は移送の2日前に移送予定者になっているので健康診断を受けるよう指示した。当日夕方、他の移送者とともに移送の旨を言い渡した。この間、本人は移送を拒否して暴れた。

第4に、原告は受刑者であり、法令の定めるところにより拘禁され刑の執行を受ける者であり、拘禁場所については選択の権利を有するものではない。

現行法上、だれをどの刑務所に移送するかについては、刑務所の長の自由な裁量に任されている、とした。

同事案について、裁判所は、「被告のした本件の移送処分は、その正確な法的性質はともかくとして、行政事件訴訟法3条2項所定の『行政庁の処分その他公権力の行使に当たる行為』に該当することは疑いをいれない」として原告の本訴の提起自体は適法であるとした。

しかし、移送処分の告知の要否については、結論として、その必要はないとした。また移送執行の際の職員の暴行については、「必要以上に積極的に暴行を加えたと認めるに足る証拠はない」とし、本件移送処分の合理性についても自由裁量の範囲内であるとして、違法ではないと判示した。

この事案から想定されるように、現行の行政事件訴訟法が制定された以後においても、移送に関しては必ずしも行政処分との判断は確立していない。のみならず、本判決は、移送の相当性の判断においても、その根拠はきわめて詭弱である。まず、刑務所の収容能力の都合により移送する必要が生じたこと自体についてはともかく、移送の選択基準に該当した者として本事案の原告を特定した根拠の一つが「精神病質の疑い」がある、「思いつめやすく独断的・自己中心的になりやすい」、「我儘な自己主張もかなり多い」、「将来独居舎に収容することが予想された」など、いずれの理由も蓋然性の域を出ない。また当時の府中刑務所で移送の基準としていたとされる理由のいずれにも原告は該当していない。

これらの点についても判示では、「原告の主張するところが、裁量権の行使が濫用に当たるという趣旨であるとしても、なんら裁量権の濫用にならない」と判示した。本件は、高松高判昭46・10・18（判例集未登載）でも支持された。

なお、これらの事例は、いずれも移送命令に対する問題であるが、在所者が移送を申し立てることが許されるか否かの問題がある。福岡地判昭43・3・15（訟月14巻4号411頁）は、受刑者の移送申立てに対する移送拒否は、抗告訴訟の対象となる公権力の行使に当たるとしたが、裁判所は移送拒否は正当であると判示している。

同事案は、原告は在所中に告訴や訴えの提起をしたことにより刑務所職員

との間に対立感情が生じ、人権の侵害と事故発生の危険から他刑務所への移送申立てが拒否された。この移送拒否処分は抗告訴訟の対象とならないと主張した。その理由は、受刑者には拘禁場所の選択をする権利はなく、移送処分を請求できるものでもない。原告の被告に対する移送申立ては、被告がこれを受理して誠実に処理することを期待するだけであるから一種の請願と解されるとした。

これに対し裁判所は、被告の移送拒否は公権力の行使に当たる。仮に原告主張のように職員の違法行為の危険性があったとしても、その排除について被告は法令や基準に照らして自由な裁量で判断したものであり、その限界をこえない限り違法ではない、と判示した。基本的に在所者には移送申立権はないとする判断をしたものである。

2──移送の告知義務

移送処分に告知を要するか否かについては、移送処分が行政処分であるか、事実行為であるかに関係なく論じられなければならない。先に検討した徳島地判昭46・2・16でも、移送処分は行政事件訴訟法3条2項の「行政庁の処分その他公権力の行使に当たる行為」であるとした。そこで問題は、その移送処分が「告知」を成立要件とするかにある。

行政行為は具体的事実を規律する行為であり、その行為によって国民の権利・義務が創設・剥奪または範囲が確定されるなど、既存の状態に変動を起こさせるものである（成田頼明・南博方・外間寛著『現代行政法〔改訂版〕』1990年、有斐閣、124頁参照）。したがって、一般的に相手への告知を成立要件とし、書面により了知到着せしめることによって成立する。

このような要件を前提とするならば、意思表示の一般法理に従い、告知によってはじめて受刑者に移送受忍の義務が生じるのであり、告知のない移送は、義務なきことを強制した違法なものと解される。ところが本判決においては、旧監獄法その他の関係法において移送に関する規定はなく、移送は刑務所長と受刑者との包括的支配権発動の一態様であるとし、告知義務はないと判示した。

また判決では、事前告知は事実上の運用としてこれを理解すべきであるとして法的性質の判断を避けている。告知のない移送も違法ではないとの判断は、後述する移送の相当性の判断基準にも関連して問題となる。

　本事案においては、「事実上の問題」としているが、当事者間において告知の事実関係を争っているのであるから、その点についても言及すべきことになる。原告は、「移送されることを知らされたのみで、移送先や移送事由は告知されなかった」としているが、移送の言渡しには、単に、「移送すること」のみの言渡しで有効であるのか、その他の事由をも含むものであるのか、原告が主張するように従来から身柄移送の際にとられていた方式はどのような内容であったかを明示したうえ、移送の相当性を判断すべきであると思われる。

　なお勾留中の被疑者または刑事被告人については、検察官は裁判官または裁判長の移送同意を要し、告知を要するものとされ（刑訴規80条）、被告人を他の刑事施設に移したときは、その旨を裁判所及び被告人の弁護人に通知しなければならない（同規則80条2項）。

3—移送の相当性

　移送に関する裁判例は限られている。前掲の千葉地裁判決（昭35・4・14）は、面接願い、その他の出願をきわめて頻繁にしたので運営上支障をきたしたもので、報復措置ではないとして移送の相当性を認めた。しかし、原告は出願に対する決定を怠っていたので、再三にわたり催促の意味も含めて願い出たとしており、事実関係に不明な点がある。また原告は精神上の疾患はないと主張したことに対し、判示でも精神状態に異常はなかったことを認めている。最終的には棄却理由は、「裁量の範囲をこえていない」という抽象的なものとなった。

　広島地判昭46・3・24（訟月17巻6号962頁）の事案は、原告が昭和44年3月3日付訴状で広島地裁に対し、広島刑務所長を被告とし、図書閲読冊数制限処分等の取消しの訴えを提起したが、同月15日に第1回準備手続期日（同月28日）の呼出しを受けていたのに、同月23日に広島刑務所は、原告を府中刑

務所に移送した。

　事実は原告の入所直後に移送の上申をしており、同年3月18日に移送の命令があり、同月3月23日に府中刑務所に移送したものである。このような事情であるから移送が裁判を受ける権利を侵害せず、被告所長の裁量の範囲内でした適法なものであると判示した。

　しかし、事実関係から判断すれば、3月15日に呼出しを受けており、たとえ入所直後（1月31日）に移送の上申を出していたにしても、第1回準備手続期日（3月28日）の直前である3月18日になって移送命令を出すということは、常識からみても明らかに裁判を意識してのものである。それが「自由裁量の範囲内」で適法とされることには説得力はない。

　なお本件の、移送処分の無効確認訴訟においても、「請求する権利の救済が果たされなくとも主張する権利の救済が困難と解されない」として却下されている（広島地決昭44・8・1判例体系(5)55の201頁）。

　前述の徳島地判昭46・2・16は、「刑務所長の受刑者に対する広範な公権的支配権といえども、もし、法規が存すればこれに従うべきであることはもちろん、これなき場合でも、それが刑の執行目的を超えた、すなわち自由な裁量範囲を超えた所為は当然規制せられるべきであり、司法救済の対象となる」としつつも、被告の主張をすべて認め、自由裁量の範囲内であるとして、原告の請求を棄却している。

　なお、移送する合理的理由としての家族の住居地についての配慮については、どの裁判でも、これを移送処分の違法の根拠としては認めていない。これらの数少ない事案から判断されることは、移送の相当性の客観的基準は存在しない。すべてが「自由裁量の範囲」で結論づけられている。しかも移送の多くは、在所者による多数回の出願、裁判の提起等が原因と思われ、本人を移送しなければ病気の治療が困難であるなど、必然的な理由での移送がみられない。特別権力関係による包括的支配が歴然としている。

　国連被拘禁者処遇最低基準規則では、被拘禁者は「直ちに、自己の家族に通知する権利を有しなければならない」（第44(3)）とし、これを受けてヨーロッパ刑事施設規則も「移送は、適切に定められた規則に従って」行われなければならないものと規定をしている（第50）。アメリカにおいては移送に関

する多くの判例がある。移送が懲罰であろうと施設の秩序維持の手段であろうと被収容者に対する影響は同じであり、通常は中警備刑務所から重警備刑務所への移送については、事前の告知と審理の機会が与えられなければならないとされている。

　在所者が事前に移送の告知を受け、移送先を知ることは、心理的な安心感の保障を与えるものである。しかし新法においても、これについての新たな規定はない。

［5］　独居拘禁

　旧監獄法15条は、「在監者ハ心身ノ状況ニ因リ不適当ト認ムルモノヲ除ク外之ヲ独居拘禁ニ付スルコトヲ得」とし、独居拘禁が原則であることを鮮明にしていた。これに対しては、「独居拘禁ニ付スルコトヲ得」とあって、はっきり独居拘禁を原則としているわけではないとの解釈もある（例、小野・朝倉・前掲『改訂監獄法（ポケット註釈全書）』127頁）。しかし本法起草者である小河滋次郎氏によると、「独居拘禁ノ方法ニ依リ総テノ在監者ヲ管束シ得ルノ規定ヲ掲ケタルモノニ係リ……此ヲ以テ監獄拘禁ノ原則タラシムルノ法意ヲ顕示スル所アラシメント欲シタレハナリ」（前掲『監獄法講義』129頁）としている。これに対し、「他ノ在監者ト交通ヲ遮断シ召喚、運動、入浴、接見、教誨、診療又ハ已ムコトヲ得サル場合ヲ除ク外常ニ一房ノ内ニ独居セシム可シ」（旧施行規則23条）を根拠に、厳正独居ともいうべき独居拘禁方法であったとの指摘がなされている（小野・朝倉・前掲『改訂監獄法（ポケット註釈全書）』128頁）。しかし当時としては監獄での悪風感染防止の手段として独居拘禁が求められていたものと解せられるし、旧施行規則23条は接見、教誨など「已ムコトヲ得サル場合ヲ除ク外……独居セシム可シ」としており、厳正独居の根拠とはいえず、こんにちの緩和独居制が想定されていると解するのが正当であろう。

　このような立法上の独居拘禁制とは別に、1933（昭和8）年に成立した行

刑累進処遇令は、29条において第4級および第3級の受刑者について雑居を原則とし、30条において第2級以上の者にも夜間独居拘禁を原則とするに至った（夜間独居は昼間は集団処遇がなされているため雑居拘禁の一種とされている）。そして、こんにちでは、主として独居拘禁といえば、昼夜間独居拘禁を意味し、一般に懲罰の手段の一つとみなされ、保護房（新法では保護室）、特房もしくは病舎への収容を独居拘禁としている。そして、この独居拘禁は、他の受刑者との接触をいっさい遮断する「厳正独居」と居房は独居であるが、運動、入浴等については他の受刑者と接触できる「緩和独居」がある。

1──独居拘禁の法的性質

新法において、受刑者を独居拘禁に付することのできる場合について、①他の収容者と接触することにより刑事施設の規律および秩序を害するおそれがあるとき、②他の収容者から危害を加えられるおそれがあり、これを避けるために他に方法がないとき、を挙げている（新法76条）。

いずれも隔離期間は3月であるが、とくに継続の必要がある場合には、刑事施設長は1月ごとにこれを更新することができる（同条2項）とあるので事実上は無期限である。

独居拘禁に付するか否かの判断は所長の裁量となっている。ここでは主として、処遇上の独居拘禁の相当性について検討する。東京地判昭39・8・15（行例集15巻8号1595頁）は、「受刑者を独居拘禁に付し、各種催しに出席させない戒護上の必要性があるかどうかの判断は、本来刑務所長の裁量に委ねられているものと解すべく……、その判断が合理的な基礎を欠き、または不当な配慮の下に行われる等、その妥当性を著るしくそこなう事実の存しない限り、違法となるものではない」とした。そして、この判断が通説となっている（同旨、高松高判昭63・9・29判時1295号71頁〔徳島地判昭61・7・28の控訴審〕）。問題は裁量の基礎となる「妥当性を著しくそこなう事実」をどのようにとらえるかにある。

本件で、府中刑務所に服役中の原告は、次のように主張した。①宗教教誨、映画等の出席を認めなかったことは、特定の受刑者の差別であり、法の下の

平等（憲法14条）に反し違法である。②旧施行規則23条は独居拘禁者にも、戒護上の明白な弊害のない限り、映画、演芸等への出席を保障している。③刑務所長が原告を出席させなかった真意は、原告が訴訟、情願等により処遇を争ったための報復措置であることは明らかである。原告は、戸外運動や治療、診断の際は多数の受刑者とともに行っていた。

　被告刑務所は、①府中刑務所では、独居拘禁に付されている者は、他の受刑者との交通を遮断する法の建前を貫くため原則として各種催しに出席させていない。②旧施行規則23条は、教誨の場合には例外的に受刑者を監房の外に出すことを監獄の長に許したにとどまり、出席させることを義務づけたものではない。③原告は訴訟や情願を理由としているが、原告を独居拘禁に付した理由は、好訴的な態度で終始し、他の受刑者と接触させた場合は、煽動あるいは悪影響を与えると判断したためであり、原告自身が独居拘禁を希望していたものである、と主張した。

　これに対し裁判所は、①旧施行規則23条の規定は、独居拘禁に付されている者を監房内より出すことを監獄の長に許したにとどまる。②独居拘禁に付し、各種催しに出席させない戒護上の判断は所長の裁量にある。③訴訟、情願等に対する報復ないし禁圧措置として行われたと認めるに足る証拠はない、と判断し原告の主張を斥けた。

　ここで問題となるのは、旧施行規則23条の解釈に関してであるが、いわゆる厳正独居は、軽屏禁罰の執行としての罰室への屛居（旧監獄法60条2項）である。しかし旧施行規則47条の「戒護上の独居」については原則として一房内に独居させるが、出廷、運動、入浴、接見、教誨、診療等については房外に出し、「他ノ在監者ト交通ヲ遮断」することは行われていなかった（小野・朝倉・前掲『改訂監獄法（ポケット註釈全書）』132頁参照）。ところが、府中刑務所においては、独居拘禁に付されている者は、他の受刑者との交通を遮断するため各種催しに出席させないのが原則とされている。これが最近の刑務所の一般的扱いとなっている。旧施行規則23条の原則と例外が逆になっている。

交通遮断の判断

　問題は、他の受刑者との交通を遮断する必要性の判断にある。本件（東京

地判昭39・8・15）では、原告は過去の施設において多数回の面接願や願箋提出の事実があり、府中刑務所でも多数の訴訟、情願、面接願その他の提起をしていた。このような事実からすると他の受刑者との接触を許せば、受刑者間に不満が出て規律の維持に支障をきたすと被告側は主張した。

しかし原告は前の刑務所では、独居拘禁に付されながら各種催しへの出席は許されており、原告は、他の受刑者を煽動したことはない、として事実の誤認を主張している。

これに対し判示では「府中刑務所長が原告を各種催しにまったく出席を許さなかったことは、その取扱いが若干厳格に過ぎたきらいがないわけではないが、しかし、府中刑務所において現実に戒護上の問題が生じなかったのは、府中刑務所長が原告と他の受刑者との接触を厳しく遮断した結果ともいえるのであり……」として裁量権の濫用に当たるものではないとした。このような理由で裁量権が根拠づけられるならば、判断基準そのものはないに等しい。

原告は交通を遮断したのは、訴訟提起などに対する報復措置であると主張したが判示では、原告の訴訟、情願等に対する「報復ないし禁圧措置として行なわれたものと認むるに足る証拠はない」としている。しかし、その因果関係を立証することは不可能である。裁量権の判断基準を証明することができない以上にこの種の証明は困難である。

最近の判例でも（東京地判平4・9・29保安情報73号121頁）、長期にわたる昼夜独居は、精神的負担、運動制限による肉体的負担から望ましくないとしながらも、通算84日間の独居拘禁による腰痛によりコルセット使用を許可されつつも独居拘禁を継続した件について、「社会通念上著しく妥当性を欠いていない」として訴えを棄却している。

除外措置

上記判決（東京地判昭39・8・15）は、独居拘禁者については、当然の内容として集団処遇から除外するものと判断している（同旨、福岡高宮崎支判昭54・12・26訟月26巻3号508頁）。これに対して大阪地判昭54・10・31（矯裁例集(2)598頁）は、「被告は、原告は罪証隠滅のおそれの認められる余罪受刑者である点からも集団的行事から除外されても止むをえない旨主張するけれども、被告の主張によっても原告の勾留理由に罪証隠滅のおそれが含まれていない

のであるから、右事由のみをもって直ちに原告を映画等の行事から除外することが正当であるとはいえない」とした。ただし、同判決では、本件については、①映画鑑賞、演劇等鑑賞および講話受講、②テレビ鑑賞、③囲碁、将棋用具の使用、等のすべての除外について、除外措置が正当な判断であると判示している。

　これまでの判決では、集団的に行う行事については、独居拘禁者は除外するのが当然であるとの判断であったが、本判決では、余罪受刑者の罪証隠滅のおそれを理由として除外することは正当ではないと判断し、独居拘禁に付した個別的理由を判断し、集団的行事への参加の可否を判断している。その背景には、旧施行規則23条の法意をほんらいの解釈にもどすものとの判断が窺える。

　しかし本件は、原告が肺結核患者という特殊な例であるが、一般の独居拘禁者について、個々具体的に除外措置を検討した事例はない。ただ、前掲東京地裁判決（昭39・8・15）では、原告の記述でも明らかなごとく、「独居拘禁中の者で、相当期間その言動を観察した結果、戒護のための隔離の必要性が減少し、雑居拘禁へ移行する前段階の状況にあると認められる者には、試行的に各種催しへの出席を許す取扱いをしている」と述べている。このことは、前述したように、所長の裁量的判断で除外措置が決定されることを意味し、いぜんとして原則と例外は逆転している。とくに宗教・教誨への参加という基本的問題について裁量権で判断されることに問題がある（本書122頁以下参照）。とくに独居拘禁を本人が希望したことを根拠に、除外措置の理由づけとすることは不当といえる。

2――昼夜独居

　旧監獄法15条および旧施行規則23条は、独居拘禁は厳正独居を予定しているとの裁判例がある（福岡高宮崎支判昭54・12・26訟月26巻3号508頁）。しかし、厳正独居という用語は法的に存在しない。新法では、隔離収容として制度化された（法76条）。基本的には昼夜独居であり、収容期間は原則3か月、1か月ごとに更新が可能であり、無限に延長が可能である。

このほかに新法の第４種制限区分の受刑者は「居室棟内」で行う（規則49条５項）とあり隔離処遇ではないが、単独室において事実上の、昼夜独居の「隠れ独居房」である。これが、いわゆる「処遇上独居」である。

　新法における「隔離」である昼夜独居も、工場に出ることもなく、独居房で正座もしくは安座の姿勢で、袋張りなどの軽作業に従事している。作業時間中は同一姿勢をとることが強制され、昼夜とも他の受刑者との接触は許されることなく、運動、入浴、診察、理髪なども、すべて隔離されて実施される。厳正または緩和厳正独居拘禁のいずれを選択するかは所長の裁量にゆだねられている。そして、これまでの判例の多くは、戒護のための隔離の必要から厳正独居に付した所長の判断は裁量権の範囲を逸脱しておらず、また濫用に当たるものではないと判示している（例、前掲福岡高宮崎支判昭54・12・26、広島高松江支判昭61・12・24訟月33巻10号2396頁、および札幌地判平12・8・25訟月47巻９号2699頁等）。

　徳島地判昭61・7・28（判時1224号110頁）は、保護房拘禁および軽屛禁執行に伴う戸外運動の長期停止および昼夜独居の継続が、所長の裁量を逸脱した違法な措置であったとされた数少ない事例の一つである。

　本件は、懲役14年の刑に処せられた受刑者が規律違反行為の反復のため入所した日から約６年半にわたり保護房拘禁（現在は保護室）、軽屛禁執行に付せられ、昼夜独居拘禁されたものである。昼夜独居に付したこと自体の問題より、保護房と昼夜独居の関係、昼夜独居期間の問題に焦点がある（保護室に関しては後述する）。本件の判決では「昼夜拘禁が過度に長期にわたることのないよう慎重な配慮を求められているというべきであり、その判断が著しく妥当性を欠く場合には、その措置は違法となる」とし、約240日のうち10パーセントが規則47条の独居拘禁に当たり、その間、一部解除の措置をいっさいとらなかったとし、違法であると判示した。

　問題は、どのような理由で厳正独居に付されるかであるが、法的根拠がないだけにその理由は明白ではない。筆者は、宮城刑務所において数年にわたり厳正独居に付されているＡ受刑者の求めに応じ、同所長に「厳正独居の理由を明らかにされたい」と問い合わせたところ、「総合的に判断したものである」との回答を得た。これでは回答になっていないし、「総合的判断」

から所長は恣意的に厳正独居に付することができる。

　現実には、受刑者がいわゆる特段の処遇困難者でなくとも、訴訟を提起しているか、その準備をしている者、暴力団関係者で組長などの幹部であった者については、「処遇上独居」と称して、むしろ厳正独居が原則のようである。

　東京地判平14・6・28（判時1809号46頁）では、昼夜独居の違法性を問題にした懲役受刑者の訴えについて、原告の行状が著しく不良であったこと、図書購入代金の支払いを拒絶したこと、他の受刑者に刑務所の処遇に関する訴訟提起をことさら促す行動をしたこと等を理由に、刑務所の安全および規律の秩序に違反する行為を予防、制圧する合理的必要性があったとして違法性を否定し、原告が訴訟提起を準備したことに対する報復措置ではないとしている。

　訴訟提起の報復措置としての昼夜独居は合理的根拠がなく違法である。また。たとえ暴力団組長といえども、行状に問題がなければ厳正独居に付すことは違法であり、これを争点とした具体的判決を求めることが待たれる。ただし、先にも述べたように、「総合的判断」からの厳正独居の根拠を客観的に立証することは困難である。

　広島地判平25・3・26（訟月61巻1号1頁）は、刑事収容施設法が施行（平成18年6月）された以降の数少ない矯正関係裁判例の一つである。同事件では、①刑事収容施設規則49条5項（第4種制限区分）に指定された受刑者の隔離と憲法13条関係、②昼夜居室処遇が新法に違反するか、③単独室指定と市民的及び政治的権利に関する国際規約7条及び10条1項の関係、④昼夜居室処遇を行うこととした刑務所長の措置が国賠法1条1項の適用上違法か、等について判断したものである。

　旧法での厳正独居処遇は事実上は、新法で「昼夜居室処遇」とされている。刑事収容施設規則49条5項の第4種制限区分に指定され「居室棟内で処遇を受ける受刑者」は自動的に昼夜居室処遇の対象となっている。

　本件の原告は、平成18年12月14日から同21年10月30日まで第4種として昼夜居室処遇を受けた。その根拠となった懲罰は「作業勤務意欲が著しく低い」として3回の懲罰を受けたことにある。しかし、この対象者は「できる限り集団処遇の機会を与える」となっているので、「受刑者の隔離」(旧法の

厳正独居）（新法76条）とは異なるとして、違法ではないと判示した。

　原告は、本件昼夜居室処遇の期間中、ほとんど他者との接触はなく、運動も他の受刑者2人に限られた場所で実施され「隔離」とほとんど差異がない。特定の受刑者について、いかなる要件があれば第4種に指定されるかの明確な基準はない。さらに問題は、「隔離」であれば形式的には隔離期間の更新、医師による診断が規定されているが（法76条）、そもそも「昼夜居室処遇」と言う用語には法的根拠がない。たしかに「制限の緩和に関する通達」（第3322号依命通達）には第4種指定の項目があるが、犯罪責任の自覚が低い、勤労意欲が低い、集団処遇が困難であること、生活態度が不良である、等をあげている。いずれも客観的基準となり得るものではない。刑務所長の恣意的判断が優先する類である。

　国際人権（自由権）規約委員会は「明確な基準ないし不服申立ての機会もないまま一定の受刑者を『収容区画』に隔離する扱いを廃止すべきである」と勧告した（2008年10月28日・29日、日本弁護士連合会仮訳による）。新法下においても矯正の実際は法による支配ではない。

　この第4類に指定されている受刑者は1,486人いる（『犯罪白書』平成26年）。これらの受刑者が現実にどの程度に運動、入浴での他の受刑者との接触が可能であるか、あるいは不服申立てが、どの程度許されているかは不明である。せめてこうした状況を証拠として裁判により問題提起することで「隠れ昼夜独居処遇」の解消は実現不可能である。わが国の矯正の実際は、かくしていぜんとして法によらざる支配下にある。それを支えているのが司法でもあろう。

期　間

　そこで問題は、独居拘禁の妥当性にある。独居拘禁の期間に関しては、3月を原則とし、1月ごとに更新することができる（新法76条2項）とある。つまり理論上は無制限の独居拘禁が可能である（旧法では原則6月、3月ごとに更新であった）。前掲徳島地判昭61・7・28によると6年半にわたり特房（主として軽屏禁罰を執行する）と保護房において昼夜独居拘禁に付された。同判決では「保護房拘禁と軽屏禁の連続が必ずしも直ちには原告の規律違反行為の抑止につながらず、このため、同様の対処では保護房拘禁と軽屏禁の繰り

返しが避けられないとの予見が可能となった段階で、刑務所長としては、独居拘禁の一部解除を含め、何らかの個別の対処を講じるべきであった」としている。昼夜独居の一部解除によって刑務所の秩序維持が困難であるとの蓋然性が認められるときには、これを回避しなければならないが、本件においては、そのような特段の事情が認められなかった。

　本件において原告は、あらゆる機会を利用して職員を侮辱し、職務執行に反抗する教唆や煽動をし「処遇困難者」とされていた。その間独房から大声を出し、演説したりしていた。判決では、このような原告に対し、保護房収容では対処できないと判断した時点で、他の措置をとるべきであったとしたのである。判決内容だけからは判断できないが、原告に対し、保護房収容を繰り返すだけで、何ら他の処置はとっていなかったものと推察される。その結果として長期にわたる独居拘禁がなされた。長期独居拘禁の解消よりも原告の態度に対する反動としての独居拘禁であり、長期にわたることは、原告の責めに帰するとの判断が優先していたものと判断される。

　なお本判決では独居拘禁期間が2年を経過した後は違法であると判示している。しかし、その根拠は明白ではない。ところで本件は、高松高判昭63・9・29（判時1295号71頁）において、戸外運動の禁止については違法としたが、独居拘禁については「裁量権の逸脱ないし濫用があったとまでは認め難い」とされた。

　その理由は、原告が原因をつくってきたものであり、独居拘禁を解消することは原告の規律違反行為を不問に付する結果になりかねないとしている。原審判決では「他の措置」をとるべきであったとしたのであって、不問に付することを意味するものではない。第二審においては「社会通念上著しく妥当性を欠き、裁量権の濫用があったとまでは認め難い」としたが、6年半（2447日）にわたる独居拘禁が正当とされる根拠はどこにもない。この論法が許されるならば、無期限の独居拘禁が法的に可能となる。日本における裁判の限界を示している。

　札幌地判平12・8・25（訟月47巻9号2699頁）でも札幌刑務所において平成元年8月7日以降、同月15日まで、および同月17日から平成9年2月14日まで厳正独居に付したことが違法ではないとしている。

その主たる根拠として　①取調べのための独居拘禁、②懲罰執行のための独居拘禁、③保安上の理由、を挙げ、「当該在監者の更生のためにはどのような拘禁形態が効果的かという見地のみならず、施設としての刑務所の円滑な運営が阻害されることなく、……規律や秩序が維持確保でき、他の在監者の更生に悪影響を与えないという見地からも判断される必要があり……」とし、独居拘禁の期間の更新につても「社会通念上著しく妥当性を欠くことが明らかである場合に限り」違法となる、としている。

　こうした判断基準そのものは、いずれも管理者側の論理であり、数年にわたり独居拘禁を継続しても、それが違法ではないことを当然の理由としている。「社会通念上」から7年に及ぶ厳正独居が正当化されるとの根拠は、施設での人間の存在そのものを排除した論理でしかない。

更新と告知

　東京地判平3・8・30（判時1403号51頁）では、新潟刑務所長は、1984（昭和59）年8月20日、原告を独居拘禁に付し、原告にはその理由を告知しなかった。そのため原告は理由を知ろうとして面接願箋を出した。面接の結果は「分類審査会の決定であり、理由は回答の限りでない」とし、その後の更新の告知もなかった。その後、3か月ごとに12回にわたって更新されたが、「原則として告知して、弁解あるいは反省の機会を与えるのが相当であるが、……原告の反抗的言動が継続反復されたことが本件処分の理由となっていること」から告知のないことが裁量の範囲を逸脱し、違法とはいえないとしている。なお本件は、東京高判平5・7・21（判時1470号71頁）で、この部分については、昼夜独居拘禁処分に付するか継続するかの判断は所長の裁量であり、本件受刑者の姿勢、規律秩序への「重大なる支障を生ずるおそれ」を理由に裁量権を逸脱したものではないとする原審の判断を維持し棄却された。後に、最高裁で上告が棄却された（最判平10・4・24判時1640号123頁）。

　この事件が、とりわけ更新、告知を問題とするには、それなりの理由がある。原告は、懲役7年の刑で新潟刑務所に入所し、事故を起こすこともなく昼間は縫製工場で作業に従事し、夜は簿記検定等の学習に余暇時間を費やすなど良好な受刑生活を送っていた。同刑務所は1984（昭和59）年当時、1日平均740人程度の受刑者がいたが、同年6月7日から12日にかけ4名の受刑

者が急死するという事故が発生した。そこで原告は同じ受刑者の立場から、自己および他の受刑者が同様の結果とならないよう、その原因を明らかにしたいと考え、弁護士に調査依頼の信書を発信したが弁護士との接見は拒否された（第一事件）。そこで訴訟の委任のため弁護士との接見を申し入れたが拒否された（第二事件）。

　同年8月20日、原告は厳正独居に処せられ、この処分が前記のように更新され、出所の1987（昭和62）年12月17日まで継続したものである。この間に原告は同処分とその更新の理由の説明を要求したが、明らかにされず、後に裁判の過程で、原告が刑務所に対する批判、中傷をし、それを継続する姿勢が認められ、同人を集団処遇に戻せば、他の受刑者に悪影響が及ぶものと、主として原告が外部に発信した信書により判断したとされている（日本弁護士連合会拘禁二法案対策本部「レポート・日本における監獄訴訟」1994年、25頁）。

　本件は、従来は柔軟な態度でいた受刑者が、事件を契機に真相究明を求めたところ、それに対する報復措置として厳正独居がなされ、その更新の理由告知もなかったところに問題の本質がある。

　厳正独居拘禁の更新の裁量権の範囲については、①協調性や自律性に欠ける言動、生活態度が見られる、②工場出役に向けられた積極的な態度がないこと、③独居拘禁の継続に異議・不満を述べていないこと、等を挙げているが、これまでの判例では、これらの理由に該当しないとして最終的に違法とした判例はない。

3―旭川刑務所厳正独居事件

　原告は1979（昭和54）年6月9日、山谷マンモス交番の制服警官を刺殺した罪により無期懲役刑に処せられた。1982（昭和57）年9月3日に旭川刑務所へ移監されてから厳正独居に付され、1995（平成7）年10月23日に夜間独居になり、工場に出役できるまでの約13年にわたり厳正独居に付されていた。正確には、いったん処遇が変更されたものの1998（平成10）年、再び厳正独居に戻されている。原告は、厳正独居に付されて5年余り過ぎた1987（昭和62）年12月4日、旭川地裁に「厳正独居は憲法に違反している」と提訴して

以来、30数回の公判が開かれていたが、1999年4月、裁判所は原告の請求を棄却した（旭川地判平11・4・13判時1729号93頁）。この審理では原告は出廷できず、本人尋問もできずやむなく1997年11月25日在所尋問が実施された。しかし、本人尋問準備のための弁護人との面会は看守立会いのうえでなければできなかった。なお、同年11月25日には、前掲高松高裁で看守立会いが違法であるとの判決が出ている。

　原告の場合、後述するような条件の下で、実に13年にわたり厳正独居を強いられた。原告は、①約13年2か月にわたって独居拘禁した理由が、原告の対監獄闘争にあること、②独居拘禁に付するには、厳格な手続と告知を要するが、所長は何ら告知していない、③長期の独居拘禁は、憲法18条（奴隷的拘束の禁止）、36条（残虐な刑罰の禁止）に違反する、④市民的及び政治的権利に関する国際規約（B規約）7条（非人道的刑罰の禁止）、10条（人間の尊厳に基づく処遇）に違反する、および⑤国連被拘禁者処遇最低基準規則（第57、第21等）に違反すると主張した。これに対し被告（刑務所）は、「原告は極めて闘争的態度を固持し、ハンガーストライキや点検拒否をし17回の懲罰を受けている」（被告・国側の準備書面）とし、その根拠になっているのは原告が月1回母親や弁護士に出す手紙にある。たとえば「視察票・平成2年2月28日付第1176号」によると「総転房は差別分断支配であり、獄中者の団結と共同性の破壊にその狙いがあります」と書いている。これが当局によると「自己中心的で独善的な主張を繰り返しており、未だ権力と対決し、所内の規律を害しようとする姿勢を崩していない」ということになり、集団処遇が不適当であるとしている。そして、①刑務所における拘禁方法は独居拘禁が原則であるとしながら、独居拘禁は、処遇上問題ある者を拘禁する必要があるとし、②独居拘禁の更新の告知は、独居拘禁が継続している以上、更新した旨を知り得るのであるから告知をしないことが違法ではない、③行刑当局を批判する原告の言動は、集団処遇に支障をきたすもので、独居拘禁が苦痛以上のものを与えておらず、憲法違反ではない、④国際人権B規約については、選択議定書を批准しておらず法的拘束力がない、⑤最低基準規則も法的拘束力はない、と主張した。

　さらに被告は、旧監獄法上は昼夜間独居が原則であり、とくに不利益な処

遇ではなく、仮に小さな居室内に閉じ込められ、他者との接触を許されないことで苦痛が生じても、受刑に伴う当然の苦痛でありやむを得ない。また処遇内容の決定は刑務所長の裁量の範囲であり、とくに濫用がない限り違法ではないと主張した（日弁連拘禁二法案対策本部・前掲「レポート・日本における監獄訴訟」21頁）。

　判決は、①行刑施設等に対する闘争的な態度から、独居拘禁の判断は、裁量権を逸脱していない、②独居拘禁の更新を根拠づける監獄法上の法令はないので告知は必要ない、③監獄の規律・秩序維持のうえから独居拘禁は合理的であり憲法に違反していない、④国際人権Ｂ規約については、たとえ13年2か月にわたる独居拘禁も「非人道的」には該当せず、「固有の尊厳を尊重して扱われる」ことに違反していない、⑤最低基準規則には法的拘束力はない、とした。

　被告および判決によると、第1に、旧監獄法では独居拘禁が原則である（法15条）としているが、この意味での独居は夜間独居の意味であって、監獄法の解釈を誤っている。第2に、独居拘禁が原則であるとしながら、独居拘禁は処遇困難者に利用するものとしている。ところが、第3に、原告が工場に出役したならば、他の受刑者に悪影響を与えると、その理由を述べているが、原告は、その後において一時出役を許されているが、その間、他の受刑者と共同作業に従事し、運動・入浴も平穏に遂行しており、他の受刑者に何ら悪影響を与えていない。第4に、原告が移送前に17回の懲罰を受けていたことを理由に原告の「動静を観察するため」厳正独居に付したとあるが、原告は「革命……」の言葉を発していたとしても、現実に施設内の秩序・規律を乱す行為に出たものではない。第5に、約13年2か月にわたる厳正独居の継続が「憲法（18条および36条）に内在する範囲内の制限をしたにとどまる」と述べている。この点に関しては、たとえ死刑が「残虐な刑罰」（憲法36条）に当たらないとするのが最高裁の判断であり、その基準からすると、わが国では厳正独居を含む、いかなる懲罰も憲法に違反しないこととなる。

　本件については札幌高判平12・6・15（判例集未登載）は控訴を棄却した。これに対し原告は上告申立てをしたが、後に訴えを取下げしたため本判決は平成12年6月2日付で確定した。

厳正独居の実態

　厳正独居は一種の懲罰であり受刑者の間では、その独房は「拷問部屋」と呼ばれている（縦3.1メートル、横1.65メートルの独居房の中にトイレと洗面流し、ポリバケツ、私物入れ、座り机、布団がある）。過酷な行動制限のため腰痛などの疾患が発生している。問題点を、さらに具体的に列挙しておく（「磯江さんを支える会」パンフ等参照）。

　〔運動〕　運動は毎日ではなく月水金曜日で土、日、祭日はない。時間は実質37分。扇型の「鳥小屋」と呼ばれる所で一人で縄跳びなどをする。雨の日は独房内で15分の屋内体操。陽にあたることも少なく青白い顔になる。

　〔入浴・食事〕　入浴は火・木曜日の20分（実質17分）。食事は軽作業のため4等食（1,800キロカロリー、1等食は2,400キロカロリー。現在はA食、B食およびC食の3種類）。

　〔作業〕　独居房での安座姿勢による軽作業は、月曜日から金曜日まで、午前7時50分から午後4時30分まで、その間は壁に寄りかかって作業してはならない。足を投げ出して作業することも禁じられている。仕事には一定のノルマがある。彼は、これまでに割箸を袋に詰める作業を最初の2年間やり、その後、家具にはさむ段ボールをのりでくっつけて芯にする作業を4年間やった後、再び割箸作業に戻っている。厳冬期は指先が1日中かじかんで冷凍庫で内職しているようだと述べている。

　　刑務作業には見習工から1等工まで10段階があるが、厳正独居は3等工までであるため時間単価は3等工で18円80銭であった（1992年当時。なお、2009年では1等工で40円40銭）。作業報奨金は計算高の3分の1を通常は自己用途に使用できるが、厳正独居者については5分の1に制限されている。

　〔行事〕　毎月の教育行事には参加できない。また級ごとの集会も4級の厳正独居者は参加できない。誕生日には菓子が独房に配られるだけである。「受刑者所内生活心得」には、生活指導の目標があるが、厳正独居は除外されている。テレビも見る機会はなく受刑者同士の会話はいっさいできない。看守との縦の関係だけである。

独居解除の理由

　本件は上告取下げによって確定したが、1995年10月25日に厳正独居を一度解除されている。原告のその後の受刑態度に変化があったとの報告はなく、突如として独居解除がなされたのは、次のような国際的問題提起が要因であると判断せざるを得ない（なお、1998年3月28日から「石けんをもらった」ことが不正交換とされ再び厳正独居に付されている）。

　1994年末「磯江さんを支える会」は国連拷問特別報告官宛てに「旭川刑務所における厳正独居の実態」のレポートを提出し、同報告官から国連人権委員会第50会期臨時議題10(a)項「あらゆる拘禁下にあるすべての人々の人権問題――とりわけ拷問、その他残虐で非人間的あるいは品位を傷つける取扱いあるいは刑罰について」に1995年1月12日に報告がなされた。これに対し、日本政府は「在監者の人権、名誉、プライバシーを保護するため具体的な事例の事実に関する開示はしない。独居拘禁は矯正効果がある。在監者と職員の保護に役立っている」と回答を寄せていた（前掲パンフ31頁参照）。

　1995年3月発行のPRISON CONDITIONS IN JAPAN, Human Rights Watch/Asia, Human Rights Watch Prison Project（『監獄における人権／日本』（刑事立法研究会訳）1995年、現代人文社）では次のような報告がなされた（要旨）。「居室内で作業し、人と話をすることなく会話能力が失われるのではないか。家族は遠隔地にいて面会できたのは12年間に2回だけであった。弁護士と母親だけに通信が許されている」。

　以上の検討から明らかなことは、第1に、被告（国）は、旧監獄法は独居が原則であるとしているが、それは厳正独居を意味するものではない。第2に、厳正独居が受刑に伴う当然の苦痛であるとしているが、そのような見解が国際的に通じるものではないことはいうまでもない。第3に、本件で明らかなように、厳正独居の処分根拠は原告が訴訟を提起していることにある。わが国の行刑において、例外なく訴訟提起は、すなわち独居となる。したがって本件において訴訟継続中に突如として、厳正独居を解除したのは国際的な批判を回避するためのものであったことは明白である。

4――国際基準に違反

　長期にわたる厳正独居は、明らかに国際法に違反している。その国際基準とは、国連被拘禁者処遇最低基準規則（第31、第32）、国連被拘禁者保護原則（原則6）、市民的及び政治的権利に関する国際規約（7条、8条）、拷問等禁止条約、等である。とくに、わが国が批准している市民的及び政治的権利に関する国際規約7条は、「何人も、拷問又は残虐な、非人道的な若しくは品位を傷つける取扱い若しくは刑罰を受けない」としている。厳正独居が1か月以上にわたることは、明らかに同規約に違反している（1981年、国連通報ラロッサ対ウルグァイ事件）。

　もとより諸外国においても厳正独居がないわけではない。アメリカでは独居拘禁（隔離拘禁、solitary confinement）が、たとえ刑務所規則で認められていても「残虐かつ異常な刑罰」に当たることがあるとしている。連邦裁判所では刑務所労働から懲罰室へ16か月にわたり隔離したことは違憲であると判示している（American Civil Liberties Union Handbook, The Rights of Prisoners, p.5）。

　わが国の厳正独居は居房での所持品の制限、特定の姿勢を長時間にわたり強制していること、拘禁期間が刑務所長の裁量権にゆだねられていることなどから判断すると諸外国ではみられない、明らかに国際基準に違反したものである。このような厳正独居に付されている者が全国の受刑者約4万人のうち、1,000人ないし2,000人程度はいるものと推定されている。このうち旭川刑務所では30年以上、岐阜刑務所では20年以上、城野医療刑務所では、ほぼ28年にわたり厳正独居に付されている無期懲役囚がいるとの報告がある（監獄法改悪とたたかう獄中者の会編著『全国監獄実態〔増補新装版〕』1996年、緑風出版、291、315頁参照）。

　なお1999年6月20日付朝日新聞（朝刊）では、98年現在、全国の無期懲役囚は、960人余りと報じているが、厳正独居受刑者数については触れていない。

［6］戒　護

　戒護とは、刑事施設内で行われる実力強制のことであり、旧施行規則では、鎮静衣、防声具、手錠および捕縄、の4種類であったが、新法では、制止等の措置（77条）として捕縄、手錠及び拘束衣等について規定している（78条）。
　これを受けて新施行規則（37条、38条）では、制止手段として捕縄（第1種、第2種）、手錠（第1種、第2種）及び拘束衣につき別表で詳細に規定している。これらの制裁具の使用は、刑務官の固有の権限として認められていない。刑務所長の命令がなければ原則として使用できない。ただし、緊急を要するときは例外として使用できるものとなっている。実務ではこの例外が原則化している。むろん在所者を制止するための実力行使は許されるが、無抵抗の在所者に暴行を加え、捕縄で緊縛することは、限界を逸脱し違法である（札幌地判昭35・11・14下民集11巻11号2449頁）。しかし、その限界をどのように判断するのかが問題である。

1──制裁具の使用

　制裁具の使用は、急迫な危険の予防と制止の場合のみに認められている。懲罰の手段また反則自体を目的として使用することは許されない（昭和2年刑務所長会議「戒具使用上注意ノ件」）。戒具の使用については、いやしくも濫用があってはならない。その適正を確保するためには使用要件、使用限度について特別の定めがなくてはならないが、旧法では「在監者逃走、暴行若クハ自殺ノ虞アルトキ又ハ監外ニ在ルトキハ戒具ヲ使用スルコトヲ得」（19条1項）と規定するのみで、使用条件については規則にゆだねていた（旧規則49、50条）。同規則では、戒具は所長の命令なくして使用することはできないとしているが、緊急を要するときは例外であるとしている（旧規則49条、同趣旨、新法78条）。実務では、この例外が通常化しており、新法では拘束衣は、捕きょう又は手錠との同時使用を禁止した（新法78条2項）。
　なお名古屋地判平22・5・25（判時2098号82頁）では、違法な革手錠で死亡

させたとして損害賠償を認めている。名古屋刑務所では、革手錠と保護房収容の併用が高く、平成13年から14年にかけて受刑者3名のうち一人は小腸間膜傷等の障害により死亡している。

　この事件は、平成13年10月に明らかとなった。この時期、名古屋刑務所での本件（看守による受刑者の肛門への放水暴行事件）や暴行事件が発覚した。名古屋地判平16・11・4では元看守らに有罪判決（執行猶予付）が下され、名古屋高裁を経て弁護人が上告し、平成23年6月28日に最高裁で有罪判決が確定した。

　これらの事件を契機に平成15年末に行刑改革会議が発足し、その後の新法制定となった。

　これまでに日弁連処遇法案では、①実力行使し得る場合を正当防衛、逃走の防止、命令に対する抵抗に限定する、②それが過剰にわたらぬよう必要最小限にする、③その程度について比例原則の見地から制限し、④事前に被収容者に警報を発することを義務づける、としていた（東京弁護士会拘禁二法案対策本部『刑事処遇判例集』1993年、108頁参照）。前掲大阪地判平12・5・29を契機に革手錠そのものの使用が国際法規に照らし人道上違法であることの判決が出ている。しかし、その後の東京地判平14・6・28（判時1809号46頁）では、革手錠そのものの使用が違法であるとしたものではなく、保護房内において約18時間にわたって継続して使用されたことについて「戒護の目的を達するために必要不可欠であるということはできない」故に違法であるとした。

　なお未決拘禁者についての保護房内での革手錠使用について千葉地判平12・2・7（訟月48巻9号2686頁）は「革手錠や金属手錠の使用がその態様における使用の必要性に関する判断は、監獄法、同法施行規則の定める範囲内で刑務所当局（所長）の裁量判断にゆだねられる」としながらも、「逃走や他者への暴行」以外に認められてはならないとして、事実上の使用禁止を判断した。ただし被告国が控訴し東京高裁判決（平成13年2月15日）はこれを棄却し、違法性はないとした（訟月48巻9号2075頁）。しかし、大阪地判平21・2・18（判時2041号89頁）は、留置担当者ら戒具（防声具・鎮静衣）の使用に起因して死亡に至らしめた者の相続人にある2人の原告に対し、3,000万円近く

の国家賠償責任を認めている。

　新法では、これらの戒具使用は禁止されたが、拘束衣と名称を代えたものがある。拘束衣の使用は、3時間内としているが、継続の必要あると認めるときは、通じて12時間を超えない範囲内で3時間ごとにその期間を更新することができる（新法78条4項）とあり、実質的に無制限の使用が可能である。なお新法では、革手錠は全面的に廃止され新しい両手錠方式に代わった（第1種、第2種）。

2──保護室拘禁

　懲罰の対象となる行為をしたと思われる者に対し、懲罰に先立って特別房に一時隔離するのが保護室である（旧保護房）。ほんらいは受刑者が「自傷のおそれ」あるとき、または「刑務官の制止に従わない……」、「他に危害を加えるおそれあるとき」等に規律維持のため「特に必要あるとき」所長の命令により収容することができるものである（旧法56条1項）。しかし、実際には懲らしめや虐待目的で利用することがしばしばある。保護室収容期間は7日以内となっていたが、新法では3日間までとなった（新法79条）。しかし、とくに継続の必要がある場合には2日ごとに更新されるので、実質的には進展がない。

　保護室は周囲を壁で囲まれ、壁の高位置に1か所の外光の取り入れ口があるだけで照明は蛍光灯に頼っている。外気の流通は換気扇による換気だけで、自然換気ではない。水道蛇口と和式水洗便器が床面と同じ高さに埋め込まれている。床面はウレタンの塗り床で畳はない。

　徳島地判昭61・7・28（判時1224号110頁）では、原告は懲役14年の刑を受け服役中、「大声を発し、舎房の静謐を乱したこと」を理由に軽屏禁60日間の懲罰に付され、それとは別に前後7回、合計94日間にわたり保護房に拘禁された。その間、刑務所長は1回も戸外運動させなかった（独居拘禁と併行しており、全体で155日間1回も運動させなかった）。入浴は8回であった。

　被告（刑務所長）は、その理由として、①原告が右期間を通じて保護房拘禁中もしくは軽屏禁中であったこと、②原告の紀律違反行為の計画性・反復

性、③処遇困難性、④不測の事態の発生が予想される、ことをあげた。判決は、これらの理由のすべてを根拠ないものと判断し、違法であるとした。

しかし、本件は控訴審（高松高判昭63・9・29判時1295号71頁）において、長期戸外運動停止については違法であるとしたが、昼夜独居の継続性については適法であると判示された。

徳島地判が違法であると判断したのは、被告主張の①については、保護室拘禁中であることのみで、直ちに戸外運動の長期間の停止が許容されるものではない、③については、原告のアジ演説は抽象的なもので他の受刑者の反抗を誘発するような具体性のあるものではない、④については、全体の証拠によるもそのようなおそれは認めるに足りない、という理由による。問題は②についてであるが、同刑務所ではおおむね2週間に1回の割合で戸外運動を実施し、その間に問題は何ら生じていない。これらの根拠から長期にわたる戸外運動禁止は違法な措置であったと判示した。

また保護室拘禁の措置について、原告が紀律違反行為を反復している点をとらえれば、やむを得ないところもあるが、保護室の実情から判断すると、たとえば房の移動や入浴のための移動の際にもトラブルを起こしておらず、本人尋問でも「雑居拘禁になればそれなりの対応をする」と述べており、これらを総合すると矯正的要素を軽視したことを否定できない、とした。

これに対し、高松高裁では、前述のごとく戸外運動については違法としたが、保護室拘禁については、徳島刑務所長が、このような措置を講じたのは、原告が紀律違反行為を反復したことによるものであり、いわば本人が原因をつくってきたものであるとしたうえで、原告は紀律違反行為は刑務所の職員の挑発によるものである等の供述をしているが、信憑性がなく、右のままの状態で独居拘禁を解消することは紀律違反行為を不問に付することになり、所長としての裁量権の逸脱ないしは濫用があったとまでは認め難いとした。

旧法時代には前記矯正局長通達において、保護室拘禁は7日を原則とし、3日ごとに更新するものとしていたが、原則として保護室拘禁は長期にわたってはならないことを予定しているのである。ところが本件の高裁判決の判示からすると、この期間は無限に継続できることになる。現に本件において原告は1978（昭和53）年1月19日から1984（昭和59）年9月末日までの合計

2447日のうち、保護房拘禁は実に1145日に及んだ。

問題は、保護室拘禁の根拠および相当性の基準であるが、ほんらい、保護室なるものは旧監獄法には規定がなかった。ただし判例（東京地判平9・1・29保安情報78号44頁）では旧法15条および規則47条に基づく独居房の一形態であるとしていた。保護室は身体に対する直接的な拘束を避けて収容者戒護の目的を達するため特別の設備および構造を有する独居房として設置されてきた（小野・朝倉・前掲『改訂監獄法（ポケット註釈全書）』163頁）。したがって保護室内での戒具の使用はがんらいありえない。ところが現実には、通達の、逃走、暴行・傷害、自殺、自傷のおそれがある者、制止に従わず大声または騒音を発する者および房内汚染、器物損壊等異常な行動を反復するおそれがある者で、普通房内に拘禁することが不適当と認められる被収容者に限ること、を根拠に所長の裁量の範囲内において違法性はないとされている（例、札幌地判平5・7・30判タ835号165頁）。

保護房（室）拘禁は違法

札幌地判平5・7・30（判タ835号165頁）は、原告が同房の服役者から一方的に暴行を受けた際に、看守が「暴行のおそれ」等があるとして金属手錠をかけた後、ほぼ3日間にわたり革手錠を使用したまま、原告を保護房に拘禁したという事例にかかわるものである。争点は①暴行のおそれが認められたか、②それらの要件の判断に際しての刑務所長の裁量の範囲、③保護房の法的根拠、④革手錠と保護房拘禁の重畳執行が違憲であるか否か、にあった。

判決では「暴行のおそれ」については、それを基礎づける事実関係につき信用性を認めず、原告の主張を認めた。革手錠については、暴行のおそれがないにもかかわらず、あると判断を誤った違法があるとした。保護房については原告の憲法違反の主張は認めなかったが、所長の裁量については裁量権を逸脱、濫用した違法があるとした。

しかし、その判断は保護室拘禁の根拠であって、保護室内において、さらに戒具を併用することが許されるか否かとは別の問題である。保護室が逃走、暴行、自殺のおそれある者への拘禁から、懲罰手段化してはならない。

東京高判平10・1・21（判時1645号67頁）では、この点に関し、日本国憲法および監獄法、同施行規則と国際人権B規約との関係についてふれている。

同判決によると、同規約は、憲法を最高法規とする法体系の一部を構成し、同規約の効力は、国内法に優位する関係にあるから、監獄法および同規則の関係法規は、抵触する限度で、その効力を否定されることを認めた。そのうえで、監獄法規等は、B規約（7条、10条）に抵触しないように解釈されなければならないとした。かくして、「保護房拘禁、手錠使用が監獄法および同規則に適合するが、B規約に反するという法令適用関係は想定できないから」、B規約に反するということになる、としている。結論的には、人権規約および拷問禁止条約（未批准時）等の国際準則は、同時に監獄法および同規則の解釈を制約するものであり、国際条約に違反する国際法規の解釈は違法であることを示したものといえる。問題は、たとえば保護室拘禁が同条約等に違反するか否かは、判決でも述べているように、個別具体的に検討されるべきものであるにしても、保護室拘禁と金属手錠の使用をも個別具体的には違法でないとする判断は国際条約の解釈としては正当とはいえまい。こんにちでは、前述のごとく革手錠そのものは廃止されたので問題はないとしても、保護室への収容には従前どおりの課題が残っている。

　宮崎刑務所において、夏に暖房をつけた保護室に25時間閉じ込められたとして、元受刑者（男性）が、国に損害賠償を求めた。裁判所は「服役態度を快く思っていなかったことへの報復目的で、違法な公権力を行使した」として、国に300万円の支払いを命じた。事案概要は、2008年7月、宮崎刑務所に服役していた鹿児島市在住の元受刑者（男性、60歳代）が、保護室の床暖房を入れ、室温を最高38度まで上げられ、およそ25時間閉じ込められ、やけどを負ったうえ、刑務官らが室温の記録を実際より低く改ざんしたというものである。元受刑者は2,200万円の損害賠償を国に求めた。鹿児島地方裁判所は「苦痛は想像を絶するもの」としたうえで「当時の刑務官らによる資料の改ざんなどで適切な調査が遅れた」ことも指摘した。刑務官らは特別公務員暴行陵虐罪の疑いで検察庁に書類送検されたが、起訴猶予となった。本件の代理人弁護士は、マスコミの取材に対し「刑務所の実態が浮き彫りになった」と話した。

3——死刑囚の特殊房

　東京拘置所では1987（昭和62）年4月以来、何らかの訴訟を提起している死刑確定者について「自殺のおそれ」を理由として一般房とは異なる特殊房（第2種独居房）に特定の死刑囚を拘禁している。この特殊房は、常時監視のために天井にテレビカメラを設置し、窓は穴開き鉄板が貼られている。そのため、一般房に比較して通風性は200分の1程度、採光性は7分の2程度、日光の入射量、眺望性は半分以下程度、気積は約72パーセントほどしかない、きわめて劣悪な条件にあるといわれる（東京地判平8・3・15判夕933号120頁。原告主張による）。このため夏は蒸し風呂に、冬は冷蔵庫に閉じ込められた状態だという。

　本裁判において死刑確定囚である原告は、①死刑確定者もプライバシー権を有する、②発作的自殺の危険性ある場合にのみ自殺防止を図るべきである、③健康で文化的な最低限度の生活が保たれていない、等を主張した。これに対し、被告側は、①この第2種独居房は、自殺事故防止の観点から通常の独居房を若干変更したものである、②採光は通常の独居房と比較するとわずかに劣っているが、これは室内照明で補っている、③テレビカメラは自殺事故の未然防止から被収容者の受認限度内のものである、としている。

　これに対し、裁判所は、被告の主張を全面的に取り入れ、原告が主張するほどに通風性、採光性が劣るとは認められないとし、第2種独居房への拘禁に違法性はないと判示した（東京高判平8・10・30判時1590号63頁）。「採光、通風が一般の独居房より劣っていることは容易に推認される」としながら、採光については、室内照明で補っているとしている。しかし、これは24時間にわたりテレビカメラのため採光しているものであって、プライバシーどころか精神的苦痛を強いるものである。自殺防止が理由であるとすれば一般独居房とは異なるこの種の独居房をとくに設置する理由が客観的・明白に示されなくてはならない。ちなみに東京拘置所以外の他の拘置所では、テレビカメラを設置した居房はない。東京地判平9・11・28（保安情報79号40頁）では、同じような立場の者でも他の拘置所ではカメラ付居房に収容していない理由を特段に付していない。

また通常の独居拘禁（閉居罰）は、形式的にせよ期間更新の対象となるが、死刑確定者のこの種の独居拘禁は、その対象ではなく、非人道的な拘禁が長期にわたるものである。

なお東京地判平8・3・15の事件において、原告は他の死刑確定者は集団処遇として月2回程度のテレビ映画、月1回程度の特別食の機会が与えられているが、原告に対しては与えていないことを問題としている。判決では、その事実に争いないことを認め、その理由として、原告が一貫して処遇改善、死刑制度廃止を訴え、いわゆる対監獄闘争をしてきた経緯から原告の心情が安定していないとして、他の死刑確定者への影響を考慮して所長が判断したものであり違法ではないとしている。明らかに国際法規を無視している。

4 ― 全裸検身

著しい実力強制を伴わない戒護の一つに全裸検身がある。旧規則46条では、「所長ハ監獄官吏ヲシテ工場又ハ監外ヨリ還房スル在監者ノ身体及ヒ衣類ノ検査ヲ為サシム可シ」とのみ規定しており、検査の時期・方法等については所長の裁量に属するものとなっていた。

工場出役の受刑者に対する全裸検身制度については、一般的にその違法・不当を争う訴えは、法律上の争訟に当たらず、またかような事項について裁判所に出訴することを認めた法律も存在しないから不当である（大阪地判昭39・6・26行例集15巻6号1175頁）とされてきた。

さらに独居拘禁中の原告に対しても広島地判昭46・3・24（訟月17巻6号962頁）では、刑務所職員が監房検査を行う際、原告を居房前の通路に出して着衣を脱がせて全裸にし、両手を上にあげ、口を開き、首を左右にふらせ、耳の穴を見せ、次いで半回転して両足を広げ、前にかがんで肛門を見せることを実施していた（これは通常の出役者に対して実施されているものと、おおむね同じである）。これについて原告は、独居拘禁中であるからその必要性はなく、所長の裁量権を濫用した違法なものであると主張した。

これに対し同判決では、「独居拘禁中の原告に対しても、凶器をはじめ逃走や暴動の計画ないし準備のための文書を隠匿する等の事故につながる事態

を未然に発見し、防止するため……許されるものというべきであり、被検者のしゅう恥心を考慮すると、その方法に改善の必要がないではないが、この点を考慮にいれても……所長の裁量権を濫用したものであると認めることはできない」とした。

ところで東京地判平3・8・30（判時1403号51頁）によると、反則事犯の嫌疑を受けた者は裸体検身を受けるが、新潟刑務所においては、脱衣させ、衣類を取調独居拘禁用のものに着替えさせる際に、裸体の状態で、両手を上にあげさせ、手のひらの裏表を見せ、口を開き、耳と穴と毛髪を見せ、ついで半回転して両足を広げて前にかがんで肛門を見せ、足の裏を見せるという内容である。これについて同裁判所は、本件裸体検身を実施したことが裁量権の逸脱または濫用として違法とまではいえないと判示した。

ところが、同件は東京高判平5・7・21（判時1470号71頁）において、逆転して裁量権を逸脱または濫用した違法なものであるとして、所長の違法行為を行うにつき過失があったと判示した。

すなわちいわゆるカンカン踊り（裸の状態で両手両足をあげさせ、所持品がないか検査する）は、①肛門部の検査のため、両足を開かせ前かがみにさせたうえ、「尻を割れ」の号令のもとに本人に両手で左右の臀部を開かせ、②陰茎裏部の検査のため本人に手で陰茎を上にあげさせた点について、原告の人格的利益を侵害するものであり違法であるとした。新法のもとでは禁止された。

玉検査

大阪地判平4・12・2（判例集未登載。東京弁護士会・刑事処遇判例集114頁）では、いわゆる「玉検査」につき3か月に1度の定期的健康診断と同時に行えば足りるとしたのに対し、検査の合理的必要性があるとして適法とした。「玉検査」は工場出役の際の検身時において恒常的になされている所もある。府中刑務所では、1985年以降、原則として受刑者全員に対し、一律に毎月2回前後実施している。東京地判平2・2・20（保安情報64号11頁）では、「……受刑者の生命・身体の安全の確保、衛生・健康の管理及び施設内の紀律・秩序の保持等に配慮する必要があることはいうまでもないところであるが……」とし、「このことに鑑みれば、受刑者の『玉入れ』を抑止することに

ついては、受刑者を刑務所に収容することの前記目的に照らし合理的な必要性があるものということができる」としている。「紀律・秩序の保持」と「玉入れ」抑止との結びつきに何ら符合の説明はない。原告は、本件において「玉入れ」の必要性は肯定しながらも、企画・実行しない者にまで全員に検査することの不合理性を問題にした。判示では、①他の受刑者にわからないように検査している、②1対1の検査である、③正面から見えない陰茎の裏側は受刑者本人に反転させている、④検査時間は、1名につき10数秒である、等を理由として違法でないとした（同旨、大阪高判平5・9・30保安情報71号86頁）。東京弁護士会は1989年11月9日、府中刑務所の「玉検査」に対し「被収容者に羞恥心を抱かせ、また、はなはだしく人格の尊厳を害し、これは国際人権規約に違反する虞れが大であります」と勧告している（関東弁護士連合会人権擁護委員会編『人権救済事例集』1995年、関東弁護士連合会、184頁）。

第2章　作　業

　広義において刑務作業は、懲役受刑者、労役場留置者の作業および禁錮刑受刑者、拘留受刑者等の請願による作業が含まれる。狭義においては、懲役受刑者に強制的に科せられる刑務作業をいう。本章では、まず禁錮刑受刑者の勤労の権利・義務について若干検討したうえ、主として懲役刑受刑者の刑務作業上の裁判例を検討する。

［1］　刑務作業

1──禁錮刑受刑者の勤労の権利と義務

　最大判昭33・9・10（刑集12巻13号2897頁）は、「法律により、犯罪者に対し自由刑の一種として……禁錮刑を定めることは、憲法27条1項に抵触するものではない」とし、原告の上告を棄却した。原告の上告趣意は、「日本国憲法27条には『すべて国民は勤労の権利を有し義務を負ふ』と規定せられている。即ち国民は勤労の権利を有すると同時に勤労の義務を負っているものである。禁錮刑なるものは受刑者を監獄に留置するだけであって、これを労働に従事せしむるものではない。単にその自由を奪うだけの刑というものは全く非文化的、非社会的な刑であって報復的な意味以外何等の価値もなく全く原始的非生産的悪である。……禁錮刑はこの国民の社会的責任を果さしめるという精神にも、又その訓練をするという趣旨にも全く反対の制度である。国家はただ糧食を給して無為徒食せしめるという制度を自ら維持するという

ことはこれより甚しい矛盾はない」と主張し、したがって原告に禁錮刑を科した原判決は違憲であると主張した。

これに対し最高裁大法廷は、「禁錮刑は受刑者を監獄に拘置してその自由を制限し、監獄法その他の法規に定める厳格な規律の下に生活させ、本人が希望すれば作業にも就かせるのであって、決して受刑者を無為徒食させる制度ではないのみならず、憲法27条1項は、一般国民に対して勤労の権利と義務を保障した規定であるが、犯罪による刑罰として犯罪者に対し自由刑を科し一般国民としての権利自由を制限し得ることは当然のことであって、法律により犯罪者に対し自由刑の一種として前記の如き禁錮刑を定めることは、右憲法27条1項に抵触するものではない」とし、違憲の主張を斥けた。

非破廉恥罪である禁錮刑受刑者には、懲役受刑者のような定役に服する義務がなく、労働免除という差別は無益であるとの主張がある。いわゆる自由刑の単一化の論拠がそれである。原告の主張は二つの論点から検討を加えることができる（菊田幸一編『判例刑事政策演習（矯正処遇編）〔改訂増補版〕』1987年、新有堂、54頁以下〔澤登俊雄執筆〕参照）。

第1は、禁錮刑の内容としての法益剥奪ないし制限は、自由権のほか、勤労の権利・義務にも及ぶか。第2は、自由刑の存在理由は、受刑者に対し労働を義務として科すことによって、国民としての社会的責任を果たさしめ、同時に社会復帰のための訓練を施すという点に求められるべきであるのに、禁錮刑は受刑者を無為徒食させるだけで、右の趣旨に反する、というのが上告の趣旨である。

第1点について、最高裁は明確に答えてはいない。禁錮刑については憲法27条の勤労の権利と義務は「自由刑を受けた者」が制限を受けることは当然であるとしている。このことは懲役刑については定役を強制しているのであるから、自由刑一般論として論ずることはできない。ほんらい懲役受刑者の刑務作業が、いわゆる労働に該当しないとの見地からは、禁錮刑受刑者に限定される問題ではなく、自由刑一般について憲法上の論議がなされるべき問題である。

それは別論としても、禁錮刑受刑者は懲役刑受刑者とは異なり、ドイツでの名誉拘禁刑（Einschliebung）で象徴されるように、懲役受刑者より優遇措

置がとられており、その象徴が定役に服さなくともよいというものである。そのことから理解されるように定役に服さないことは、「定役」の権利を奪われているのではなくて、「勤労」の権利を奪われているのである。その観点からすれば最高裁の趣旨は何ら答えていないことになる。

そこで自由刑において、自由の剥奪以外の権利の制約として勤労の制約が可能であろうか。ところが勤労が自由社会での自由労働を意味するものとすれば、そのような意味での勤労は不可能である。しかし可能な限り近づけることは可能である。ところが禁錮刑は勤労の義務を果たしていないというのが上告の趣意である。判旨では本人が希望すれば作業に就かせているとしているが、仮にこれを勤労としても禁錮囚は刑務作業を強制されているわけではない。のみならず判旨では、刑罰そのものが権利自由を制限し得ることは当然であるとして、いかなる意味でも勤労そのものが受刑者には制限されるものとしている。はたしてこんにちにおける自由刑のあり方として、そのような論理が通用するものか疑問である。自由刑の単一化の問題として今後に課題を残している。

第2の論点は、労働の強制による勤労精神の養成と職業訓練を処遇の中心にせよとの主張である。しかし、この趣旨からすると労働の強制は勤労とはいえず第1の主張と矛盾する。もっとも禁錮刑は希望しなければ労働がないのであるから、そのような主張も理由なしとしない。自由刑を単一化し、受刑者の処遇権について懲役をも含めて再検討を要する課題である。

2──懲役刑受刑者の就労の義務

京都地判昭52・11・25（訟月24巻1号109頁）では「懲役刑の余罪受刑者が許可なく認書行為をし所定の刑務作業を行なわなかったことにつき、右認書行為は防御権行使のためになされたものとは認められず」とし、所長の裁量権に逸脱ないし濫用はないとしている。

本件は原告が余罪受刑者であり、防御権があり「作業休息願」を出したが、認められず、作業拒否は刑務所職員による職務上の指示に違反したとして懲罰に当たるとしたものである。被疑者、被告人としての未決拘禁の目的と受

刑者としての刑の執行の確保という両者が重複している。被告人としての防御権行使を就業時間中も保障する緊急性があれば、それは許可されなければならない（旧施行規則132条、新施行規則78条参照）。

ところが原告は職員が「作業休息願」の許可が出るまで作業しなさいとの指示に対し「あれだけぽんぽん言われると頭にきます。主任さんみたいに穏やかに言われるとわかります」と応答しつつ、午前10時30分から午後2時5分まで、その間昼食時間の午前11時30分から午後1時までの時間を除いて就労時間中作業不就業の状態であった。本件は「作業休息願」そのものの内容が合理性に欠けるところから作業不就業は怠役であると判断されたものである。

本件のように被告人としての防御権行使や虚弱者、老人等の作業時間の短縮は認められているが（法務大臣訓令「作業時間について」昭和28年11月19日矯甲1270号）、刑務作業そのものの就労義務についての裁判例はない。なお、平成4年4月16日付局長通達により受刑者の作業時間は1日につき8時間、1週間につき40時間に短縮され週休2日制がとられている。

3―作業報奨金の法的性質

憲法25条との関係

刑務作業に従事する就業者の作業は、作業内容により10等級（A、B、Cに区分）に格付けされているが（「作業報奨金に関する訓令」平成18年5月23日）、10等級では1か月600円ないし700円である。なお平成24年の作業報償金の1人1か月の平均計算高は、4,338円である（法曹時報61巻6号）。

札幌地岩見沢支判昭52・1・19（判タ347号156頁）では、函館少年刑務所において懲役受刑者と従事した刑務作業について、原告は憲法25条1項に基づき労働の対価として相当額の金員を請求することができるかどうかが争われた。

原告は1967（昭和42）年4月10日から1969（昭和44）年4月14日まで各種の作業に従事し、同年8月10日に満期釈放された時点で、作業賞与金として金11,726円を受け取った。これを月平均にすると、1か月469円余りの低額

であった。

　原告の主張は、①国は犯罪者を更生させる義務があるところ、低額の作業賞与金の交付を受け得るにすぎない受刑者が出所後社会に出て戸惑い、わずかな金銭を使い果たし再び犯罪を犯す例が多いこと、②刑務作業の実体は、労働市場で期待される労働と異ならず、1968（昭和43）年の受刑者の労働によって国が得た作業収入は61億3,000万円であり、刑務所等収容費37億8,000万円、作業賞与金3億9,800円を差し引いても19億5,200万円の利益をあげている、③作業賞与金は作業に対する報酬であるうえは、実質は刑務作業という労働に対して支払われるもので、「受刑者の再生産費」である。ところが満期で手にした金は前記のように出所後の生活を賄うには足りず、1日30円では、たとえ刑務所で衣食住が保障されていても憲法25条の趣旨に反する、④刑務所内での労働の対価として罰金不納者の労働留置処分による1日の換算金である罰金5万円をこえる場合2,000円となっており、刑事補償法4条の額等を参考にすると1か月あたり金5万円が相当であるとした。

　これに対し判決では、おおむね次のように述べている。①憲法25条との関係では、受刑者は刑務所に収容されている間は、生活資料の取得のために自ら金員等の財産を支弁する必要がないので、憲法25条で保障された水準の生活を維持し得るかどうかに影響はなく、直接関係ない。②作業賞与金は作業に対する報奨的性格のものであり対価ではない。③原告は「受刑者の再生産費」であると主張するが、それは立法上の問題であり、立法府の裁量にゆだねられている事項である。

　判決では作業賞与金（当時、以下同）の性格については、従来の見解を述べるにとどまっている。被告の国側は、刑務作業収入は、1956（昭和31）年から1972（昭和47）年まで、収容に要する費用（法務収容施設費、刑務所収容費、刑務所作業費等行刑における最低限度の支出をいう）を下回り、1973（昭和48）年に至ってはじめて収容に要する費用をわずかに上回ったにすぎないと述べている。刑務作業収入をどのように算出するかは問題であるが、原告は作業収入から刑務所収容費、作業賞与金を差し引いても利益となっていると主張している。これに対し国側は、法務収容施設費、刑務所収容費、刑務作業費を収容に要する費用とし、刑務作業収入からこれらを差し引くと1973（昭和

48）年以降は黒字であるとしている。ここでの法務施設収容費が何であるかは不明であるが、いずれにしても黒字であることを認めている。通常は作業収入額を収容費で除した割合を自給率といっている。これによると1966（昭和41）年には155.9パーセントとなり、こんにちまで自給率は100パーセントをこえている。つまり受刑者は収容に必要な費用は刑務作業で自給している。

この自給率に対し、国は収容に要する費用の中に刑務所関係従事職員人件費を加算すれば莫大な金になるとしている。しかし、国が刑罰手段として監獄を管理するうえは、その人件費までも収容者の作業で賄うことの必然性はない。

原告が刑務作業の賞与金の引上げを主張するのには、労働の対価であるかはともかく、それなりの理由がある。しかし本件では原告は労働の対価を主張したため、それは立法上の問題であると排除された点はやむを得ない。しかし、賞与金であるにしても現行程度の金額が妥当かどうかについて判決では、何ら触れるところがなかった。その理由が、主として原告の請求原因にあることは理解できるが、収容費を上回る国庫収入の利益をあげていながら、本件においては出所時に金1万円余（ほぼ2年間の刑務作業）、こんにちでも1か月の平均が5,000円未満であり、10年の在所者でも出所時に10万円所持することは珍しい。原告が主張するように、この程度の所持金ではたちどころに再犯せずには生きていけないのが現実である。被告側は「受刑者の出所後の生活については、更生緊急保護法に基づく更生保護制度もあり、受刑者の出所後の生存権についても最低限度のものは保障されているのであって、生存権侵害があるということはできない」としているが、実態を無視している。原告が労役留置処分の換算金、刑事補償等を参照として1か月あたり金5万円を挙げているのは、その根拠はともかく妥当な金額と考えられる。1999（平成11）年での筆者の計算では純利益のうち10.5パーセントしか受刑者に還元せず、その他は国庫収入となっている（近年の状況については菊田幸一著『日本の刑務所』岩波新書（アンコール版）参照）。

報奨金の基準

国連被拘禁者処遇最低基準規則では、「受刑者の作業については、適切な報酬制度がとられなければならない」、「この制度のもとにおいては、受刑者

は、……一部を家族に送付することが許されなければならない」(第76) としている。わが国においても旧監獄法施行規則76条１項において、刑務所長の裁量により計算高の３分の１をこえない金額を配偶者、子、父母の扶助等に給与することができるものとしていた。

アメリカの民間グループであるヒューマン・ライツ・ウォッチ（HUMAN RIGHTS WATCH, The Human Rights Watch Global Report on Prison Conditions, p.57, p.61）では、「受刑者には賃金が支払われ、在監中に蓄えた金員は釈放時に全額支払われるべきである。所内での作業は社会復帰後の有用な労働の習慣をつけるものであり、家族への送金が許されるべきである」と勧告している。

賞与金をどの程度支払うべきかについて、さらに具体的に問題とした事例が大阪地判昭54・3・23（訟月25巻7号1775頁）である。

原告の主張は、①作業賞与金は被害者に対する賠償や留守家族の生活扶助等を予定して支給される金員である。②一般社会の名目賃金指数の上昇に見合うように改定すべき義務があるのに、1955（昭和30）年から1975（昭和50）年までの20年間に約9.6倍の上昇に対し、賞与金は約6.1倍になったにすぎない、と主張した。

原告の具体的主張は、紙袋糊付作業に従事している間、見習工の作業賞与金計算規程による基準額は１時間２円であった。これによって決定された給付金は規程基準を下回って計算されていた。原告がほんらい支給を受けるべきであった金額は、金6,742円であったが、原告が現実に支給を受けた金額は、金4,284円であった。これに一般社会の名目賃金指数の上昇率約9.6倍を勘案すれば、得べかりし利益が、あまりに少額となり過ぎることとなる。

これに対し、被告（国）は、本件決定は、計算規程と京都刑務所作業賞与金計算規程施行細則、同運用規程、作業等級に基づき、賞与金審査会が審査、決定したものである。原告の従事した紙袋糊付作業の数量科程は265枚であった。ところが一定期間、紀律違反により訓戒処分を受けたので、これを斟酌して減額した。いずれも審査会で審査したもので違法性はないと主張した。

判決では、名目賃金指数が約9.6倍に対し、約6.1倍である点については、その数値を認めながら「著しく不合理とは言えない」とだけ述べている。さ

らに「基準額の割合による金額を下回って計算することが、直ちに違法であると解することはできない」としている。その根拠は原告が作業成績による減額率100分の20を受けているからである（本件計算規程7条3項によると所長は、行状不良の就業者に対して、基本月額の100分の30をこえない金額を減額することができる）。

　名目賃金指数の差については、「著しく不合理」ではないとして不問としているが、これを長期の比較でみると1908（明治41）年に監獄則を採用したときの工賃は、当時の日雇賃や給料は月額3円から5円であり、そのときの受刑者の工賃は、その約1割を得ていた。旧監獄法が施行された明治41年からは賞与金となり、その基準は普通の日雇の1割ないし4割と見積ってきた。ところが1966（昭和41）年に5.9パーセントまで低下し、1983（昭和58）年以降では1パーセントに満たない。戦後の作業賞与金の平均月額は1,000円から1,200円にすぎず、これは通常労働者の100分の1の額である（詳細については、菊田幸一『刑事政策の問題状況』1990年、勁草書房、253頁以下参照）。「不合理とは言えない」の根拠を示すべきであろう。

　なお本件では、行状不良により減額された点については原告は触れていないが、この点について追求すべきであった。

4——報奨金の削減

　行状不良による減額の問題がある。わが国の作業報奨金に関する訓令では、「施設の長は、正当な理由なく作業成績が不良な就業者について、その成績に応じて、基本月額の100分の50を越えない金額（従来は100分の30）を減額することができる」（12条2項）とし、減額は就業上の理由によることと限定している。ところが他方では、法151条1項5号では紀律違反に対して懲罰として作業報奨金の3分の1以内の削減を規定している。

　通説は、作業賞与金は既得の権利ではないとしており（倉見慶記・石黒善一・小室清『行刑法演習』1958年、法律研究社、314頁）、労働対価として確定した利益も不支払いが可能である。しかし、懲罰の一種として賞与金の減額が制度化していることは問題である。大阪地判昭54・2・2（行例集30巻2号

158頁）では、「受刑者に対する作業賞与金は、……その計算高の計算過程において、刑務所長が当該受刑者の行状不良を理由として作業賞与金を減額算定する行為は、計算高が確定した後における減額の場合と異なり、右期待権を侵害したことにはならず、その権利義務に影響を及ぼすことはないから、抗告訴訟の対象となる行政処分とはいえない」として棄却し、神戸地判昭54・9・27（訟月26巻1号94頁）では「行状不良を理由に作業賞与金月額計算高を3割減額する処分は、特別権力関係における刑務所長の自由裁量の範囲内の行為であって、受刑者はその取消しを求める法律上の利益を有しない」として棄却している。

　この事件において原告は、紀律違反（暴言）により軽屏禁の懲罰を受け、作業賞与金計算高告知の際、作業賞与金計算規程8条に基づいて3割の減額処分を受けた。これについて原告は、作業賞与金の具体的給付金額および増減方法については、法令上の理由がある場合を除いては計算高を削減または不支給としてはならないとし、しかるに当然に減額されることのなかった賞与金の月額基準額について、何ら根拠のない懲罰処分を理由として3割減額したことは、原告の財産権を侵害する事実行為として抗告訴訟の対象となる、と主張した。

　これに対し被告側は、賞与金は1か月単位で積算のうえ、当該受刑者に告知されるが、在所中は単に計算高として記録されているにすぎず、釈放の際にはじめて給付されるものであって、就業者は現実に給付されるまでは賞与金につき何ら具体的権利を有しないと主張した。これを受けて判決では、賞与金は国家の一方的な恩恵的給付であり、賞与金の条件、処分方法は、すべて被告の裁量に属するものであり減額処分は被告の特別権力関係における自由裁量の範囲内の行為であるとして、訴えには法律上の利益はないとした。

　作業賞与金が権利であるとして認められるか否かはともかく、懲罰の波及的効果として賞与金を減額することは、国際的な刑務作業の位置づけからみても問題とすべき課題である。とくに懲罰事由そのものが明確でない時点で事実上賞与金を減額することは、賞与金自体が恩恵であるという理由だけでは問題がありすぎる。

　大阪地判昭55・8・7（矯裁例集(2)751頁）では、原告は、累進処遇1級者と

して洋裁工として就業していたが、原告の主張によると作業服を切損して原告の仕業に見せかけようと看守と他の受刑者が共謀し、2着を小鋏で切損し、それを根拠に原告を取調べのため1か月にわたり独居拘禁に付した（被告側はこの期間は18日であるとしている）うえ、見習工に転役させられ、賞与金を減額された。

　これに対し判決では、共謀の点については、原告の推測にすぎないとして認めず、「看守は、前後の事情から原告が切損したのではないかとの疑いを持ち、ことの真相を解明するため」昼夜独居拘禁に付したのであって、その点に過失はないとしている。その結果として被告の看守がいる工場で就業することは原告の改善・更生にとって好ましくないと判断され、「作業賞与金が労働の対価ないしは作業従事者の受けるべき権利といったものではないこと、および転役後見習工となったのが法令の規定に基づく適法な処分であることを考慮すると、原告の受くべき作業賞与金が減少したことをもって原告の損害と認めることはできない」として、いずれの主張も棄却している。

　この経過から明らかなように、原告が否認しても疑いのみで取調べの名目で厳正独居に付され、その結果として転役のうえ作業賞与金が減額され、規定に従っており違法ではないということになる。本件での原告主張でみる限り、いやがらせを受ける理由がある。そのような場合に反証がなければ、そのいやがらせをも自己責任にせざるを得ない。懲罰手続そのものが問題であることはいうまでもないが、それに連動して賞与金をも減額することは不合理である。

　処遇上から転役させることはやむを得ないとしても、この場合の賞与金の減額は転役の結果としてのものである。ところが事実上は懲罰である。しかし、旧法60条の懲罰であるとはいえない。刑務作業の報酬が単なる恩恵であるとの理由で一方的に増減し、権力の濫用に利用されている。

5 ― その他の諸問題

　その他の問題として、上述の家族への送金の現実を判例からみると、徳島地判昭57・7・30（訟月29巻2号276頁）では、在所者は作業賞与金の給与を受

けて一定の用途にあて得る地位にあるとするが、その判断は刑務所長の裁量により決定されるとしている。本件で原告は定価600円の時刻表購入を願い出たところ、旧行刑累進処遇令41条により自己のために使える額は毎月の賞与金高の5分の1以下の範囲であり、当時原告は、月741円の計算高であったため、その使用額は148円をこえることはできないとし、その購入を許可しなかったことは裁量権を逸脱したものではなかったとしている。

ちなみに原告は無期懲役囚であり、当時領置金残高が金3,000円と作業賞与金計算高が2万円以上であった。報奨金の性格から計算高が僅少であるにしても事実上の家族への送金は意味をもたせていない。蛇足ながら賞与金（現行・報奨金）は出所時に支給するものとなっている（新施規98条）。現実に現金が存在するわけではないので、その間の利子は受刑者が何十年在監していても無利子となっていても問題とならないようである。

刑務作業の本質については多様な論議があるが、現状では刑罰に付随した強制的教育手段であるという点では、おおむね一致している。たとえ「意に反する苦役」であることを認めるにしても、こんにちの刑務作業が苦痛そのものを目的としたものではないことはいうまでもない。しかし、これまでの裁判例の検討から得られたところでは、刑務作業がまさに苦役の手段として利用されている。「賞与金」（現・報奨金）であること、それも時代錯誤もはなはだしい低額であり、その低額な賞与金すら法律によらない規程（法務大臣訓令）によって減額され、さらに自己の取得した賞与金すら一定枠内しか使用できないのである。

新法では「作業は、できる限り、受刑者の勤労意欲を高め、……」（94条）としているが、いぜんとして賃金制は採用していない。懲罰としての報奨金の削減も現状どおり実施されている。こんにちの裁判例でみられる不合理を改正する方向はみられない。

国連被拘禁者処遇最低基準規則が「適切な報酬制度」（第76）を提言していることは前述した。ヨーロッパ刑事施設規則では「被拘禁者の利益およびその職業訓練の利点を、収益をあげることより下位においてはならない」（第72の2）としている。わが国の報奨金制度は、市民的及び政治的権利に関する国際規約10条「人間の固有の尊厳の尊重」に違反している。国際的な雑誌

である「タイム」(1997年11月28日号) は、「日本の刑務所の内部の隠れた地獄」(INSIDE THE HIDDEN HELL OF JAPAN'S PRISONS) というタイトル (「受刑者が裁判で求めている、日本の手きびしいわな」という副タイトル付き) で、作業中に目をあげただけで懲罰となる実態を報告している。現に国際的に監視されている現実を直視すべきであろう。

［２］　刑務官の職務上の注意義務

　国家公務員たる刑務官が故意または過失により被収容者等に違法に損害を与えたときは、国家賠償法１条１項の「国の公権力の行使」に当たるものとして賠償する責任を有する。
　とくに刑務官は被収容者を強制的に収容し、身体の自由を拘束し、一定の義務を課し、権利を制限するものであって、被収容者の権利侵害の危険性が高い。そこで国家賠償法は刑務官を含む公権力の行使に当たる公務員による「故意または過失」による違法な損害に賠償責任を負わせている。

１──戒護上の注意義務

　名古屋地判昭58・2・14（判時1076号112頁）では刑務所内で作業中の受刑者が他の受刑者から金槌で顔面を殴られ重傷を負った事故について国の賠償責任を認めている（本裁判例における医療過誤に関して本書242頁参照）。
　本件の原告は、大分刑務所において写植の刑務作業に服していたが、就業直後に担当看守を欺いて不正に金槌の交付を受けた他の受刑者から頭部および顔面を金槌で１回強打された。この事故により原告は、右半身麻痺、外傷性癲癇、小脳失調様症候群、右側頭骨陥没骨折の傷害を受け、身体障害者第３級の認定を受けた。
　原告は被告（看守）の過失責任として、①雑居房の生活関係に充分留意し争いを未然に防止する戒護、教育の義務があるのに、これを怠った。②作業

に常時必要な道具は、作業開始前に担当看守から作業班の班長に一括貸与し、その他の道具については受刑者が個別的に担当から許可を得て貸与していたが、写植に必要な道具はカッター程度であり、金槌の貸与は必要がないのに、使用目的を聞くことなく許可を与えた過失がある。③刑務所職員は、事故の発生を未然に防ぐため、厳重に看守しなければならない注意義務があるが、作業中の受刑者が無断で持ち場を離脱したことを見落とした過失がある。④その他、医療担当者の過失があると主張した。

これに対し、被告は、①工場においては作業机や床の修理に金槌を借りることがあり、加害者の口調には日ごろと異なるところはなかった。②大分刑務所はA級の刑務所であり、行動制限が比較的緩和されており、刑務所職員は、在監者のすべての紛争を未然に防止する注意義務を負うものではない。③本件事故は同室内の受刑者同士の不仲に起因するが、表面化しておらず不仲を察知できなかった点に過失はない。④医療担当の過失もないと主張した。

両者の主張に対し、裁判所は、①金槌は、写植作業には不要な道具であり、時折、工場内の床板や机の修理に使われていたが、そのような修理行為は、作業中に修理箇所を発見して行うものである。本件事故当日、加害者は作業開始直後に便所へ行っており、修理すべき箇所を発見して金槌を借りようとした根拠がない。②許可を受ける前に無断で金槌を持ち出しており、後で許可を受けているのは、紀律違反である。③不審な挙動が見られたのに、その表情を読みとることなく金槌を貸与した過失があるとして、原告の主張を認めた。

これにより裁判所は原告に対する治療費、逸失利益、慰謝料等金3,686万7,141円（ホフマン式計算法を適用）、同妻に対しては、夫の負傷による性交能力の喪失またはこれに近い減退をきたしたとされ、金110万円が損害金と認定され国に対し慰謝料支払いが、それぞれ命じられた。

札幌地判平15・3・14（判時1818号158頁）では、ソフトボールの練習中、顔面に打球の直撃を受け、左目の負傷と視力の低下に対し、職員が安全義務を怠ったとして、札幌刑務所を設置運営する被告に、国家賠償法1条1項に基づく損害賠償として、後遺症慰謝料994万円余の支払命令判決をしている。

類似の事件として看守の過失が認められなかった事例を挙げておく。

東京地判昭34・4・9（訟月5巻5号663頁）は「受刑者が浴場内で他の受刑者に対し傷害を負わせたことについて、看守にあたっていた刑務所職員に過失がない」と判示している。

原告は、①刑務所職員が入浴前に加害者の身体を検査してガラスの破片を発見しなかったことの過失、②浴場内において看守が中央に漫然と立ち、形式的な監視しかしていなかったことは監視の義務を怠ったものである、③原告と加害者は賭博の仲間で仇敵視し合った仲であり、反対側の房に収容したことの過失、等を主張した。

これに対し、裁判所は、①入浴者が他の入浴者を殺傷することは通常予想できず、入浴者は、すべてシャツとパンツだけで立ち、手拭いと石けんだけしか持っていない。②共犯者同士は入浴させておらず、入浴者の検身をし、看守は当日浴室内に水蒸気がたちこめていたので、担当台に立たず2個の浴槽の中間に立って監視にあたっており過失はない。③同人等が、自制心を欠いた者として、殺傷し合うことを予想し相互に隔離することは望ましいことであるが、身体、衣類の検査を受けており、凶器をもっていることは予想されず、反対側の房に収容したことに過失はない。これらの理由で刑務所の過失は否定され棄却された。

以上で紹介した二つの事例は、結論は別であるが、いずれもそれなりの合理性が認められる。ただし、後者の事例において、賭博仲間の仇敵視し合う両人を反対側の房に収容したことの問題は指摘されなければならない。判決では、このような者を「相互に隔離することは望ましいことであるかも知れないが、刑務所に、さような義務があるとは言えない」としている。たとえ凶器がなくとも事件を起こすことは可能である。判決においても、そのことを認めながら、事件は入浴中でなくとも起こり得るとしている。その原因は利害関係を有する両者を接近させていたことにある。看守本人の責任というより刑務所の責任でもある。

なお「看守の指示に従わないで暴行に及ぶ在監者を制止するための実力行使はもとより許され、……その方法および程度は、戒護に必要な限度でなければならず、無抵抗の在監者に暴行を加え、捕縄で緊縛することは、限度を逸脱し違法である」との事例がある（札幌地判昭35・11・14下民集11巻11号2449

頁)。制止鎮圧後の手錠・防声具・捕縄の使用の限度については本書55頁以下で検討した。

　大阪地判平7・1・30（判時1535号113頁）によると、大阪拘置所において無罪を主張し、すでに10年にわたり殺人の共謀犯として起訴されていた被告人が、白内障の治療のため病院へ拘置所職員に連行された際、いきなり多数の患者らでごった返す外来の廊下・待合室を腰縄手錠姿で歩かされた。異様な連行姿をみた外来患者や看護婦らはいずれも言葉なく遠巻きにして避け、本人は好奇の目に身を小さくして耐え続けた（以上、担当弁護士の記述）。

　原告は、むき出しの両手錠・腰縄付きで公衆の面前を歩かせることは、原告の名誉を侵害し、その尊厳を著しく傷つけるものであり、このような護送行為が、憲法13条や市民的及び政治的権利に関する国際規約7条に違反しているとした。これにより看守は故意または過失により違法に原告の人権を侵害し、原告に精神的損害を与えたものであるから国家賠償法1条1項に基づく損害賠償を求めた。

　これに対し被告側は、①手錠は原告の上着の裾で覆い、人目に触れないようにした、②腰縄は、その腰部をひと巻きして原告の上着の下で結び周囲から見えないようにした、③廊下では看守が原告を前後から挟むようにして歩き、周囲から手錠や腰縄が見えないようにした、等を述べ反論した。

　裁判所はこれについて、原告の上着は丸首の、前開きのできないトレーナーであったため両手錠を完全に隠すことは物理的に困難であった。原告を病院に護送するにあたり、手錠・腰縄を使用したこと自体は正当な職務行為であり、違法ではないが、手錠・腰縄を公衆の面前にさらすことは、自尊心を傷つけ、精神的苦痛を与えるものであるとして10万円の損害賠償支払いを命じた。

　本件は、国側が合理的な範囲内の不利益であれば受認すべきであるとして控訴した。しかし大阪高判平8・10・30（判時1589号58頁）は「控訴人の人権への十分な配慮を欠いており、違法な加害行為であった」として、これを棄却している。

　熊本地判平20・1・15（判時1999号98頁）では、A刑務所で服役中の一審原告が、高速面取機を使用し刑務作業中に指先を切断した事故について、606

万円余の損害賠償を認めた。これについて福岡高判平21・5・14（判時2061号47頁）は27万円の支払いを認めたが、その余を棄却している。

　減額の主たる理由は、作業訓練は充分ではないがなされていた、しかし職員による指導体制が必ずしも充分なされていたとは言えず、この点で過失があった等である。

　ところで金額の点はともあれ、一般社会で認められる補償が刑務所内では、裁判で争うことは極度に困難であり多くの受刑者は泣き寝入りしているのが現状であることを付加せざるを得ない。

2──作業上の注意義務

　強制労働たる刑務作業は、刑務官による監視と監督のもとに、きわめて厳格な状況下に行われている。いきおい受刑者の自由にゆだねられる範囲が限定され、それだけに監督にあたる刑務官の責任は重い。

　札幌高判昭50・3・27（判時782号53頁。第一審＝札幌地室蘭支判昭48・8・17判時734号84頁）は、受刑者の刑務作業中の転落事故について国家賠償責任があることを認めた。

　本件は、函館少年刑務所で刑務作業中の原告が高所に登っていたところ、つかんでいた支柱横木が腐っていたため、これがはずれて4メートル下の地上に転落し、脊髄完全損傷等の傷害を受けた事故である。

　第一審の札幌地裁室蘭支部では、刑務官の過失について、第1に作業員選定に関しては、ある程度の危険の伴う高所作業に在監者を従事させることは不当ではないとし、第2に、作業実施上の事故防止措置の当否については、原告を本件支柱に登らせ横木が腐食していたことを認めながら適切な処置をとらなかった。また命綱の使用について実行を徹底しなかったこと等から刑務官の注意義務を怠ったことは非難されるとして過失を認め1,000万円余の損害賠償を認めた。

　これに対し原告、被控訴人の両者が控訴し、第二審では、事実については、おおむねこれを踏襲し、控訴代理人が約8,000万円の損害賠償を要求したのに対し、約1,500万円相当まで増額する判断を示した。

このように刑務作業の指導監督にあたる刑務官の注意義務違反が認められた事例はきわめて少ない（過失を認めた事例として、①熊本地判昭58・3・10保安情報50号39頁、②大阪高判昭63・4・27保安情報60号36頁、③大阪地堺支判平5・12・8保安情報72号33頁、および④札幌地判平11・4・23保安情報82号177頁等がある。ただし、①については原告の不注意も大きいとして5割の過失相殺をしている。②は4割の過失相殺、③は損害賠償の算定に本人の過失を斟酌すべきものとしており、④は一部認容している）。

　横浜地判昭63・5・25（判時1295号94頁）は、受刑者が刑務作業中に機械に指を巻き込まれ受傷した事故について安全義務違反はないと判示している。

　原告は、刑務所内の工場でアルミ線等の被膜電線を平ロール機と称する機械の挿入口から差し込んでビニール被膜を剥ぎ取る作業に従事していたが、トラブルのため設定されていたカバーを取り外し、挿入した際、右手にはめていた革手袋の先がロールに巻き込まれ、右手の挫創・末節骨切離等の傷害を負った。

　原告は、①ロール機の前面カバーが安全装置であることについて説明せず、②不良機械であることを知っていて修理など調整を受刑者にまかせていた、③監督者はカバーを外したことに気付かず、または気付きながら放置した、④革手袋を着用させた等を主張した。

　これに対し、判決では、①本件ロール機は安全カバーを外さない限り危険性はなく、安全装置を外さないことは毎朝注意していたので、刑務官の安全教育に不備はなかった、②本件ロール機に特別な修理ないし調整を要請されたことはなく、安全性を犠牲にしても生産性をあげるよう指示したことはない、③本件ロール機の周囲に4名くらいの受刑者が集まっており、カバー取り外しに気が付かなかったことに過失は認められない、④手袋の着用の禁止は、手袋がロールに巻き込まれ損傷するおそれがあるところ、安全カバーを外して作動させること自体禁じられており、手袋着用の指示は安全カバーを外していない場合を前提とするものであり、注意義務違反の過失に当たらない、として原告の請求を棄却した。

　なお、本件では、原告に対し、1984（昭和59）年5月17日、旧監獄法28条、同法施行規則79条および死傷病手当金給与規程に基づき、傷害手当金として

15万5,000円を支払っている。原告の主張では、同規程5条では「本人の重大な過失に起因するときは給与しない」となっており、また横浜刑務所「所内生活のしおり」では「わざと怪我したり、普通の注意をすれば怪我をしなかったと思われるとき以外」に支給するものとなっている。このことから判断しても手当金を支給したことは、原告に重大な過失があったとは自認できないと主張した。

この点に関し判決では、「……右規程別表の平均額の支給があったことは、通達の解釈の上からは原告に重過失がなかったことを推認せしめる運用であったといわなければならない。しかし、前述のとおり原告の著しい軽率さは疑いようのないところであり、……支給は右矯正局長通達に反する運用がなされたことを意味するにすぎず、原告に重過失がなかったことや、被告がそれを自認したことを意味するものではない。労働者災害補償保険法の適用のない刑務作業における事故については、被害者への補償が微弱になるのが現状であり、その現状下で通達に反して少しでも原告に有利な運用がなされたことは、原告のためには不当ではない」としている。

重過失のなかったことを推認しつつも、被告がそれを自認していることを意味するものではないという苦しい釈明をしている。本件は、刑務所側の不誠実な対応に対し、原告が労災の「第12級」の認定を受け、出所後に損害賠償を求めたものである。

同様に、ブレーキの故障した脱水機で左膝関節の下を切断した不祥事件（水戸地判昭59・6・15判例集未登載、鴨下・前掲書347頁）、最近の判例としては福島地判平12・5・23（判タ1099号177頁）でも山形刑務所に服役していて同刑務所内で2人1組で木材の裁断加工をしている間に木材が飛び出して大腿部傷害を受けたことによって処遇上の過失はないとされている。

これらの裁判例の見解では、刑務作業に従事している受刑者は同種の一般労働者に比較して不慣れであり、技術的にも劣っているところから、監督にあたっている刑務官には、作業上の危険防止の特段の注意義務が課せられているのであるが、国家賠償の認められる事例はきわめて稀である。

広島地判平12・2・4（保安情報第84号56頁以下）では、刑務作業中の裁断機の操作が原因で、ひとさし指切断の傷害を負った受刑者に対し、慰謝料2万

円、後遺障害慰謝料500万円の支払い判決が出ている。

多くの場合、刑務所内での事故は、それが明らかに受刑者の過失によらない場合でも、「不注意であった」、「安全作業の手順に違反した」として、自分の不注意を強制され、認めなければ逆に懲罰処分に付されることが多く、出所後の損害賠償請求は、これらの不利な証拠により事実上、不可能である。

一方では刑務作業に従事する受刑者に極端ともいえる規律秩序維持を、名目とする管理が行われている。

3──医療上の注意義務

刑務所内における、医療過誤については別に検討する。ここでは刑務所の医療措置の注意義務について検討しておく。いうまでもなく受刑者に対する医療は、受刑者の行動自由の制限内において刑務所長、看守などは状況に応じて適切な措置をとらなければならない。

過失肯定の事例

大阪地判昭58・5・20（判時1087号108頁）は、重傷の精神病であった原告に適宜な措置をとらなかった拘置所側の過失責任を肯定した。原告は逮捕された後、精神錯乱状態のため保護房に収容されたが、寒中に裸のまま意味不明の独言を大声で発し、便器に頭を突っ込むなどの異常行動を継続していたが、医師の診断で計4回の薬剤注射がされただけで凍死した。

判決では、拘置所長、看守、非常勤医師に対する過失を認めた。まず、①このままの状態で保護房に収容を続ければ重大な障碍が生ずることは十分予測できた、②危篤状態になった当日も注射の効果が表れると容易に判断し、動静を死ぬまで観察し、着衣以外の手当てをしなかった、③担当の非常勤医師も具体的措置を指示しなかったとした。

ここで求められているのは、常勤医師をおくことや、あらゆる緊急時に対応できるよう医療体制の整備を要求しているものではない。専門医の診断の必要が了解されながら、その措置をとらなかったことであり、強制的に衣類を着用させ、暖房設備のある場所へ移すなど可能な措置をとらなかった過失を肯定したものである。

同じく拘置所の死亡事件につき国の損害賠償が認められた事件として、札幌地判平元・6・21（判時1330号97頁）がある。同事件は、拘禁中の被疑者が気管支ぜんそく発作により死亡した事故について職員と嘱託医師に過失を認めた。
　判決では、①職員は被疑者の発作が和らいでいないのに階段を約40メートル歩かせ、乗車させたこと、②医師については、夜間において発作の出ることを予想しながら、そのような事態に備えて従前に応急措置を取っていなかった、等により過失を認めた。
　本件に関し、日弁連の資料（日本弁護士連合会拘禁二法案対策本部「レポート・日本における監獄訴訟」1994年）によると、「本件提訴後、嘱託医は自分の専門分野以外の疾患ある在監者の治療は専門医師に行わせるよう拘置所に申し入れた。本件は、証拠保全の有利な証拠はなく、ほとんど提訴後の文書提出命令によった。遺族は死亡の経緯について説明を拘置所に求めたが、まったくこれに応えず、遺族は人権委員会に調査を依頼したが、最終的には拘置所の行為は『適切な措置』であったとの回答を受けていた。人権委員会も行政機関であり、重大事件であればあるほど市民の訴えを押さえこんでしまうという実態であった」と記述している。
　松江地判平14・1・30（判タ1123号115頁）では、アルコール離脱症状を呈し道交法違反で懲役2月の実刑で入所した原告が、高度の脱水症であったが、担当医師がアルコール離脱症候群についての医学的知見を有しながら、健康診断も実施せず、精神科的措置および内科的措置を講ずべきところ、何らの措置をとらなかった、として過失責任を認めている。
　その他に、未決勾留中の被告人に対するC型慢性肝炎の治療について担当医師の過失が認められている（大阪地堺支判平16・12・22判時1902号112頁）。刑務所側の過失を認めた事例として、東京地判昭47・3・7（判時678号56頁）、大阪地判昭48・9・19（下民集24巻9～12号650頁）、東京地判昭49・5・20（訟月20巻9号63頁）、東京地判昭51・6・30（判時850号57頁）、広島地判平2・6・29（保安情報65号1頁）、名古屋地判昭63・11・11（保安情報61号60頁）、および松江地判平14・1・30（判タ1123号115頁）等がある。大阪地堺支判平11・10・27（保安情報83号26頁）では、刑務所在所中に肝癌で死亡したのは、在所中に適

切な検査、治療を受ける機会を奪われたためであるとして、刑務所への損害賠償を一部認容している（本事件は平成11年11月13日に確定した）。

　最近の事例として、逮捕後の勾留中に適切な医療が受けられず、糖尿病合併症の一つである網膜症の悪化で失明したとして、国と岐阜県に慰謝料など約1億290万円の損害賠償を求めた訴訟の判決で、岐阜地裁は、国と県に5千万円の支払いを命じた。判決は「糖尿病の罹患から10年以上経過しており、定期的に眼科専門医の診察を受けさせる注意義務を怠った」と国および県の過失を認定した。さらに、網膜症悪化との因果関係について「適切な治療で失明の危険性の排除や、視力回復の可能性は高まった」とした。原告側は「目の異常を再三訴えたが取り合わず、適切な医療措置を取らなかったのは不法行為」と主張していたが、国と県は「糖尿病の投薬治療や厳格な血糖管理は行っていた」、「症状の訴えはなかった」と反論していた。本件原告（男性）は、2006年11月、窃盗容疑で逮捕され、2007年9月まで岐阜羽島署の留置管理施設で、同12月まで岐阜拘置支所に勾留されていた。名古屋拘置所に移送後の2008年4月、網膜症の悪化で右目をほぼ失明、左目の視力は極度に低下していた（岐阜地判平27・9・16判例集未登載）。

　なお少年院在院者同士の争いによる死亡事故で国の賠償責任を認めた事例がある（最判昭47・5・25民集26巻4号780頁）。

　これらの過失が認められる事例の判断においては、たとえば前橋地判平18・10・11（判時1980号106頁）では、旭川刑務所で服役中の脊髄カリエス疾患した原告が、移送先の病院での手術の過失で後遺障害が残存した件で2,000万円余の支払命令を判示している。本件では、後遺障害の原因、医師の過失の有無、病院の責任、等が論点となり一部の医師の過失が認められている。

過失否定の事例

　勾留中の被告人がぜんそく発作で死亡した事故について、医療体制の不備、職員の過失が否定されている。

　東京地判昭54・8・27（判時953号83頁）の事件は、刑事被告人として勾留中の被告人がぜんそく発作で死亡した。被告人は予期しえない突然の発作により発生後15分で死亡している。原告は被告人は小学校時代から気管支ぜんそ

くを発病しており、これまでにも点滴などで回復している。今回も勾留直後から1日の中断もなく発作状態にあり、拘禁者の病状急変は予想されることであり、人的・物的な医療体制を整備すべき義務があるのにこれを怠ったと主張した。

ところが判決では、拘置所は、その収容者の生命、身体の安全のための適切な医療体制を整え、適切な医療行為を行うべき義務を負うのは当然のことではあるが、医師を常駐させておかねばならない法的義務はなく、またあらゆる病気を想定して緊急時に必要な医療設備を設置しておくべき法的義務もないとして原告の主張を斥けた。しかし本件では前述のごとく、被告人は入所時からぜんそくにかかっており、所長はその事実を知っていたが、病院への入院措置はとらなかった。その緊急性については争いがあるが、手遅れであったことは事実である。医療体制の問題より、ここでは拘置所の職務義務の過失に重点がおかれるべきである。

次に同じく拘置所の被収容者の病院への搬送処置等につき拘置所職員に過失があるが、その死亡との間に因果関係が認められないとして請求を棄却された事例がある（神戸地判昭59・6・25判タ535号266頁）。

本件は、糖尿病の持病がある勾留者が、医師から危篤状態にあるとして点滴等の処置を受けていたが、血圧が低下するなど虚脱症と診断され、勾留者の両親らが病院へ送ることとし救急車を拘置所に依頼したが許可されず、寝台車で病院に搬送され、翌日に死亡したものである。

原告の主張では、同寝台車には医療設備はなく、点滴注射も外されていた。職員の過失を認めながら因果関係なしと判示した根拠は不明であるとした。

判決では、①最初の診断では病院への入院措置を必要とするほどの症状はなかった、②拘置所職員としては検察官の釈放指揮書の到着を待って病院搬送の救急車の手配をすべきであったのに、これをしなかった過失がある。ただし、仮に救急車により搬送されたとしても結果的には治療措置は異ならなかったことが認められ、職員の過失と死亡との間には因果関係はない、として請求を棄却した。

東京地判平16・1・22（判タ1155号131頁）においては、拘留中に脳梗塞で倒れた男性にすぐに専門病院へ転院させなかったことに対する過失を認めたが、

東京高判平17・1・18（判時1896号98頁）では、これを棄却している。

その他、嘱託医として国家賠償法1条の個人責任を否定した東京地判昭52・1・31（判時839号21頁）、拘置所の医療事務に関する国家賠償事件として東京地判昭47・3・7（判時678号56頁）などがある。

不明確な基準

過失が認められた事例と否定された事例を対比しても、両者に明確な基準を見出すことは困難である。たとえば札幌地判平元・6・21（判時1330号97頁。肯定）と東京地判昭54・8・27（判時953号83頁。否定）の類似事件で判示が異なる結論となっているが、その根拠は不明である。もっとも、平成元年の判決が今後の指針となる可能性はある。

4──刑務官の不法行為責任

国家賠償法1条は公務員による違法な損害に対し、国または公共団体がこれを賠償するとしている。これまでに検討した事例はすべて、このような意味での国家賠償法の適用問題である。しかし加害者たる公務員個人が損害賠償請求の相手となる場合において、直接の不法行為責任を負うか否かについては、同法1条には明文の規定がない。

これまでに、しばしば問題とされてきたのは、拘置所や刑務所における嘱託医師の行為が国家賠償法1条の公権力行使の公務員の行為であるか否かに関してである。医師の診断行為に過失責任を認めるには、医師の結果予測性および回避の可能性があることを前提とし、医師が当該結果を回避する義務に違反したと認められなければならない。

大阪地判昭48・9・19（下民集24巻9～12号650頁）では、勾留中の医師の手術等に過失があったとして国家賠償を命じた。同判決においては、医師は国家公務員ではないが、委託に基づく「履行補助者」として国家賠償法1条により国が賠償責任を負うものとし、個人責任を否定している。しかし東京地判昭54・8・27（判時953号83頁）では、インフルエンザワクチンの予防接種をした嘱託医を国家賠償法1条の公務員としてその個人責任を否定している。もっとも本件は予防接種は地方都市の大月市が実施したものであり、特別職

の地方公務員たる医師であるから、市が国家賠償法1条による損害賠償をすべき責任があるとしたもので、個人責任を認めたものではない。

このように嘱託医を含め公務員が故意または過失により違法な損害を与えた場合には、国に被害者に対する損害賠償責任があるか否かに関しては、東京地判昭40・3・24（訟月11巻6号866頁）では、勾留中の被疑者に対する図書差入れ拒否の事件に関し、看守係長の個人的責任について「同法により国又は公共団体が賠償の責に任ずるときは職務の執行に当たった公務員個人は原則として責任を負わず、公務員が個人として不法行為上の責任を負うのは、当該公務員に故意又は重大な過失がある場合にかぎるものと解するのが相当であるところ、……被告……に故意又は重大な過失があったとは認められないので、同被告に対する請求もまた理由がない」としていた。

岐阜地判平11・1・20（保安情報82号7頁）では、左変形性膝関節症と診断された在監者が疼痛の症状を訴えていたのに、刑務所の医師が適切な治療を施さなかったとして、岐阜刑務所長を訴えた。これに対し、裁判では原告は重大な損害を被ったり、危険が迫っていた事実もなかった。旧監獄法40条では医師をして治療させることのみを規定しているのであって、具体的な治療行為を医師に指示する所長の義務、明白な作為義務がないとして、棄却している。この間に原告は治療を訴えていたが、刑務所側はそれを放置していた。このような状況下でも受刑者の訴えは棄却されている。

松江地判平14・1・30（判タ1123号115頁）では、受刑中に死亡した父親について職員と非常勤医師の管理及び医療措置を怠ったとして858万円の損害賠償を認めている。

刑務官による故意または過失による加害行為に対し、被害の救済を担保するには国または公共団体による損害賠償責任で負担することがのぞまれる。しかし職務執行の重大な過失に対しても国家賠償法が適用されるか否かについては必ずしも判例は定着していない。

大阪地判平2・10・19（保安情報65号28頁）では、被告の注意に抗議した原告の左上股部を2回強く殴打し、胸を突き飛ばす等の有形力を行使したことにつき、公権力の行使にあたる公務員が、その職権の執行について、故意または過失に基づいて、違法に他人に損害を加えた場合、その責任は国家賠償

法1条1項に基づいて国または公共団体が負うべきであるとし（最判昭30・4・19民集9巻5号534頁、最判昭53・10・20民集32巻7号1367頁等）、職務執行としてなしたか否かは、外形上そのように認められれば足りるとした（最判昭31・1・30民集10巻11号1502頁参照）。これにより国家賠償法適用が定着することが期待される。

たしかに刑務官の職務執行は、つねに被収容者の利益を侵害する危険性が強い。その損害の賠償をつねに国または公共団体が担保すべきは当然であるが、他方では、故意による違法な職務執行にも個人責任を否定できるかについて問題が残っている。しかし、基本的には被害の回復担保が優先されるべきであり、刑務官個人への追及は求償手段で解決されるべきであろう。

事実認定において、受刑者は二重の困難に遭遇する。第1は、刑務所内の事実認定は、すべて看守の判断で決まるということである。看守がクロということは絶対である。逆に受刑者が権利侵害を受けても看守が「ない」といえば、それがすべてである。

第2に、訴訟において受刑者がもっている証拠は、自分が書いている日記だけであるが、看守は公務上の記録があり、その内容が仮に虚偽であっても反証の余地がない。また弁護士が受刑者に面接しても、看守がそのすべてを記録するので訴訟対策自体が困難である。弁護士との接見に看守が立ち会うことは新法において原則的に禁止された（法12条）。

なお看守の注意義務といった問題に限定しても、このような問題がある。新法において新しい不服申立制度が導入されたが、実質的な役割機能を果たしていない。また施設内で新しく設置された目安箱も受刑者の不服申立てを直接外部に訴える目的は機能していない。

第3章　教　育

［１］　図書・新聞の閲読

　基本的人権である「知る権利」の内実をなす憲法19条（思想及び良心の自由）、21条（表現の自由）、23条（学問の自由）等の諸権利は、被拘禁者のすべてにも等しく保障されなくてはならない。未決拘禁者であろうと受刑者であろうと区別されてはならない。旧監獄法31条１項は「在監者文書、図画ノ閲読ヲ請フトキハ之ヲ許ス」としていた。また、同条２項で「文書、図画ノ閲読ニ関スル制限ハ命令ヲ以テ之ヲ定ム」と規定しており、これを受けて同法施行規則86条は、その１項で拘禁目的に反せず、かつ刑務所の紀律に害のないものに限り、閲読を許すとしており、かつ２項において、その種類と量を制限できるとしていた。そして、訓令「収容者に閲読させる図書、新聞紙等取扱規程」（昭和41年12月13日法務大臣訓令矯甲1307号。以下、「図書新聞紙等取扱規程」）では、閲読の許可基準として、未決拘禁者、受刑者と死刑確定者の区分をし（他に労役場留置者がある）、未決拘禁者については、①罪証隠滅に資するおそれのないもの、②身柄の確保を阻害するおそれのないもの、③紀律を害するおそれのないもの、を条件として許可するものとし、受刑者については①および②に加えて「教化上適当なものでなければならない」とし、死刑確定者については①および②に「心情の安定を害するおそれのないものでなければならない」としていた（同訓令３条１項、その他、昭和41年12月20日矯甲1330号矯正局長依命通達、昭和42年２月１日達示など、いずれも法律を根拠としていない）。

　新法においても自弁の書籍等の閲覧を原則禁止してはならないとしている（69条）が、多くの例外を規定している点では、改正前と大差のないのが現

状である（新法69〜72条及び「被収容者の書籍等の閲覧に関する訓令」平18・5・23、矯成訓3300）。

　旧監獄法では、上述のごとく閲読許可は刑務所長の判断とされていたが、新法（70条）では禁止できる場合を明記し、所長の裁量権をなくしている。その禁止基準は、「規律を害し、処遇に支障を犯すおそれ」である点から旧監獄法と何らの相違がない。

　実務においては運用通達により、雑誌、新聞紙、単行本等の閲覧を希望する者には、①閲読に支障があると認められる部分は抹消されまたは切り取られること、②切り取られた部分ならびに閲読後の雑誌および新聞紙は破棄されること、について同意させられ、この条件を明記した願箋「交付願」を出させている。

　なお厳密には図書と新聞とでは、判断の基準にも違いがあるが、さしあたりは、閲読の問題は、①閲読の制限、②閲読誌の一部抹消、③閲読数の制限等を各別に検討しなければならない。

1──未決拘禁者の閲読

　旧「図書新聞紙等取扱規程」によると、未決拘禁者については「身柄の確保」「紀律を害するおそれ」のほかに「罪証隠滅に資するおそれのない」ことが閲読許可基準の判断のなかに入れられていた（新法70条3項では「罪証の隠滅の結果を生ずるおそれがあるとき」）。図書・新聞の閲覧に関する未決拘禁者の判例は昭和48年以来数十件あるが、まず、類似の事例を検討しておく。

類似の二つの事例

　高裁まで争われた類似の事件が2件ある（新聞の閲読に関しては後述する）。一つは東京地判昭50・2・21（行例集26巻2号211頁）、東京高判昭52・2・15（行例集28巻1・2号137頁）であり、他の一つは東京地判昭50・2・25（訟月21巻4号824頁）である（なお本件については最判昭55・12・19訟月27巻3号552頁がある）。

　最初の東京地判昭50・2・21は雑誌「闘争と弁護」に関しては、その閲読の自由は認めつつも「相当の蓋然性」が認められる場合は、当該図書の閲読の制限に合理性があるとしつつも、通牒・通達類を収録した雑誌記事の閲読を

不許可としたことは不当であると判示した。

これに対する控訴審（東京高判昭52・2・15行例集28巻1・2号137頁）は、いわゆる公安事件関係の未決拘禁者へ差し入れられた雑誌「闘争と弁護」の閲読許可願に対し、刑務所長が「右雑誌のうち監獄法及び同法施行規則の運用に関する通ちょう・通達類を収録した部分の閲読をも不許可としたことは不当ではあるが、閲読許可不適当箇所の削除、抹消の方法を採らないで、図書全体を不許可とすることができるかどうかは微妙な法律問題であり、右雑誌全体の閲読を不許可としたことに、故意、過失がない」として控訴棄却した。

つまり雑誌掲載の通牒・通達の不許可は不当であるが、雑誌そのものの不許可には違法性がないとし、結局は通牒・通達を含む雑誌の閲読不許可を正当であるとした。その理由は「在監者の図書閲読を許可にかからせている場合には、思想・良心の自由あるいは表現の自由を制限し……許可基準が文言上明確でないとしても、それが在監者をして図書閲読の許可申請をすることを躊躇させ、ひいては思想・良心の自由及び表現の自由の一態様である図書閲読の自由を実質的に制限する結果となるおそれは少ないと考えられる」と述べている。

要するに「通牒・通達を不許可としたことは違法であるが雑誌の不許可は適法であり、通牒・通達を不許可としないためには雑誌の不許可部分を抹消して閲読させればよいことであるが、現実にそれが困難であったことが認められるので通牒・通達を含む雑誌全体の不許可はやむを得ないものであった」というのである。

他の判例（東京地判昭50・2・25）は前記事例と同じ雑誌である「闘争と弁護」の閲読不許可処分について、通牒・通達には触れることなく「相当の蓋然性」により不許可が違法ではないと判示した。ところが同事件の東京高判昭51・7・19（判時824号24頁）は通達類をも含めて閲読不許可とした処分は違法であると判示した。同じ高裁で判断が微妙に異なるものとなった。

最高裁の判断

そこで同事件について最判昭55・12・19（訟月27巻3号552頁）は要旨「通ちょう・通達等の定める収容者の処遇の内容そのものは特に秘匿する必要がない場合であっても、その記述いかんによっては、これを収容者に閲読させ

ることにより無用の誤解を与え、ひいては不安、動揺の原因となり得るものがあることは否定できない」として原判決を破棄差し戻した。これを受けて差戻し後の東京高判昭57・5・27（判タ510号149頁）は刑務所長の閲読不許可を違法ではないとしたものである。

　前掲東京地判昭50・2・25では雑誌「闘争と弁護」の閲読可否について判断しており、通牒・通達については、とくに触れていない。ところが同高裁においては雑誌記事のなかの旧監獄法および同法施行規則の運用に関する通達、国連の「被拘禁者処遇最低基準規則」などについて、この部分だけ離して閲読させることは可能であったとし、その過失を認めて違法としたのである。

　しかし、最高裁は上記のような理由で破棄差し戻した。まさに高裁が判示しているように通達類を秘匿する理由はないどころか所定の基準を下回る処遇を受けた収容者が基準どおりの正当な処遇を求めること自体、非難すべきことではない。外界と遮断されている未決拘禁者にとって図書の閲読は憲法上の権利であり、最高裁の差戻し理由はとうてい理解できるものではない。

　その後の最大判昭58・6・22（よど号事件。民集37巻5号793頁）が図書・新聞の閲読に関する新基準を示した。この最高裁判決では閲覧の自由の制限が行われるためには、「当該閲読を許可することにより規律及び秩序の害される一般的、抽象的なおそれがあるというだけでは足りず、被拘禁者の性格、行状、刑務所内の管理、保安の状況、当該新聞紙、図書等の内容その他、具体的事情において、その閲覧を許すことにより、刑務所内の規律及び秩序の維持上放置することができない程度の障害が生じる相当の蓋然性があると認められる……」とし、これにより、図書・新聞の閲読に関する基準ができあがったとされる（鴨下守孝『新行刑法要論』1991年、東京法令出版、82頁）。

　本件では、いわゆる「よど号」乗っ取り事件の新聞記事を抹消し、未決拘禁者の新聞紙閲読を制限したとするものであるが、この制限の要件に関しては、従来より、①明白かつ現在する危険説（大阪地判昭33・8・20）、②高度の具体的蓋然性説、③相当の具体的蓋然性説などがある。多くの裁判例では③説をとっている。本裁判においては、その多数説である「相当の具体的蓋然性説」の立場を明確にしたものであって、限定的合憲解釈に立つものであり、「より制限的でない他の選びうる手段」の基準をとる立場からは批判がある

(阿部照哉・ジュリスト799号16頁)。その後の裁判例では必ずしも、この基準にそっているとは思われない判例もあるが(東京地判昭62・6・17訟月34巻1号9頁〔爆発物取締罰則違反等により勾留中の被告人に対して差し入れられた書籍につき、パレスチナ虐殺事件に係る報道写真の一部を抹消した拘置所長の処分が違法であるとされた事例〕、大阪地判平4・1・24判タ783号107頁、東京地判平4・2・4判時1436号45頁)、むしろ未決に関していえば拘置所長の裁量権の範囲を広くとらえているように思われる。つまり「よど号事件」判決で示した、①制限の具体的根拠、②制限の許容基準、③具体的措置の適法性判断基準といった基準よりもさらに、所長の不許可処分の可能な基準を幅広く設定し、②の判断基準たる「相当の具体的蓋然性」から、単なる「相当の蓋然性」に戻っているようである。

　ここで検討した東京地判昭50・2・21の裁判の原告は、第一審で死刑判決を受け、控訴中の者であったが、東京拘置所所定の願箋を提出しなかったため、ノート、雑誌等の交付を受けず、公判期日へのメモの携行を許可されなかったものである。

　東京拘置所では雑誌等の事前の抹消や切り取りの包括的な同意についての願箋「交付願」を示し、原告にこれに同意するよう促したが原告はこれを拒否したため、原告が購入した雑誌「週刊読売」が2か所に規律を害するおそれのある内容が認められると判断し交付されなかった。

　これについて判決では、「閲読を許すことによって……逃亡及び罪証隠滅のおそれが生じる相当の蓋然性が存するかどうか……これは一次的には、拘置所内の実状に通じている拘置所長による具体的状況のもとにおける裁量的判断が尊重されるべきものであるから、拘置所長は、事前に未決勾留者が閲読する図書を検閲して、……閲読を許すか否かを判断することができると認められる」とし、所有権者の同意が得られれば抹消して閲読を許可することには合理性があるとしている。

　その同意のための願箋の提出を原告が拒否したのであるから、雑誌全体を不交付としたのは違法であるとは認められないとした。

　ここでは閲読禁止のこれまでの裁判例による規準は何ら問題とされず、大臣訓令、局長依命通達、所内心得そのものが「法」となり、その包括的な事

項への同意がないので不交付は違法ではないとしている。

　問題は抹消に同意する旨の願箋の提出にある。「包括的な同意に基づいて当該部分を抹消する」ということは在監者の権利そのものをあらかじめ包括的に制約するものである。基本的人権の一つである知る権利がこうした人権問題と相入れない包括的同意のもとで処理されていること自体を司法の判断が無視することは、憲法上の重大な問題であると指摘されなければならない。

　東京地判平8・3・25（判タ929号143頁）は、原告に図書新聞紙等取扱規程および運用通達により願箋「交付願」により雑誌の当該箇所の抹消に同意することを求めたが原告が願箋への署名・捺印を拒否したので雑誌およびパンフレットの交付が不許可となった。

　これに対し裁判所は包括的な抹消の同意をする旨の願箋、および個々の抹消に同意する旨の願箋のいずれも原告が署名・捺印を拒否したのであるから所長がこれを根拠に不許可としたことは違法ではないと判示し、「以上から、その余の点を判断するまでもなく、事前に願箋を書かせようとし、願箋を記載しなかった原告に本件雑誌を交付しなかった扱いが違法であることを前提とする原告の請求には理由がない」としている。

　ここでは閲読禁止のこれまでの裁判例による基準すら問題外となり、大臣訓令、局長依命通達そのものが「法」となり、その包括的な事項への同意がなければ違法であるとまで言及している。なお、高松地判昭47・3・30（訟月18巻8号1267頁）では、未決拘禁者が「実務六法　矯正編」の購入を不許可としたことについて、違法判断をした（高松高判昭48・3・31訟月19巻6号86頁、確定）これにより、こんにちでは、同六法（矯正実務六法）は受刑者を含め購入可能である。

未決拘禁者の冊数制限

　東京地判平12・11・13（判タ1106号93頁）は、拘置所長が所定の冊数を超えることを理由とする未決拘禁者の房内での図書所持の不許可は違法性がないとしている。

　同拘置所では旧監獄法等の規定に基づき被収容者が房内で所持できる図書（私本）の冊数は3冊以内、辞書等はさらに7冊以内としていた。原告はすでに10冊を房内に所持していたが刑事裁判の証拠として提出する必要があっ

て、さらに3冊の所持を申請したが不許可とされた。

　本件について判決では、房内での制限について、①房内で多量に図書を所持されると不正物品の捜索に支障が出る、②私本の領置手続が加重負担となる、③被収容者間に不公平が生まれる、等の理由を挙げている。しかし、これらの理由は裁判を受ける権利等からの根拠となりがたい。実質的には、①10冊内にしても交換が可能である、②交換するには3、4日程度を要するので訴訟準備に支障となるとの原告の主張については、訴訟準備に支障があったとの証拠がない、等の理由から違法性を否定している。しかし、そのような状況の有無は個人の主観的問題であり本質的ではない。こうした根拠よりも先にあげた管理運営上からの制約を優先したものである。しかし基本的には所持冊数の制限は既決囚と事情が異なるものでありながら、既決囚の基本法である旧監獄法を根拠として同一の制限をしていることが問題である。

　訴訟準備のため必要であると原告が主張しているのに対し、判示では、その必要性を認める事情の証拠がないとしている。これらの判示からするならば、多量の図書所持の必要性を証拠だてることで制限を超えた冊数の房内所持を可能にする裁判例の獲得が望まれる。

外国語文書の禁止

　図書等の閲読の許否を判断するには検閲が必要であり、外国語については翻訳しなければ内容がわからず、通牒により在監者が自己負担で翻訳料を支払わなければ閲読を不許可とするものとしている。そしてこれは違法ではないとするのが一般的判断である（例、東京地判平6・1・25訟月41巻3号283頁、東京高判平6・7・12保安情報73号74頁、東京高判平6・9・20保安情報73号121頁等）。

　前掲東京地判平6・1・25は、未決拘禁者に閲読させるため知人が英語の文書を差し入れたが、所長の検閲のため必要な翻訳料の負担を求められ、その負担をしなかったため閲読を不許可とされた。外国語を査読しようにもその内容が把握できないため、閲読許可要件の存在を確定できないというのがその根拠である。外国文の信書については施行規則131条に翻訳料負担についての明文があるが、図書に関しては、「外国文の看読書籍の翻訳料について」（昭和36年8月18日矯甲718号矯正局長通牒）がある。それによると、「翻訳に要する費用はすべて、本人に負担させるべきである」としている。

東京拘置所では、専従職員が大意を把握できるものなどに限り、外国語の図書等の翻訳料を本人に負担させない取扱いをしている（同拘置所運用基準）。本件文書は、おおむね初級程度の外国文であるから、検査専従の職員により大意が理解できたものである。しかも同拘置所では本件訴えの後に応訴の必要上本件文書を翻訳している。そうであれば拘置所では本件文書を翻訳できるはずであるから翻訳料を負担せよという必要はなかったなどと主張している。

しかし被告（同拘置所）は憲法の保障する閲読の自由は、日本語を母国語とするものであって、外国語についても同様の保障を意味していない。刑務所に勤務する公務員についても、その内容を理解することを要求することはできないから外国語を閲読する者は、一定の制約を受けてもやむを得ないとした。

ここで問題なのは、まず、この論理からすれば翻訳料を負担する能力のない者は制限を受け憲法上の適合性が問題となることである。次に、争点が形式論理に終始していることである。本件では本文書の翻訳文が約10か月前に、すでに差し入れられていた。その後において同一内容の英文書が差し入れられ、それが不許可となった。判決では英文書と翻訳文が同時に差し入れられておれば内容を把握できたのであるが、10か月前の翻訳文と照合できないとした。

刑務所長は、翻訳するまでもなく閲読許可要件の有無を判断できる場合は、翻訳料の負担を条件としてはならないことはいうまでもない。しかし本件は翻訳文が10か月前に差し入れられていたのであり、その関係については単に形式的論理で差入れを拒否するのでなく、翻訳文を提出させて許可すれば問題ない。判決では「……翻訳者の住所氏名も記載されておらず、翻訳の正確さがどの程度まで担保されているかが翻訳文自体から知ることができるものとも認められない」として10か月前に翻訳文が差し入れられていた事実を認めたうえ所長の判断に誤りはなかったとしている。実務の形式のみが優先し、それを裁判が追認したものである。

なお、この問題に関しては、同種の事件として東京地判平4・3・16（行例集43巻3号364頁）は、書籍「ニーチェ」（岩波新書）の一部ドイツ語文の翻訳

料負担・抹消による閲読不許可の措置を違法でないと判示した。同事件について東京高判平5・7・29（行例集44巻6・7号671頁）では書籍「ニーチェ」は、基礎教養書としてひろく市販されており、本件で問題とされた部分はドイツ語による草稿への断片の写真であり、いわば章の冒頭を飾る口絵ないしは挿絵の役割であり、あえて翻訳を要するものではない（通牒では、費用を負担する能力がなく、またその負担を肯んぜないときは、閲読を不許可としてさしつかえないものと定めている）。また本書は、本件不許可処分以前にも掲載部分を抹消した同一書籍を閲読させていることから、掲載部分の監獄法規等への影響は客観性を欠く、したがって本件掲載部分の翻訳料を負担しなかったとして不許可処分にした所長の判断は、「監獄規律等を害するおそれのないものであることがおのずから明らかなものとして、あえて翻訳を要するようなものではない」とし請求を棄却している。同高裁判決では、1984年5月以降に採用されてきた同拘置所の内部運用基準からしても、具体的内容の不明な図書でも監獄の規律および秩序が害されないものであれば、これについてまで翻訳料を負担させることは問題であるとした。

2──既決拘禁者の閲読制限

　書籍の自弁の閲覧については他の衣類、食糧品、嗜好品に関する規定（新法41条）とは別に69条および70条によっているが、基本的には閲覧が懲罰に該当する場合を除いて閲覧の禁止、制限はしてはならない、としている（69条）。しかし、①規律及び秩序を害する、②処遇の実施に支障を生ずる「おそれ」あるときに閲覧を禁止することができる、とある。旧監獄法との実質的な相違はない。
　広島地判昭42・3・15（行例集18巻3号223頁）では、原告が図書『監獄法』を購入するため領置金使用願を提出したのが不許可となった件で、「およそ特別権力関係にある受刑者の領置金の使用及び私物の所持に対する許否は、それが法規並びに受刑者の基本的人権の保障に抵触しない限りの広汎な自由裁量に属するものと解するべきことはいうまでもない。……」としながらも、「本件の如く右の許否が、それ自体としては基本的人権の侵害として違法た

るを免れない図書閲読の禁止という結果を直接的に招来する場合にあっては、……規制する面で右基本的人権を制限してまでもこれを拒否しなければならない程の管理運営上の必要性が存することを要する」と判示して、通達は拒否の基準たり得ないとした（本件は控訴審でも棄却された。広島高判昭42・10・31高民集20巻5号484頁）。

鹿児島地判昭49・5・31（訟月20巻9号103頁）も、原告は行政訴訟事件を4件提起しており、「訴訟を追行する者にとって、訴状、答弁書等双方の主張を記載した書類や証拠申出書といった訴訟関係書類を手許に所持していることが必要であることはいうまでもなく、……受刑者は……その所持を許されるものについて多くの制限を受けるものではあるが、受刑者といえども憲法32条が保障している裁判を受ける権利を有しているものであり、この権利を実質的に保障し、訴訟準備をできる限り十分に行うことができるようにするため、右制限の必要性を充分考慮しても、現に係争中の訴訟関係書類は、これを居房内で所持することを許すと、悪用して紀律を犯す行為をする具体的虞がある場合のほかは、居房内で所持することを許すべきものというべきであり、右の虞があるといえないのに、その所持を許されないのは違法な処分というべきである」として、書類の強制領置処分が違法であると判示している。

同趣旨の判決として広島地判昭43・3・27（訟月14巻6号614頁）があり、同じく受刑者の訴訟用ノートにつき刑務所長のした領置不許可・破棄処分が違法とされた事例（大阪地判昭54・5・2下民集30巻5～8号187頁）がある。

一般に訴訟等に特別関連あるものとして願い出た場合は、その所持が許されているが、東京地判昭55・5・21（矯裁例集(2)701頁）は昭和35年11月15日矯正局長通達による自弁により許可するものとして許可したもののうち、「とくに必要と認められる場合に限り使用を許可する」とした「カーボン紙」の不許可について、「監獄法は、……受刑者が房内において私的な物品を所持することを一般的に禁止し、具体的な場合に……所長の裁量に委ねているが、かかる制度自体は右の観点に立つならば刑務所の運営上やむを得ないところというべきであり、……通達を基準として運用していることをもって、法律によらないで基本的人権を制限するとの非難は当たらない」と判示し、それ

が保安および紀律の保持等の観点から「必要かつ合理的制限の範囲内にあるものというべきである」としている。

　旧監獄法31条2項は閲読に関する制限については、これを命令に委任する建前をとっているが現行憲法においては、基本的人権にかかわる権利の制限が一般的委任命令で許されるものかどうかが問われなければならない。同訓令が発せられる要因となったのは、先にも紹介した大阪地判昭33・8・20（原告・死刑囚孫斗八〔厳密には未決囚時〕）である。

孫斗八事件の違憲判決（平峯判決）

　同判決は「死刑囚の新聞購読申込の通信は、拘禁戒護に明白かつ現在の危害を及ぼすとも認められないから、監獄の長が右通信に対して検閲後の措置として差止、削除若くは抹消等の処分をすることは、監獄法の定める手続によらないで憲法21条の保障する通信の自由を奪うものであり、憲法31条の趣旨に照らして無効である」と判示した。また「監獄規則86条2項（旧規則）及び同規則142条（旧規則）は、全面的に新聞紙の閲読を禁止するもので、個人主義と民主主義の原理に立脚し、国民に知る権利を保障する憲法の精神に違反し無効である」と判示した。続いて、違憲性が濃いとする東京地判昭36・9・6（行例集12巻9号1841頁）、津地判昭36・10・21（行例集12巻10号2138頁）が出るにおよんで、施行規則86条、142条は現行規定のように改正され、新聞の閲読が認められるようになった。

　なお、上記、津地裁判決では「処遇階級第3級以下の受刑者に対しては、『教化上特ニ必要アルトキ』にかぎり私本の閲読を許すものとしている行刑累進処遇令第57条は、右の基本的人権としての図書閲読の自由を侵害するものとして、思想の自由を完全に保障しようとする憲法の趣旨に違反する規定といわざるをえない」と判示し、同条項は削除された。ここで注意すべきは、施行規則87条の冊数制限規定と行刑累処令56条2項、57条は削除されたが、この削除された旧87条は「在監者ニハ同時ニ三個以上ノ文書図書ヲ閲読セシムルコトヲ得ス但字書ハ必要ニ因リ其冊数ヲ増加スルコトヲ得」としていた。これに代わって出された前記訓令では、貸与冊数に関し官本と私本につき（この区分は改正前から存在する）、それぞれ3冊以内とする（同訓令3条1項）となった。法律による規定が訓令に代わっただけである。このような背景を

前提として、最近までの図書閲読に関する判例の変遷と問題点を検討する。

図書閲読に関する判例

　図書（新聞も含む）の閲読に関する判例は既決・未決を含めて確認できるのは、ほぼ40件ぐらいである。また同じ事件で第一審で容認されたが上訴審で取り消された事件も数件このなかに含まれており、全体の事件数は多くない。図書閲読に関する諸規程と閲読の自由との関連においては、収容者が未決であろうが、受刑者であろうが基本的人権の問題として区別されるべき問題ではない。しかし前記の訓令等を前提とする限り、受刑者、未決拘禁者および死刑確定者を区別して検討せざるを得ない。

　まず受刑者の図書閲読に関し、最初に問題となったのは孫斗八事件であり、続いて広島地判昭42・3・15（行例集18巻3号223頁）がある。広島地裁判決では「ある文書図書を当該受刑者に閲読させることによって監獄からの逃走の防止と監獄内の紀律および秩序の維持に明白かつ現在の危険を生ずる蓋然性の認められる場合には、刑務所長は、右文書図書の閲読を禁止又は制限することも許される」としたが、問題となった『監獄法』（ポケット註釈全書）については「刑務所長が受刑者に対し『監獄法』の閲読を禁止することが、受刑者の基本的人権を侵害するもの」として許されないと判示した。

　この事件は控訴されたが、広島高判昭42・10・31（高民集20巻5号484頁）も、刑務所内の秩序維持と明白かつ現在の危険を生じる程度に至らなくとも、原則として刑務所長の専門的、技術的判断に従って制限し得るとしつつも「受刑者の訴訟遂行準備のためにする『監獄法』の閲読は、その閲読によって生ずる刑務所の刑務所内における教化目的の実現の困難性の増大、管理運営上の支障を考慮しても、なお禁止し得ない」と原審を支持した。

　なお、この図書『監獄法』については鹿児島地判昭49・5・31（訟月20巻9号103頁）で在監者に本件図書を一部削除して読ませなかったことについて「刑務所の紀律を害する虞れがあったものとは断じ難い」として、この点からも違法性が認められている。これらの判決は、必ずしも「明白かつ現在の危険」の原理にそっているものとはいい難いが、裁判を受ける権利など憲法上の要請を行刑目的より優先するものとして図書閲読の制限をきびしく判断したものといえよう（同旨、岐阜地判昭59・5・14訟月30巻12号2613頁、名古屋

高判昭60・3・27訟月31巻11号2860頁）。

　これに対し広島地判昭54・8・28（訟月25巻12号2950頁）では、凶器準備集合罪で受刑中の者に『都市ゲリラ教程』を閲読させることは教化上適当ではなく、閲読不許可にした拘置所長に違憲・違法はないと判示した。その判断基準として「施設の正常な秩序、管理運営を阻害する蓋然性の有無、また受刑者の教化上の適否等によって判断すべく、施設管理者たる拘置所長の行刑上の専門的知識、経験に基づくある程度の裁量的判断をなし得べきものと解される」としている。この「相当の蓋然性」の判断基準は、これまでにも東京地判昭40・3・24（訟月11巻6号866頁）、東京地判昭50・11・21（訟月21巻12号2493頁）などでもみられる。

最高裁の判断

　受刑者に対する図書閲読不許可の処分については、最判平5・9・10（判時1472号69頁）が憲法13条、19条、21条に違反しないと判断した。同事件は、原告の所有する『現代の監獄』の閲読を所長から不許可にされたため、違憲であるとして国家賠償を求めたもので、その第一審（長崎地判昭60・5・22判タ562号144頁）は、「新聞紙、図書等の閲読の自由が憲法上保障されるべきことは、思想及び良心の不可侵を定めた憲法19条の規定や、表現の自由を保障した憲法21条の趣旨、目的から……当然に導かれるところであり、……しかしながら……、これに優越する公共の利益のための必要から、一定の合理的制限を受けることがあることもやむをえないものといわなければならない。……右の制限が許されるためには、当該閲読を許すことにより右の規律及び秩序が害される一般的、抽象的なおそれがあるというだけでは足りず、被拘禁者の性向、行状、監獄内の管理、保安の状況、当該新聞紙、図書等の内容その他の具体的事情のもとにおいて、その閲読を許すことにより監獄内の規律及び秩序の維持上放置することのできない程度の障害が生ずる蓋然性があると認められることが必要であり、かつ、その場合においても、右制限の限度は、右障害発生の防止のために必要かつ合理的な範囲にとどまるべきものと解するのが相当である」とし、不許可処分は違法であると判示した。

　これを受けた控訴審たる福岡高判平2・12・20（訟月37巻7号1137頁）は、同図書閲読により、刑務所の正常な管理運営を阻害する相当の蓋然性がある

とした所長の判断は合理的であるとして原判決を取り消した。具体的には、①図書の内容が監獄の管理体制を糾弾する目的で作成されたものである。②前後21回にわたって懲罰を受けるなど性向・行状が悪い。③本件処分当時、N刑務所の規律や秩序は安定していなかったこと等を理由とした。

　福岡高裁が第一審判決を取り消した根拠の第1は、図書閲読を許すことが「懲役刑の目的を害し」、「監獄の秩序維持上放置できない程度の障害が発生する相当の蓋然性がある」としている。このような理由で閲読不許可にすることは、明らかに個人の思想・良心に対する公権力の違法な介入である。図書の内容、本人の行状、刑務所の収容状況いかんで在所者の思想・良心の自由が侵害される性格のものではない。むろん刑務所の客観的状況いかんでは、この自由も無制限ではあり得ないが、その制約は「明白かつ現在の危険の存在」が限度とされなくてはならないことは長年の刑務所関係における基本原則である。ところが、この原則は、こんにちでは完全にネグレクトされている。

　第2の根拠は「本件図書の閲読を許せば勤労意欲、更生意欲を減殺させる」とし社会復帰のための教化・矯正目的が害されるとしている。しかし個々人の勤労・更生意欲は個人の内心の問題であり「刑務所の目的」（どういう目的かについても論議がある）で一方的に制約原理にされるべきものではない。

　これに対し、前掲最高裁はどのような判断をしたか。被収容者の文書閲読の自由に対する制限の限界については、この事例より先に出ている判決がある。それは、よど号事件の新聞記事抹消処分について争われた事件（最大判昭58・6・22民集37巻5号793頁）である。同判決は、未決拘留の被拘禁者について新聞紙、図書等の閲読の自由を制限する基準を示したものである。この判決が権利制限に対する「相当の蓋然性」、「利益衡量」からの新基準であることと、それが基準になり得ないことはすでに検討した。

　「現代の監獄」不許可についての最高裁判決（最判平5・9・10判時1472号69頁）は、この「よど号事件」判決の趣旨に徴し憲法各規定に違反しないとし、「その余の違憲の主張は、その実質は、単なる法令違背の主張にすぎず、原審の判断に違法がないことは、前記のとおりである。論旨は、いずれも独自の見解に立って原判決を論難するものにすぎず、採用することができない」

と述べて棄却した。

　本件の第一審判決と控訴審判決との結論の相違は、刑務所長の裁量をどの程度まで認めるかにかかっている。しかし、よど号事件は公安事件の未決拘禁であり、①数名の者によって拘置所内の規律・秩序に対する激しい侵害行為が行われる状況にあった。②新聞記事の内容が赤軍派学生によって敢行された航空機乗っ取りに関するものであった、との理由で「所内の規律及び秩序の維持」の必要性が「相当の蓋然性」から違法ではないとの結論へ導く有力な状況とされた。ところが本件は、受刑者の図書閲読に関する問題であり、「相当の蓋然性」を認めるに足る客観的・具体的事実は存在しなかった（上告趣意書参照）。厳格な基準を設けたとされる最高裁の、よど号事件での基準も、その実は「相当の蓋然性があるとした長の認定に合理的根拠がある」という不確かな基準であることが、早くも実証されたのである。それにもかかわらず、この「相当の蓋然性」はこんにちでは多数説となっている。

　その後において受刑者の図書閲読に関する裁判例は大阪地判平4・12・2（判例集未登載。暴力団記事、性的記事を削除した処分は違法であると判示）があるほか、鳥取地判平6・1・25（判夕847号139頁）では、弁護士から差入れのあった「獄中者のための法律案内」の閲読不許可は違法であるとの判示がある。本件で裁判所は「その閲読を許可したからといって特にそのことによって、ことさら原告の教化改善に悪影響を及ぼしたり、また刑務所の管理運営に放置することができない程度の障害を生ずる相当の蓋然性があるとまでは認めることができない」と判示するに至った。

　最近の例として、岐阜刑務所で服役していた男性受刑者が、職員の指示に従わないことを理由に新聞を読ませなかったのは違法として、国に損害賠償を求めた訴訟の判決で、東京地裁は、「違法で許されない」として3万円の支払いを命じた。判決によれば、男性受刑者は、部屋の中で服を着ないとしてたびたび指導されていた。平成23～24年に計2日、「新聞を読みたいなら服を着ろ」との指示に従わず、閲覧できなかった。東京地裁は、受刑者には日々の報道に接する機会を与えるべきで、新聞を閲覧させないのは実質的な懲罰に当たると判断し、刑事収容施設法が定める手続きを取らずに懲罰を科したと指摘した（東京地判平27・5・20判例集未登載）。

以上の動向から明らかなように、今後における裁判においては、下級審の段階から従来とは異なる意味ある判決が出される傾向が窺える。

3——死刑囚の閲読制限

「図書新聞紙等取扱規程」は、確定死刑囚について「心情の安定を害するものでないもの」という制限を付加し、いわゆる未決拘禁者とは扱いを別にしていた。新法下では、被収容者に関する「書籍等に関する閲覧」（法69条、70条）があり、同「書籍等の閲覧に関する通達」（法務省矯成3345号）があるが確定死刑囚に関する特段の規定はない。所長の裁量に委ねられている。

これまでに死刑判決を受けた被拘禁者（死刑未決を含む）に関する閲読制限が問題となったのは、①東京地判平2・10・31（保安情報65号33頁。東京高判平6・7・12保安情報73号74頁）、②東京地判平3・3・29（訟月37巻11号2050頁）、③大阪地判平4・1・24（判タ783号107頁）、④東京地判平7・2・28（判タ904号78頁）および、⑤東京地判平8・3・15（判タ933号120頁）などがある。最初の①②判決はいずれも、図書閲読不許可処分に関してであるが、死刑事件の上告審判決を間近に控えていた死刑被告人にとって、①死刑執行の具体的な手順、②死刑執行状況の具体的な模写が含まれており、これを閲読した場合、極度の精神的不安状態に陥り、自殺、自傷行為に出る危険性等があるとし、監獄内の規律、秩序を維持するうえで障害となる相当の蓋然性があるので、その不許可処分は違法ではないと判示した（同旨、④⑤など）。

これに対し原告は、上告趣意書において死刑制度の違憲性を主張している原告にとって、本件図書閲読不許可処分は、裁判における防御権を侵害するものであると主張していたが、受け入れられなかった。

③判決は、①②判決と異なる結論を出した。本件においては3冊の図書の閲読が上告趣意書の作成上必要であり、不許可処分は裁判の防御権を侵害するものであり、不許可処分は違法であると判示した。

①②判決が「刑事事件の防御権行使に必ずしも必要不可欠ということはできず、弁護人を通じて主張を反映させることは可能である」としたのに対し、③判決では「刑事被告人の防御権の保障という観点から閲覧の制限はた易く

認められるべきでない」として、防御権を実質的に保障するものとしての図書閲読を重視した点に意義がある。

このような正反対の判決が出る根拠を説明することは困難であるが、両事件とも死刑被告人であり、確定者ではない点で「心情の安定」は直接の問題ではない。しかし、①②判決では死刑判決を受けた者の精神的不安定を図書閲読不許可と結びつけているのに対して、③は「原告が死刑廃止運動に積極的に取り組んでいること自体は何ら非難されることではないし、これをもって原告が死刑への恐怖にかられている証左とみることはできない」としている。裁判例から推察される両者の大きな相違は、③事件の原告は、いずれも当時、所長面接、不服・苦情申立て、情願等を繰り返していたのに対し、後者は、一度の規律違反行為もなく、精神的不安定もないことが判決に影響しているものと推察される。このような推論は、むろん裁判例の検討からは、いささか離れてはいるが、基本的人権としての図書閲読の自由が、仮に上記のような状況の相違から結論を異にするものであれば、裁判そのものが恣意的なものであるという危険性が指摘されなければならない。

名古屋地判平18・1・27（判時1933号102頁）では、死刑判決を受けて上告中の未決拘禁者に差し入れられた「死中に活路あり」と題する資料集のうち、死刑の執行方法や手順の記載された部分を抹消処分したことは、最大判昭58・6・22の基準に照らし違法であるとの判決が出ている。

確定死刑囚については面会・文通に関してであるが東京地判平元・5・31（判時1320号43頁）、接見に関し東京地決平元・3・1（訟月35巻9号1702頁）があり、いずれも未決拘禁者との差異を是認した判決を出している。

未決拘禁者と死刑確定者との差異を認めず死刑確定者について、閲読に関し判断した判例がある（東京地判平4・7・27判タ806号144頁）ので、ここで検討しておきたい。本件は、東京拘置所に在所中の死刑確定者の原告Xが、(1)外国図書の閲読制限、(2)信書発信方法の制限、(3)性表現図書の閲読制限の各処分を受けたことに対して、国家賠償請求したものである。

図書閲読の関係では、①外国語で記載された部分のある図書2冊につき、その外国語部分の翻訳料を原告Xが負担することに同意しなかったので閲読を不許可とされた。②ヌード写真集等の性表現図書等（7種類）の閲読許

可を求めたが、それぞれ、その一部を抹消され、または抹消に同意しなかったところ、閲読を不許可とされた。

原告は①については、外国語図書等の翻訳料についての通牒（昭和36年8月18日矯甲718号矯正局長）は、刑務所内の規律・秩序を維持するために行われる閲読制限の要件、目的からの認定ではなく違憲である。②については、原告は他の拘禁者とは隔離されており、監獄内の規律・秩序の維持に影響はないし、これまでに性的な問題を起こしたことはないと主張した。

これに対して被告（所長）は、①について、翻訳しなければ内容の確認、判断ができず、翻訳料を国が支払うことは負担が大きい。②については、在監者はささいな刺激で精神の平衡を失い、突発的行動に出て暴行、逃走を企画するおそれのあることが経験則上予測される、と反論した。

裁判所は、表現の自由に対する制限について、一般論として「死刑確定者についても、拘禁そのものに伴うもののほか、逃走の防止及び死刑執行の確保という目的からも一定の制限を受けることは免れない」とし、最大判昭58・6・22（民集37巻5号793頁）に基づき「相当の蓋然性」から刑務所の長の判断に合理性があるとしたうえで、「死刑確定者においては……絶望感から自暴自棄になり、あるいは精神状態が不安定となり、自己の生命を賭して逃走を試みたり……将来の刑の執行が困難となるおそれがないとはいえず、……施設の管理維持に支障が生ずる可能性も決して否定できるものではない。……そうであれば……死刑確定者本人の心情の安定という点についても考慮せざるを得ない」と判示した。

原告は「心情の安定」という基準で個人の内面に入り込み、それを名目に制限することは許されないと主張したが、裁判所は、所長が不許可にしたのは、「右のような意味において格段の配慮を要するというものであって、それ以上に、本人の心情の安定という点のみを独立に取り上げて死刑確定者の自由を制限しようという趣旨に出たものではないと解される」としている。しかし、問題は争点に対する判断の背景として裁判所が死刑確定者の特殊な状況を「将来の刑の執行が困難となるおそれがないとはいえず」、「管理維持に支障が生ずる可能性も決して否定できるものではない」、かくして「心情の安定についても考慮せざるを得ない」としていることである。つまり実質

的に死刑確定者の心情の安定を理由に他の一般被拘置者とは区別して判断していることは明白である。しかもその判断の根拠は、いずれも単なる予想と可能性で不許可処分の正当性を主張しており、「一般的、抽象的なおそれあるというだけでは足りず……具体的事情のもとにおいて……相当の蓋然性があると認められる」場合に図書閲読の制限ができるとする最高裁の判断基準からは、いかにも遊離していると解さざるを得ない。

死刑確定者については、前述のごとく、矯正局長依命通達「死刑確定者の接見及び信書の発受について」(昭和38年3月15日矯甲96号、新法では、このような特段の規定はない)を根拠に「心情の安定」の制約基準から一般未決と区別し、「相当性」の判断から不許可を理由づけていた。しかし「相当の蓋然性」の判断に客観的な要素が見出されないのみならず、最終的には「……その具体的場合における判断について所長の裁量に合理性が認められる限り、当該措置に違憲違法はないものとして是認すべきである」とし、実質的な特別権力関係論を展開していた。

前掲東京地判平7・2・28（判タ904号78頁）でも、死刑確定者の新聞記事の抹消処分、新聞の宅下げ不許可処分、破棄処分は違法ではないと判示している。その主たる根拠を、原告の活動歴、在監中の言動、外部支援者との関係などから「逃走を企て、……身柄奪還への期待感を抱かせる等原告の心情を不安定ならしめ」るものとしている。在監中の言動が施設の安全や秩序を阻害する蓋然性は皆無であるとする原告側の主張は、いっさい無視された。事実、原告は1979（昭和54）年ごろより思想、行動が変化しており違反行為はない。いずれにしても判決の根拠とするものは、思想の自由を侵害するものである（同旨、東京地判平8・3・15判タ933号120頁、福岡地判平9・3・23保安情報78号51頁など）。切抜新聞（新聞の記事を切り抜いたもの）の差入れを認め、切取新聞（広告など本質的でない一部を切り取ったもの）の差入れを認めないこと（東京拘置所）としているが、ほんらい新聞を切り抜き、切り取ること自体が問題とされなければならない。東京高判平6・7・12（保安情報73号74頁）では、切取り作業の業務増加を理由に切抜新聞の差入れは認めるが切取新聞は認めないことが、違法ではないと判示している。

4——購読紙の一部削除

在所者の図書閲読に関しては、旧監獄法31条と、これを受けた同施行規則86条に規定があった。そして法務大臣の訓令である本件図書新聞紙等取扱規程では「収容者に閲読させることのできない図書、新聞紙その他の文書図画であっても、所長において適当であると認めるときは、支障となる部分を抹消し、又は切り取ったうえ、その閲読を許すことができる」と定めていた（同規程3条5項）。そのうえ本件取扱規程の運用についての依命通達があり（昭和41年12月20日矯正甲1330号）、未決拘禁者についても、(1)証拠隠滅に利用するおそれあるもの、(2)逃走、暴動等を扱ったもの、(3)所内の秩序びん乱をあおり、そそのかすおそれあるもの、(4)風俗上問題となるようなことを露骨に模写したもの、(5)犯罪の手段、方法等を詳細に伝えたもの等の閲覧は許さないとし、これらの図書、新聞紙等の支障となる部分の抹消、切り取りについての要領を定めていた。

新法下では、前述のごとく、死刑確定者を含む被収容者につき法70条「書籍の閲覧」において①刑事施設の規律及び秩序を害する結果を生ずるおそれあるとき、②矯正処遇の適切な実施に支障を生ずるおそれあるとき（受刑者）、③罪証の隠滅の結果を生ずるおそれあるとき（未決拘禁者）につき、施設長が禁止または制限できる、としている。そして詳細に関しては「書籍等の閲覧に関する訓令」および「同通達」に規定した。旧法下では以下のような問題があったが、その点の解消はあるにしても実質的には大差ない。

旧法下で問題となっていたのは旧監獄法31条2項が「文書、図画ノ閲読ニ関スル制限ハ命令ヲ以テ之ヲ定ム」と規定している点が憲法の要請する法律による行政の原理に反するのではないかということであった。この点について従来の判例は違反していないとしている（たとえば前掲東京地判昭50・2・21行例集26巻2号211頁）が、このような重大な権利の制限が一般的委任でなされることには問題がある。とくに閲読図書の内容的制限に関する事項は、法律で規定すべきである（憲法73条6号、内閣法11条、国家行政組織法12条3項参照）。なお新聞については図書と同一に扱うべきではないことについては後述する。ここでは、実際の扱いを裁判例を通して検討する。

裁判例としては、虐殺事件を掲載した書籍を一部抹消した件で「相当の蓋然性」は認められないとして、抹消したことを違法としたもの（東京地判昭62・6・17訟月34巻1号9頁）もあるが、多くの刑務所では、在所者にその一部を閲覧させることが不相当とされた部分について、これを抹消することに同意するよう求め、同意すれば交付願いを提出させ当該箇所を抹消したうえ閲読させている。

　これを根拠に判例では「図書の一部分について閲読を不相当と判断される場合に、その部分の抹消に同意しない場合に当該図書の全体を不許可とすることが許される」とされている（東京地判昭54・4・24訟月25巻8号2224頁、最判昭55・12・19訟月27巻3号552頁）。

　さらに公安事件関係者について、雑誌「闘争と弁護」を抹消するには切除部分が多く、良質の紙であるため抹消作業が煩雑となる等を理由として不許可にしたのは、裁量の範囲を逸脱したものではなく違法はないと判示したものなどがある（前掲東京地判昭50・2・21、前掲東京地判昭50・2・25）。

　なお雑誌「闘争と弁護」の件では、第一審の東京地裁では、同雑誌に収録されていた旧監獄法施行規則の運用に関する通牒・通達類をも閲読を不許可としたことは不当であると判示したのに対して、控訴審（東京高判昭51・7・19判時824号24頁）では、秘匿しなければならないものではないとして、国家賠償請求を認めた。しかし、前掲最判昭55・12・19では、これを破棄、差し戻している。

　雑誌の一部削除に関しては、少し古い判例（東京地判昭36・9・6行例集12巻9号1841頁）で、累進処遇の第3級者が購入許可となった「中央公論」から深沢七郎「風流夢譚」掲載部分を切除した処分は「……一部にかなり刺激的な模写があって誤解をまねきやすい内容を有し、文芸作品としての影響を越える動揺を読者に与える場合もあり得るものであった」として削除処分の違法性はないとした。性模写露骨、ワイセツ等が抹消の対象とされているが、すぐれた文芸作品との限界判断には疑問が残る（最近の判例として前掲東京地判平4・7・27参照）。

　在所者に差し入れられた「東アジア反日武装戦線は勝利する」および「反濫15号」と題する各冊子の一部を抹消のうえ交付した所長の処分が違法では

ないとした事例（那覇地判昭55・1・29訟月26巻5号719頁）では、抹消処分について、原告から同意を得なかった点に関し「図書新聞紙等取扱規程」、所長の定めた「所内生活の心得」等は、法規範のように、これに従わなければ違法というものではなく、これに拘束される必要はなく手続に違法があったとはいえないとしている。

　大阪地判平3・12・26（判タ788号159頁）では、「週刊文春」「ザ・ベスト」等の①暴力団関係記事、②女性の裸体写真集等、③対象箇所を切り取ると必然的に不許可対象箇所ではない部分が削除されることの合理性、について判断している。①については一部を違法とし、②については違法性はないとしたが、③については違法性を認めた。しかし、その理由は、事務処理が増大するとは認められないというものである。

　これらの判例から理解されることは、図書閲読における一部削除の問題は、図書等の閲覧に関する訓令、依命、その他、「所内心得」等によって制限を受けていると同時に、その制限根拠自体が法規範ではないという問題がある。法規範でないゆえに、権利侵害に対する法的救済も裁判の場では満たされることはない。まさにアウト・ローの世界である。とくに、先に例示した判例は、ほとんどが、いわゆる公安事件関係者による訴訟である。こんにちでは、これらの訴訟も少なく、一般受刑者による訴えはほとんどない。これらからも推察されることは、閲読図書（新聞を含む）の一部削除は行刑当局の自由な裁量で一方的になされていると思われる。

5――書籍の証拠上程方法

　在所者に対する閲読制限の訴訟において、事案によっては削除部分を裁判官が閲読しなければ判断ができないときに、書籍を書証として提出させると、原告は削除部分の閲覧ができ裁判結果を待たずに被告の処分の実質が失われることとなる。

　徳島地決昭58・12・20（訟月30巻6号1037頁）では、受刑者が購入した雑誌の一部にせん情的で露骨なセックス写真記事等があるとして、削除した刑務所長の処分の取消請求訴訟において、原告が削除部分が民事訴訟法312条1

号「訴訟ニ於テ引用シタル文書」（現220条1号）に当たるとして文書提出命令を命じた。

　これについて裁判所は「本件文書提出命令により、常に本件削除処分が実質的に取り消されるのと同一の結果となるわけのものではなく、またそうなる場合があるとしても、国民の裁判を受ける権利の実質という民事司法制度の運用上やむを得ないところであるというべきであり……相手方は、刑務所における矯正施設としての管理運営上の公共の利益が、申立人の性欲の満足という個人的利益を上回る旨主張する。しかし、全法律秩序の中での調和の要請から、一つの公共の利益が自余の利益のために譲歩することを相当とするような合理的理由が存する場合には、右譲歩を承認しなければならない。そして所論の公共の利益が、日本国憲法によって保障されている国民の裁判を受ける権利実現の利益のため、それに必要な限度で譲歩せしめられることには、これを相当とする合理的理由があるというべきである」と判示し、これを却下した。

　民事訴訟法312条1号（現220条1号）の引用文書の意義については、①文書そのものを証拠として引用することを指す、②文書の存在・内容を引用していれば足りる（検証で足りる）、の2説があるといわれる（前掲訟月参照）。そして最近の判例では、引用文書とは、文書の存在について、具体的・自発的に言及し、かつ、その内容を積極的に引用した文書をいうなど、限定的要件を付するものとされている。本件の却下理由は、その点で具体的・積極性を欠いたものと判断されたところにある。

　しかし本件については高松高決昭59・4・4（訟月30巻9号1681頁参照）で、結論的には第一審を維持したが、「文書の証拠調べの方法としては、……挙証者がその全部又は一部を書証として援用することで足り、……文書そのものは裁判所に留置しておけばよいと考えられ、……そうすれば相手方が本件文書の写しを入手しこれを自由に閲覧できるという事態にはならない」と判示した。

　その後の判例でも、大阪地判平4・1・24（判タ783号107頁）は未決拘禁者に対する書籍閲読不許可処分について「検証の結果によれば」とし3冊の図書（前坂俊之「日本死刑白書」、高橋良雄「鉄窓の花びら」、菊田幸一「死刑廃止

を考える」）について防御権の保障の観点から所長の裁量権の範囲を逸脱した違法な処分であると判示した。しかし大阪高判平4・6・30（訟月39巻4号690頁）では「死刑を違憲とする上告趣意書を作成するにあたって、右制限部分が必ずしも必要不可欠な資料とは解せられない」として違法ではないとした。その理由の一つとして「本件閲覧制限部分の閲読によって精神状態の安定を乱し、自傷行為その他の規律違反行為に出るというおそれがないということはできない」としている。しかし第一審の判決では「原告は……精神状態は比較的安定しており」としている。問題は、原告が憲法36条の残虐な刑罰に当たることを主張・論証するため、その資料が必要不可欠であるとする点に焦点がある。その判断は本人の主観に属するものであり、司法判断の入り込む余地はないのではなかろうか。

6 ── 閲読誌の冊数制限

　書籍等の管理運営上の制限に関し、旧監獄法施行規則86条2項は、図書等の種類、冊数の制限等、具体的に規定していない。ただし、「図書新聞紙等取扱規程」は、「個人に同時に貸与できる官本は、3冊以内とする」（同8条）とし、私本についても同様に規定していた（同13条）。これが新法では、「2個を下回らない範囲内」（「書籍等の閲覧に関する訓令」11条3項）としたが、各刑務所においては、独自に「収容者閲読図書取扱規程」を作成し累階級によって所持できる冊数が制限されている。

　旧法下において、たとえば鹿児島刑務所では、4級者は官本1冊、私本1冊である。また広島刑務所では、私本は1級者は3冊以内であったが、2級2冊、3、4級各1冊。ただし辞典、学習用図書は合わせて3冊以内となっていた。

　判例としては「受刑者の私本の同時所持冊数を、原則として3冊以内に制限した大臣訓令13条は、一応の基準を示したものにすぎない」（広島地判昭46・3・24訟月17巻6号962頁）、「絶対に拘束されるものではない」（広島地判昭48・7・4訟月20巻2号51頁）などがある。

　しかし鹿児島地判昭49・5・31（訟月20巻9号103頁）では、「所持冊数の制

限は、閲読内容の制限と異なり、思想および良心の自由を直接侵害する虞れは少ないこと、刑務所長は刑務所の紀律を維持するために、……居房内に逃走用具その他反則品所持の有無等の検査を少なくとも毎日1回行わせなければならないが、右検査を円滑に行うため、また服役者の処遇の公平を維持する必要もあることといった点を合わせ考えると、同時所持数の制限については刑務所長に相当広範な裁量権を認めるのが相当で」あるとしている。

前掲広島地判昭46・3・24では、第一審では、3冊をこえる分についての所持を許さなかったことは監獄法31条、同施行規則86条に反するとした。この件は、原告は行政事件訴訟等のために必要な10冊の図書閲読許可願を出したところ、3冊に限るとの処分を受けたのであるが、そのために訴訟等に支障をきたした。これに対し裁判所は刑務所の取扱いに困難をきたすときは、やむを得ないにしても、同時所持冊数を制限することにより、常時閲読できなければ図書交換に3日くらい要するので、原告が訴訟等のため困難をきたすとことを認定した。

これに対し、広島高判昭48・5・29（行例集24巻4・5号376頁）では、「拘禁目的の達成および監獄の管理運営上著しい支障を生じる明白なおそれ」があるとして、これを棄却した。その理由は、処遇の公平と図書同時所持冊数の増加を認めることになると他の受刑者にもこれを認めざるを得ないなどと判示している。

なお広島刑務所では学習用図書を制限冊数以外に所持させていたが、職員に暴行を受けた原告が、これを告訴するため告訴状認書の許可を受けた際、告訴する者には冊数外私本所持の優遇はできないとされ、懲罰的に取り消された事件がある。これに対し裁判所（前掲広島地判昭48・7・4）は、「取消し処分は原告の一連の言動についてなされたというよりも、むしろ担当看守に対する告訴を維持するような者については本件特別許可のような優遇措置は続けるべきでないという考慮によってなされたことを窺うことができる。……本来教育的効果を期待してなされた本件特別許可を右行為の故に懲罰的に取消すことは、合理的理由がなく許されないというべきである」として違法であると判示している。

前掲広島地判昭46・3・24では大臣訓令が原則として3冊以内とする旨規定

しているから、その範囲内で認めるというのは基本的理由としては薄弱であるとしている。とくに訴訟を提起し、その維持・進行のために必要であるときは多数の同時所持は慎重な判断のうえ許されなくてはならない。そのことが他の受刑者との配慮で制限されるべき性格のものではない。

閲読冊数の制限に関しては、取扱規程の憲法上の問題はともかく、現実には所内規程により階級により取扱規程をさらに制限している刑務所もあった。これまでの裁判例では、いったん許可した3冊以上の許可を取り消すことは、新たな権利の制限に属するものであるから慎重でなければならないことは確立しているようである（前掲広島地判昭48・7・4。大阪拘置所では訴訟を多数行っている事情を考慮して冊数外図書を9冊以内としている（大阪地判平6・10・12保安情報73号129頁））。ただし、この点に関しても実務においては、規程以上の閲読許可は与えていないのが現状である。東京地判平12・11・12（判タ1106号93頁）では、被収容者が房内において所持し得る私有の図書（「私本」）は原則として3冊以内とし、辞書、経典、学習用図書等についてはさらに7冊以内とし、ほかに「訴訟書籍」等の一定の文書図書については私本と異なる基準で所持を認めている（東京拘置所）ことから、これより多くの私本の所持を許可しなかったことを違法ではないと判示している。

本件で問題となっているのは、一度に何冊の閲読が許されるかであるが、刑事裁判で予定される準備資料は可能な限り許すべきである。しかし本件では、そのような特殊な事情を原告が述べていない。判決では原告が所持すべき事情を主張しておれば、これを制限することは違法とする趣旨でもあることに注目しておく必要がある。

なお東京地判平15・2・7（判時1837号25頁）では、死刑確定者が私本購入を出願したのに対し、これを不許可としたのは違法であるとの判示がある。本件は、所持冊数制限の問題ではなく、領置物の制限内に入るか否かの問題であるが、未決拘禁については特段の冊数制限はない（領置制限については別項を参照）。六法全書や法律図書などを冊数外として認めている施設は少ない。このような訴訟上の防御や訴訟遂行上必要な図書の冊数外所持は当然認められなくてはならない。

7 ─ 閲読時間の制限

　鹿児島地判昭49・5・31（訟月20巻9号103頁）では、図書の閲読許可時間を1日につき3時間ずつ3日間に制限したのは短きに失し違法であると判示している。

　問題となった図書は前記小野・朝倉著『監獄法』であるが、同裁判所は、同書を一部削除して閲読させたことは違法であるとしたうえで、同書の閲読期間の制限も違法であるとしたものである。当時の鹿児島刑務所では所長達示「収容者閲読図書取扱規程」で単行本の閲読は3か月以内としていたが、判決は、「本件図書は一度通読すれば足りるという性質の図書ではないこと、しかも閲読を許可した期間が、その長さと特定した時間、原告の居房の照明の状態等」から判断すると充分とはいえないとした。

　本件に関しては、図書の一部を削除したうえ、許可した部分の46頁を通読するには1日3時間で充分であるとした背景があるが、判決では購読範囲を所長が制限したことの過失はなかったとしつつも、違法であるとした。

　なお、原告訴えの51点の文書から42点について下附出願から60日間をこえる期間、その閲読の許否を決めなかった不作為を違法とした判例がある（旭川地判平6・6・15保安情報73号1頁）。

8 ─ 証拠書類の閲読

　名古屋高判昭60・3・27（訟月31巻11号2860頁）は、受刑中刑務所で犯した傷害事件の被告人に対し、弁護人から差し入れられた証拠書類の写しの閲読を拒否した刑務所長の判断が違法であると判示した。同事件は第一審の岐阜地判昭59・5・14（訟月30巻12号2613頁）でも「相当程度の蓋然性があったとは認められない」として違法であると判断している。

　未決勾留については、閲読制限の基準として最大判昭58・6・22で「相当の蓋然性」が示されていることは前述したが、本件は、受刑者が所内で新たな事件を犯し被告人としての立場から弁護人との接見交通権としての閲読要求をしたものである。本件被告人（刑務所長）は、刑事訴訟法39条1項の弁護

人との接見交通権が当然に認められるべきかについては疑義があるとしたが、同高裁は、「身柄の拘束を受けている未決拘禁中だけではなく、広く他の事件で自由刑執行中の被告人も含まれる」と判示した。その根拠は、受刑者と刑事被告人の両方の立場にある者に対する弁護人からの差入れ文書の閲読の可否については、それぞれの立場を十分認識し、慎重にこれを決しなければならないとし、被控訴人（受刑者）は自己の刑事被告事件の防御のため必要上から閲読を求めたものである。本件は、複雑、難解な問題が提起されており、当該文書を閲読しておく必要があったのであり、それは刑事訴訟法299条1項、同法施行規則178条の2等の規定趣旨に沿うものであると判示した。

本判決は、一般の閲読の対象物より被告人としての権利を優先したものである。

9──新聞紙の閲読

新聞紙の閲読に関しては、かつては閲読や差入れを禁止していた（旧監獄法施行規則86条2項、142条）が、違憲性が指摘されたため1966（昭和41）年に改正され、閲読が認められるようになった。その結果「図書新聞紙等取扱規程」により未決拘禁者、受刑者ともに所長が選定した通常紙1紙、その他の特定紙1紙の閲読が許されている。新聞を閲読する自由は、憲法19条の「思想良心の自由」、同21条の「表現の自由」など「知る自由」として憲法の保障する基本的人権に属するものであることは、こんにち争いのないところである。ただし自費購読、記事の一部削除に関しては種々の問題が生じている。

新聞閲読の不許可

広島地判昭46・3・24（訟月17巻6号962頁）では、自費による新聞購読願いに対し、刑務所備付けの新聞が回覧されていることを理由に不許可にしたことは違法であると判示したが、控訴審である広島高判昭48・5・29（行例集24巻4・5号376頁）では、これを認めず不許可は適法であると判示している。第一審では、原告は独居拘禁者であり、刑務所が回覧していた朝日新聞は2日遅れて観覧され、閲読時間は15分間であったことから、原告が自費で読売

新聞を購読することを禁止する合理的な理由とはしがたく不許可は違法であるとした。ところが同高裁では、「被控訴人に購読許可することは他の収容者に処遇の一般的緩和の顕著なしるしとして受け取られ、同調者が増加する危険性がある」こと等を根拠として不許可は適法であったとした。

しかし、その根拠は「新聞の自己購読を許可すれば希望種類が増加する」、「抹消、回収等の取扱業務の増大」等であり合理的理由とは解せられない。

そこで「図書新聞紙等取扱規程」17条の意味・性格が問題となる。同条では通常紙は、その記事内容・報道の正確性等に差異がないことを理由に、いずれか1紙を選定して閲読させているが、通常紙以外でも所長が認めれば、さらに特定紙以外に1紙の自費購読を認めるとしている。それでは所長が「適当でない」として認めない場合というのは、どのように判断するのか。第一審の広島地裁では「自費購読を許可することによって生ずる施設の管理運営上の支障が具体的に立証されなければならない」と判示したのに対し、同高裁では「管理運営上の著しい障害が生じる明白なおそれがあって、これを取り除くために合理的な必要性がなくてはならない」と判示しており、両者の立場の相違は区分し難い。こんにちでは、備付けの新聞の閲読が許されているとはいえ、現実には2日遅れで、閲読時間は10分程度では、自費閲読の機会は可能な限り許されなければならない。

これまでにも自費購読は、管理運営が阻害されるとして、その不許可を違法ではないとした判例があり（東京地判昭48・1・31訟月19巻3号53頁）、多くの刑務所では、実際に官が閲読させる1紙以外の自費購読は許可していないのが現状である。新法71条では「刑事施設の長は、法務省令の定めるところにより、被収容者が取得することができる新聞紙の範囲及び取得方法について、刑事施設の管理運営上必要な制限をすることができる」とした。事実上の部分削除の可能性を示唆している。自弁購読の権利は必ずしもフリー・ハンドではない。なお、日刊新聞の閲読制限はそれ自体が違憲であるとの説がある（奥平康弘『なぜ「表現の自由」か』1988年、東京大学出版会、243頁）。

新聞の一部不許可

東京地判昭54・4・24（訟月25巻8号2221頁）は、在所者の朝日新聞縮刷版閲読不許可について、「閲読を許すことが不相当と判断される場合に、その

部分の抹消ないし切り取ることに同意することを条件に当該図書の閲読を許可し、右同意のない場合に……不許可とすることは、……最小限の合理的な制限である」と判示している（なお新聞紙の縮刷版は書籍として扱われている。昭和27年8月8日矯正甲22号）。

　この点については、まず新聞の一部削除が許されるか否かの基本的な問題がある。上記通達では、一部削除を定めているが、所長が選定する1紙の閲読を許可している（図書新聞紙等取扱規程16条）なかで、新聞紙の一部の削除を条件として閲読を許可することは報道に接する自由の要請に反する。

　大阪地判昭33・8・20では「明白かつ現在の危険」の原理から所長が検閲後の措置として新聞紙購読の申込の通信を差し止め、削除等の処分をしたことは憲法21条に反するとし、これを受けて監獄法施行規則86条2項、142条（旧規則）が削除されたことは前述した。同判決では「……未決拘禁者の犯罪記事が新聞に掲載され、それを閲読したからといって、逃亡や証拠隠滅のおそれを、どれだけ招来するであろうか」とした。

　受刑者についてであるが、「新聞の購読が拘禁および戒護上危険であることが明らかな場合でないかぎり禁止することはできない」（広島地判昭46・3・24訟月17巻6号962頁）との裁判例もある。

　未決拘禁者についても、朝日新聞の書評記事（書籍『囚人組合の出現』）に関する閲読不許可処分は裁量権を逸脱しており違法であるとの判決（東京地判昭59・12・3行例集35巻12号2007頁。東京高判昭63・6・2行例集39巻5・6号464頁支持）や、再審請求をしているという記事の死刑囚の氏名と写真掲載の一部抹消について拘置所長の処分が違法であるとする裁判（東京地判昭59・8・8判タ540号207頁）などもあるが、一方では、先に検討した、いわゆる「よど号事件」の新聞記事抹消について東京地判昭50・11・21（訟月21巻12号2493頁。控訴審＝東京高判昭52・5・30訟月23巻6号1051頁、上告審＝最大判昭58・6・22民集37巻5号793頁）は「在監者の新聞を閲読する権利の一時的制限が合理的な範囲に属する」として違法ではないと判示した。この問題に関しても既決・未決で、その判断基準は図書新聞紙等取扱規程に準拠すれば異なることとなるが、基本的には、いわゆる一般図書と区分して扱われなければならない。旧監獄法ではこれに何の区分もしていないため裁判では不問に付されている。

新聞記事の抹消判断の基準とされている「相当の蓋然性」の根拠について、よど号事件を例として検討してみると、原告の主張にあるように「新聞に掲載される犯罪記事で、その手段方法を明らかにしない報道はない」、「新聞記事を読んでどう感じるかは各人の内心の問題である」、「新聞を購読する際、支障ある部分は抹消してもかまわないとの同意書を所長に提出させることは知る権利の侵害であり無効である」等々の理由を挙げることができる。これに対し裁判では、この事件が「前代未聞」のことであるとして「相当の蓋然性」ありとし、最大判昭58・6・22でも、これが支持された。そして、こんにちでは、この判例が有力な基準となっている。ところが、この「前代未聞」の事件が基準となること自体が問題である。

東京地判平3・8・30（判時1403号51頁）では、新潟刑務所長が読売新聞の「新潟刑務所の受刑者連続死・健康管理に問題か」の記事を一部削除した事件に関し、「これを読むことによって、いっそう闘争心を沸き立たせるおそれが認められ、原告の闘争心を抑制するために右抹消は必要であった」とし、抹消部分に裁量権の範囲の逸脱または濫用があったとはいえないと判示し（東京高判平5・7・21判時1470号71頁。棄却）、前掲最高裁の判断基準を踏襲している。

「図書新聞紙等取扱規程」では、「支障となる部分の抹消又は切取り並びに……閲読後の新聞紙の破棄について、あらかじめ書面によって本人の同意を得る」（同規程19条）となっており、事実上、これに同意しなければ、当初から新聞の閲読自体が許可にならない。最初に紹介した東京地判昭54・4・24は、これを根拠に切取りに同意しないときに閲覧を不許可にしたのは最小限の合理性があると判示したものである（同旨、京都地判昭61・4・24判時1206号87頁）。その根拠とされている図書新聞紙等取扱規程そのものが旧監獄法31条2項、施行規則86条への一般的・包括的委任であることは明白である。しかも所長の制定した所内規程を根拠とし得るかについては、憲法上の新たな判断がなされるべきであろう（従来の判例では合憲としている。前掲最大判昭58・6・22）。

新法のもとでは、裁判例としては通常新聞の一部削除の事件は、みられないが、たとえば、救援連絡センター「救援」第521号（2012年9月10日号）等の民間機関誌での墨塗りは日常化している。日刊新聞だけが新聞ではない。

新聞の定義は定かではないが、問題は「規律秩序を犯すおそれ」の判断が、いぜんとして刑務所長の判断によるところに旧監獄法と何らの相違がない。新聞は日常の政治・社会の出来事を報じるものであるから、一般図書以上に知る権利の保障にかかわるものとしての位置づけがなされなければならない。

10──閲読禁止の根拠

　図書・新聞の閲読の許可基準が1966（昭和41）年の訓令「図書新聞紙等取扱規程」によっていることは前述した。この基準に従って、裁判所では1983（昭和58）年6月22日に最高裁判決が示した「相当の蓋然性」と「利益衡量」基準により下級審の不統一を是正したかのように思われるが、その実は基準になり得ないものであることは、これまでの検証でも明白である。この点に関しては既決・未決に何ら相違するところはない。現状では「明白かつ現在の危険」が基準として厳格にすぎるとの理由で、「明白かつ現在の危険を生ずる蓋然性」が認められる場合に限るとする、ゆるやかな基準に拡大されつつある（旭川地判平6・6・15保安情報73号1頁）。つまり所長の裁量権が拡大される傾向にある。しかも、その基準自体も前述したように明確な限定となり得る性格のものではなく、したがって、今後、裁判例も一定ではあり得ないと考えられる。たとえば、大阪地判平7・8・29（保安情報75号36頁）では、拘置所職員の手違いで死刑執行のラジオ放送がそのまま流されたが、原告がその事実を知っていても死刑執行に関する報道内容を文書により再度確認することは強烈な印象を与えるため抹消したことは合理性があるとした。ところが一方では、執行から数か月後に差し入れられた文書に執行の記事が抹消されずに差し入れられたが、ここでは抹消を維持する意義が薄れたと考えられるから抹消の必要はなかったとし、いずれの場合も拘置所長の措置が違法ではなかったとしている。ここには判断基準らしきものはない。

　閲読に関する、これまでの検討で問題となるのは、第1に、所内心得や達示等により「削除に同意しなければ閲読を許可しない」の指示は、実質的に被収容者の閲読の権利を剥奪している。

　第2に、被収容者が提起した訴訟に必要な図書まで削除または不許可とし

たことが裁判上、被収容者の原告としての立場を正当に認めたものかどうかの問題がある。

　第3に、これまでのところ同時冊数の制限そのものを否定する判例はないが、これを形式的にとらえれば、事実上の閲読不許可ともなる危険性があることである。

　第4に、新聞紙の閲読については、被収容者の知る権利の重さについて裁判所の判断に、より慎重さが期待されることである。

　閲読禁止の根拠は憲法の原点に立って再考されなければならない。刑務所における管理運営上の制約のなかで、「明白かつ現在の危険」という、きびしい基準にそって、どのような実務の工夫がなされているか、慎重な「司法判断」の積み重ねに期待するほかない。

［2］　宗教の自由

　いわゆる信教の自由については、(1)内心の信仰の自由、(2)宗教的行為の自由、(3)宗教的結社の自由等があり、いずれも、この自由には消極的な権利として、信仰しない自由が含まれる。

　戦前の監獄においては、「教誨及ヒ教育ハ監獄ノ紀律及ヒ作業ト相俟テ行刑感化ノ目的ヲ全フスル三大要素」(小河滋次郎『監獄法講義』小河文庫版、1967年、法律研究社、273頁) であるとされ、宗教教誨を行うことを本務とする監獄職員が配置されていた。しかし新憲法下においては、信教の自由の原則により、監獄職員による被収容者への宗教活動は禁止された。もとより、このことは被収容者の信仰の自由を排除するものではない。したがって、被収容者の信仰の自由あるいは信仰しない自由のために有効な処遇上の配慮をいかにするかに、こんにちの行刑上の課題がある。

　その課題は、具体的には、(1)被収容者の信教の自由が、収容の目的、規律および秩序の維持からどこまで制限できるか。(2)宗教教誨等の実施に対し、宗教家に謝金や交通費を公金から支払うことは憲法で禁じている国の宗教活

動に該当しないか。(3)これらの行為が憲法89条で禁じている「公の財産の用途制限」に該当しないか。(4)受刑者や確定死刑囚に処遇上の効果があるとの理由で宗教教誨を強制することができるか等の問題がある。

1 ── 信仰の自由と収容の目的

　東京地判昭39・8・15（行例集15巻8号1595頁）では、「受刑者を独居拘禁に付し、各種催しに出席させないとする戒護上の必要性があるかどうかの判断は、刑務所長の裁量にゆだねられており、その判断が合理的な基礎を欠き又は不当な配慮のもとに行われる等、その妥当性を著しく損なう事実の存しない限り違法とならない」とし、刑務所長の判断が、著しく不当とはいえないと判示した。

　原告は独居拘禁中に受刑者のための宗教教誨、映画演劇等の各種催しに出席が許されなかった。旧施行規則23条では「独居拘禁ニ付セラレタル者ハ他ノ在監者ト交通ヲ遮断シ召喚、運動、入浴、接見、教誨、診療又ハ已ムコトヲ得サル場合ヲ除ク外常ニ一房ノ内ニ独居セシム可シ」とし、厳格な厳正独居ともいうべき拘禁方法がとられていた。

　ところが原告の主張によると、戒護上明白な弊害の存する場合にのみ、教誨への出席が禁止されているにもかかわらず、そのような事情はなく、前の刑務所では、これらの出席が許されており、他の者を煽動したり、不要な摩擦を起こさないよう注意していた。今回の出席させない真意は、原告が訴訟、情願等により刑務所の処遇を争ったための報復またはその禁圧にあったとする。

　これに対し被告の刑務所側は、原告が情願や所長面接願を数十回にわたり行っており、行刑当局と闘争状態にあった。そのため他との協調性に欠け、独居拘禁に付し各種催しに出席させなかったとしている。ただし出席させなかった理由は訴訟や情願をしたことによるものでなく、「このような行為の結果、監獄内における規律の維持、円滑な管理、運営、危害の発生の防止のうえに重大な支障が生ずるおそれがあったことによるもの」であるとしながらも、「のみならず、原告の各種不平不満の申立ては、常軌を逸している、

……同一要求を繰り返しており、それは行刑の改良に名をかりた、実態は行刑当局に対するいやがらせであって、権利の濫用にほかならない」とし、各種催しに出席させなかったことが、これらの訴訟や情願と関係あったことを認めている。

　裁判所は、旧施行規則23条の趣旨は、「教誨の場合に独居拘禁に付されている者を監房内より出すことを監獄の長に許したにとどまり、……独居拘禁に付された者でも、……各種催しに出席させなければならないものと解することはできない」とし、出席させなかったことに合理的な理由があったかどうかは、出席させない戒護上の必要性があったかどうかにあるとする。そして、その判断は、「……刑務所長の裁量に委ねられているものと解すべく、……その妥当性を著しくそこなう事実の存しない限り、違法となるものではない」と判示している。規則23条の意味については次項で検討するが、ここでの「妥当性を著しくそこなう事実の存しない限り」ということは、逆に言えば、その「事実」というものは、どのような事実が想定されているのか、その事実こそ具体的事件においては例示すべきではないのか。しかし信仰という内心の問題と「妥当性」との比較であり、現実にはその判断は不可能である。だとすれば、出席することで秩序維持が困難であったとの証明が確定されていなければならないのではないか。

旧施行規則23条の法意

　旧施行規則23条の法意について、判示では独居拘禁に付された者を教誨の場所に出すかどうかは、施設の長の許可を前提とするとし、原則禁止であり、出席させることは義務ではないとの立場をとっている。たしかに「やむを得ない」場合というのは所長の判断にゆだねられていると判断されるが、その他の召喚、運動、入浴、接見、教誨、診療等は並列的に具体的に列挙して、独居拘禁者にも禁止してはならないのが原則である。その点で判決の解釈には問題がある。もっとも戦後の宗教教誨の非強制への改革で、宗教の位置づけが変動したことが、このような解釈を可能にする論拠となり得ることはあるかも知れない。しかし、「教誨」を「宗教」に置き換えるならば、宗教は運動や入浴とともに基本的人権の一つであるという点で旧施行規則23条の趣旨は現在も尊重されなければならないのではないか。

ただし、戒護上の必要性から不許可とすることまで違法ではない。問題は、その不許可の判断が判示のように「妥当性を著しくそこなう事実の存しない限り」違法となるものではないといえるかどうかにある。本件においては、原告が多数回にわたり情願や所長面接願いを出しており、そのことが不許可の要因であることは原告・被告の主張からも裏付けられている。この点に関し判決では「所長が原告に他の受刑者との接触を許せば、受刑者間に不要な不平不満の空気を醸成し、……いたずらに面接願出がふえて管理運営上の障害が発生する……」と述べている。しかし、原告は他の刑務所でも同じく独居拘禁に付されながらも教誨には出席しており、特段の問題を起こしたことはなかった。ここでの不許可理由の戒護上の理由というのは、あくまでも危険の蓋然性であり、施設側の不許可としたことに対する後からの理由づけの感が強い。

その証拠に、本件の刑務所だけが不許可とした理由として、在所者の質の相違や、収容者数の相違をあげているが、その理由は教誨への不許可としては説得力がない。のみならず、原告が訴訟や情願をしたため、その報復として不許可となったと主張しているのに対し、「報復ないし禁圧措置として行われたものと認むるに足る証拠はない」としているが、ほんらい、そのような証拠になじまないことを、ことさら述べている点でも説得させるものとはいえない。現に受刑者が訴訟を起こすことによって、有形無形の不利益を覚悟しなければならないことが、これまでの多くの証言から得られている（菊田幸一編『検証・プリズナーの世界』1997年、明石書店、496頁以下等参照）。

戒護上の理由からの不許可

本件において教誨への出席を不許可としたのは、府中刑務所では、独居拘禁に付されている者には原則として各種催しに出席を許さないこととし、ただ雑居拘禁へ移行する前段階の状況で試行的に出席を許していたとしている。したがって、当該原告だけの問題ではなく、独居拘禁者への出席不許可が許されるか否かに論点が向けられなければならない。むろん個別具体的な問題としての裁判であるから、その限界はある。しかし前述のごとく規則23条は教誨に限らず、運動、入浴、接見等を並列に規定しているのであって、そのうちの教誨だけが一律に不許可としていたものか否かは不明であるとしても、

推測では独居拘禁者とはいえ運動、入浴等が一律に不許可とできる性格のものではない。そうだとすれば、並列に列挙しているなかの教誨もしくは、あるとすれば、その他の若干が独居拘禁と同時に一律に不許可とする根拠について、さらに検討されなければならない。

判例からは、同刑務所において原告に対し独居房での単独の教誨を実施していたとの説明はない。そのような点から判断すると、信仰の自由については、他の要件にくらべて軽視されている現状が窺われる。司法判断そのものも、この点に関する本格的な論議を回避している。

わが国においては、一般に宗教そのものに対する関心が薄いことも事実である。また受刑者も信仰そのものよりも、教誨を通じて外気に触れるといった感覚で接触を希望する者も少なくないことも事実である。しかし、外形的な実情がどうであれ、宗教に接する機会が入浴や運動等に比較して軽く判断されることがあってはならない。

2 ― 宗教家への公金の支払い

憲法89条は、宗教上の目的への公の財産の用途を禁じている。この問題で有名になったのは津地鎮祭訴訟判決（最大判昭52・7・13民集31巻4号533頁）である。

本件は、津市体育館の起工式が、地方公共団体である津市の主催により、同市の職員が進行係となって、同市の建設現場において、宗教法人の宮司のもとで神式で挙行された費用を市の公金から支出したことの適法性が争われたものである。直接には刑務所における宗教問題とは関係ないが、同裁判の中心となったのは国家と宗教とのかかわりにおいて、刑務所等が教誨活動にどこまで関与できるかについて、政教分離原則の限界についての判断を示したものとして重要である。

本件の第一審は、実態は習俗的行事であり、布教等の宗教的活動ではないから憲法20条3項に違反しないとした。これに対し、名古屋高判昭46・5・14（行例集22巻5号680頁）は、習俗的行事とみることはできず、憲法20条3項の禁止する宗教活動とは、同条2項で掲げる宗教上の行為、祝典、儀式等を

も含む、およそ宗教的信仰の表現のいっさいを網羅するものであって憲法に違反しているとした。

　最高裁は、国家と宗教との完全な分離を実現することは、実際上不可能であり、「刑務所等の教誨活動も、それが、何らかの宗教的色彩を帯びる限り一切許されないということになれば、かえって受刑者の信仰の自由は著しく制約される結果になりかねない」とし、憲法20条3項が「国及びその機関は、宗教教育その他いかなる宗教的活動もしてはならない」と規定しているのは、政教分離の意義に照らして、そのすべての行為を指すものではなく、「相当とされる限度を超えるものに限られる」とし、その限度は、社会通念に従って、客観的に判断しなければならないとした。また同条2項と3項との関係については、その視点を異にしているから、2項の宗教上の行為が、必ずしも3項の宗教的活動に含まれるという関係ではないと判示し、第二審を破棄した。

　この最高裁判決においては、藤林、団藤判事ら5人の反対意見が出ている。その要旨は、憲法20条、89条に具現された政教分離原則は、国家と宗教との徹底的な分離、すなわち、国家と宗教とはそれぞれ独立して相互に結びつくべきではなく、国家は宗教の介入を受けず、また宗教に介入すべきではないという国家の非宗教性を意味するものと解すべきであるとしている。

　最高裁判決の多数意見は国家と宗教とのかかわりについて、相当とされる限度で認めるとしているが、その限度は必ずしも明確なものではない。憲法20条3項の規定は、宗教の布教はもとより、祝典、儀式をも含むものでなければ、政教分離の原則を維持することは困難である。その意味で少数意見に賛意を表さなければならない。

　さて、具体的事例としては、教誨師への公金の支払いが政教分離の原則との関係で問題となったものはない。最高裁の多数意見からは合法であるといえよう。少数意見の趣旨からすればどうであろうか。「収容者の宗教教誨について」（昭和21年5月3日刑政甲868号）によると、「宗教を信仰する者が其の宗派の教誨を希望した場合は其の宗派の教義に基く宗教教誨を聴取させることが出来る様にすること」としており、信仰に対する希望に答えるものであり、それ自体は憲法に違反するものではない。むしろ、そのような要求に

答えないことは信仰の自由を制約するものとなる。

　刑務所では民間の篤志宗教家が教誨師として活躍しているが、これらの教誨師に対しては謝金、交通費を公金から支出しており、あるいは特定の宗派については行刑施設内に仏壇や礼拝堂を設置している。これらの公金支出は憲法89条に違反しないものと一般に判断されている。ところで、この教誨師は、「全国教誨師連盟」に所属しており、仏教（981人）、キリスト教（208人）、神道（294人）、その他（4人）となっている（『犯罪白書』平成12年版、なお平成24年現在では、教誨師数は1,698人、『犯罪白書』平成25年版）。これらの宗教活動に限って場所を提供し謝礼として公金を支払うことに違法性がないものかは、さらに検討されなければならないのではないか。

　これらの資料から推察されるように、仮に、それが受刑者の信仰の数を反映しているとされても、いわゆる新興宗教の教誨師は皆無であるところに、事実上の信仰の自由がどこまで確保されているかは疑問として存在する。仮に多数を占める受刑者の信仰についてのみ国の費用が拠出されているとしても、その他（4人）というのは、不自然である。その他の者の信仰の自由そのものが問題となる。それは刑務所の財政的事情による制約といった問題ではない。

　「新興宗教（創価学会）を刑務所の宗教教誨として採用することについて」（昭和37年1月9日、局長通達）では、別紙甲号として、「……本宗教は他の宗教を極端に排斥し、刑務所教誨師連盟にも加入していない状態で、その点連盟の当事者との間に微妙な空気が生じ結論を得ていない……」としている。こんにちでは、同宗派の刑務所での宗教活動は制限されているようである（新法67条では、単に「宗教上の行為は、これを禁止し、または制限してはならない」としている）。

　そのような観点からは、宗教教誨の概念を否定し、民間宗教家と在所者の私的関係によってのみ宗教活動を認めるべきであるとの主張もある（松島諄吉「受刑者の宗教教誨に関する憲法上の限界について」阪大法学54巻25号）。

3 ― 受刑者への宗教の強制

　信仰の自由は、信仰しないことからの自由をも含むものであり、宗教教誨は憲法との関係で強制できないことは前述した。しかし旧監獄法29条では、受刑者については教誨を強制できるものとなっている。実務では、いわゆる一般教誨は、これを強制することが奨励されている。ここでいう一般教誨は、既成宗教以外の各方面の学識経験者による講演や訓話である。むろん特定の宗教教誨にわたることは違法である。しかし、一般教誨であるか、あるいは宗教教誨になるのか、その限界には困難な問題がある。

　東京地判昭36・9・6（行例集12巻9号1841頁）では、刑務所において全収容者を対象に宗教団体の提供する録音テープを聴取させ、また宗教家の講演を聞かせても、その内容が宗教信仰の宣伝にわたらない限り、憲法20条に違反しないと判示した。

　同事件は帯広刑務所が1960（昭和35）年2月ころまでの数年間、同刑務所の全収容者を対象に刑務所の自主放送として、日本メノナイト帯広教会提供の録音テープより「メノナイトアワー」を聴取させていたこと、および1959（昭和34）年10月、全収容者に対し、強制的に大谷派僧侶の仏教宣伝を目的とする講演を聴かせていたことが問題となった。

　同判決では、「人格の改善を主要な目的の一とする刑政の場においては、宗教信仰がこの目的達成のために、大きな役割を果すことがあることは明らかであるから、受刑者に対し、宗教の社会的機能について理解させることは、必要なことといわなければならない」とし、旧教育基本法9条1項の「宗教に関する寛容の態度及び宗教の社会生活における地位は、教育上これを尊重しなければならない」との規定を引用し、受刑者の教化にあたっても、十分に参照されるべきであるとしている。

　ここで問題となる第1点は、教会提供の録音テープおよび大谷派僧侶の仏教宣伝を目的とする講演を受刑者全員に聴かせていたことである。具体的な内容については不明であるが、録音テープおよび講演はいずれも両宗派の宣伝であり、いわゆる教育基本法でいう「宗教の社会生活における地位」とは異なるものであることが推定される。憲法20条が1項において、「いかなる

宗教団体も、国から特権を受け、又は政治上の権力を行使してはならない」とし、同条3項において「国及びその機関は、宗教教育その他いかなる宗教的活動もしてはならない」とするのは、まさにこのことを指している。判決では「宗教信仰の宣伝にならない限度で」許されるとしているが、特定の宗派のテープおよび講演をすることが、「宗教一般の地位」を説くものとは想定できない。

本判決では、宗教教誨といわゆる一般教誨とを分け、一般教誨であれば強制的に聴かせても問題にならないとしているようである。しかし、両者の限界を画するのは現実には困難である。

第2に問題とすべきは、受刑者全員に強制的に聴かせたことである。むろん「宗教の社会生活における地位」との認識であったからこそ全員に聴かせることに問題はないとの判断がなされたと考えることも可能である。しかし、特定宗派のテープおよび講演を、その内容如何にかかわらず聴きたくない自由が受刑者に許されないのか。この点について裁判所は何ら触れずに、単に「宗教信仰の宣伝にならない限度」であると判断したのである。しかし、原告は「仏教宣伝を目的とする講演を聴かせた」と認識して訴訟に及んだのであるから、聴きたくない自由についても判断しなければならなかった。聴かせたいとする管理者側の判断で一般教誨として聴かせることが正当化されるとすれば、聴きたくない自由の保障は止めどなく侵害されることになる。

本判決はまた、宗教の意義についても触れていない。それは定義が困難であることにもよるものと思われるが、少なくとも、聴かせる者の側で宗教か否かを判断するものではなく、聴く者の判断で、それが特定の宗教であり、それを聴きたいか否かについて判断できなければならない。したがって、宗教的色彩の濃い年間行事についても、それに出席するか否かの自由が受刑者につねに与えられていなければならない。

4――死刑確定者への宗教の強制

死刑確定者についても、受刑者と同じく憲法20条の信仰の自由は享受されなくてはならない。大阪地判昭33・8・20では、本人の要請もないのに宗教的

教誨を行うことは憲法に違反すると判示している。同事件においては、大阪拘置所では、教誨師による「宗教の時間」、「仏教講演」等、宗教活動の便宜を与えることが実施されていた。これに対し、裁判所は、「信仰の自由は憲法の保障する基本的人権のうちでも最も尊重されなければならないものである」とし、憲法89条および旧教育基本法9条2項「国及び地方公共団体が設置する学校は、特定の宗教のための宗教教育その他宗教的活動をしてはならない」、地方自治法〔旧〕212条「普通地方公共団体の財産または営造物は、宗教上の組織もしくは団体の使用もしくは維持のため……その利用に供してはならない」を手がかりに、拘置所において、特定の宗教による教誨を行ったり、宗教的行事（礼拝、祈り、儀式のような宗教的活動）を催して収容者を参加させたり、「特定の宗教によるもの」でなくても、宗教一般の社会生活上の機能を理解させる以上の宗教の信仰に導くための宗教教育を試みることは、憲法の条文に違反していると判示した。この趣旨は一般受刑者についても共通のものといえよう。

5 ─ 刑務所における宗教

　刑務所における宗教活動がいかにあるべきかについて論ずるのは、ここでの目的ではない。数少ない裁判例からの検討からは、前掲大阪地判昭33・8・20において確定死刑囚についてではあるが、宗教一般の社会生活以上の宗教の信仰に導く宗教教育は憲法に違反するとした判断は、その後の前掲東京地判昭36・9・6では異なったものとなっている。こんにちの刑務所では、全員に宗教活動を強制させている事実はみられない。その点では裁判例も少ないものと思われるが、逆に、宗教活動への参加が拒否され、あるいは希望する宗教への参加が整備されていない現状が、問題として存在するものと思われる。日本人の宗教観念にも関係あるとはいえるが、刑務所の管理・運営、あるいは紀律秩序の維持といったことが優先し、特定の宗派に依存し過ぎているものとすれば真の信仰の自由は、その点で阻害されているといえまいか。

　次に問題とすべきは、いわゆる一般教誨であれば、特定の宗教にわたらなければ教養として許される点については異論はない。それは、旧教育基本法

9条で定めている「宗教に関する寛容の態度及び宗教の社会生活における地位は、教育上これを尊重しなければならない」（1項）に照らしても理にかなっている。問題はその内容にある。宗教的情操の涵養という限度をこえて、特定宗派への勧誘に及ぶことは違法である。しかし現実に特定の宗教家が講話をすることが、その範囲を逸脱するか否かの判断は困難であることが多い。少なくとも受刑者全員に対する講話に関しては、宗教を離れ、精神・社会道徳に限定されなければならないであろう。

新法においては「宗教上の儀式行事及び教誨」（68条）において、「……宗教上の儀式行事に参加し、又は宗教家の行う宗教上の教誨を受けることができる機会を設けるように努めなければならない」としているが、「刑事施設の規律及び秩序の維持その他管理運営上支障を生ずるおそれがある場合は……」の文言がある。前に検討したように、宗教活動の許可または不許可が、このような抽象的な制限条項で管理運営者にまかされることは、宗教の自由が法的に確立しているとはいい難い。いかなる場合に不許可とするかの具体的構成要件が明確にされていなくてはならない。

新法67条では「被収容者が一人で行う礼拝その他の宗教上の行為は、これを禁止し、又は制限してはならない」とした。これらの規定は旧監獄法ではなかったが「一人で行う礼拝等」を禁止はしていないが施設側に宗教上の祭壇や特定の場所を設ける義務を規定しているものではない。

アメリカにおける宗教関係の裁判例について参考までに紙面の許す限り紹介しておきたい。

6──アメリカにおける裁判例

アメリカの合衆国憲法修正1条は「連邦議会は、国教の樹立を規定し、もしくは宗教の自由な礼拝を禁止する法律を制定してはならない」としている。この精神により1870年の行刑の原則宣言、60年の修正原則宣言でも「宗教は、必要不可欠の要素である」としている。しかし現実には宗教による差別、宗教指導者との通信の自由、改宗する権利、牧師との接触、食事の制限、宗教書への接近、調髪の問題などが提起されている。

なかでも宗教の自由に関する訴訟の多くは、宗教的信仰活動に集中している。一連の判例では、「ブラック・ムスリム」(Black Muslims) に新興宗教としての地位を与えるか否かの問題として、1960年代に多くの裁判例がある。当時はブラック・ムスリムは宗教グループを構成しないとして修正1条の問題をさけてきた。しかし最近では一般的には宗教としての地位を得てはいるが、テキサスの連邦裁判所では宗教ではないと判断 (Theriault v. Sibler, 547F.2d1279, 5th Cir 1977) しているが、アイオワ州では宗教として修正第1条の保護を与えるべきであると判断している (Remmers v. Brewer, 361F. Supp.537, S.D.Iowa 1973)。

　自由な宗教実践の権利に関する訴訟のほとんどは、イスラム教徒によるものである。1969年のウォーカー対ブラックウェル事件 (Walker v. Blackwell, 1969) では、原裁判所が煽動的であるとの理由で講読拒否の正当性を認めたのに対し、信者の新聞は精神的な生活条件の改善に役立つものであるとして、違法であると判示した。

　とくにイスラム教では刑務所生活に支障ある問題として、食事の件がある。多くのアメリカの刑務所ではブタ肉を食しているが、イスラム教ではこれを避けている。またラマダンの日は暗くなった時だけ飲食するなど刑務所運営に支障となる慣習がある。同判決では「多種多様な宗教宗派による差別は認められない」とし、ラジオ放送についても「他の宗教を信仰する者に対しても、同様に宗教番組を聴かせることができない」として、これを拒否した。

　ユダヤ人のコーシャン食（ユダヤ教の料理）についても、カーン対カールスン事件 (Kahane v. Carlson, 1975) で代表されるように、裁判所は、すべてのユダヤ人受刑者にコーシャン食を給与する義務は存在しないと判断している。

　あごひげや調髪については、きちんとした口髭を蓄えることは許されている。ロッキー対クルーガー事件 (Rockey v. Krueger, 1969) では、裁判所は正統ユダヤ教の信者はあごひげを蓄えることが許されているのであるから、これを剃ることを拒否したことで独居拘禁に付される理由はないと判示している。

　すべての宗教を平等に扱うことに関してはクラッツ対ベトー事件 (Cruz v.

Beto, 1979）がある。他の宗教セクトのメンバーであった受刑者には刑務所の教会使用が許可されたが、本人とその他の仏教徒には許されず、教典が具えつけられていなかった。最高裁は、これらの申立ては正当であり、宗教上の差別を禁ずる修正第 1 条、第14条に違反していると判断した。しかし、同裁判では「礼拝の場所は、規模を無視してあらゆる宗教に提供される必要はなく、また需要の程度を考慮することなしに教誨師、司祭や牧師を提供することは必要ではない」と判示している。

　これらの裁判例から判断できることは、アメリカでは在所者の信教の自由は、その宗教活動の基本的な部分については、その権利性が確立しているものと判断される。ただし、その制限原理は「法の下の平等」と「明白かつ現在の危険」の基準のもとにおかれている。そして、こんにちでは、宗派による習慣の相違を刑務所の管理運営との間でどのように調和するかに重点が移っている。裁判所の判断も、当該事件に関し、刑務所が「予算の制約」あるいは「代替手段」で、いかに収容人員に占める全体の調和から裁量を施したかに関心があるようである（詳細については、菊田幸一編『受刑者の人権と法的地位』1999年、日本評論社、127頁以下参照）。

第4章　給　養

［１］　糧　食

　国は在所者に対し、憲法で規定する生存権を保障しなければならない義務があると主張して、行政訴訟を最初に提起したのは、大阪地判昭33・8・20（行例集9巻8号1662頁）の原告・死刑囚・孫斗八である。同判決においては、「憲法25条の定めるものは、一般には具体的な内容をもつ請求権ではなく、直接に個々の国民は、国家に対し具体的現実にかような請求権を有するものではない」として違法に基づく直接請求を問題としなかったが、「法令の範囲において、法定の糧食その他の生活必需品を給与し、もって憲法の規定する生存権を、その範囲で保障しなければならない」とした。

　そして、「在監者には、衣類、寝具、糧食、飲料その他の生活必需品を給与し又は貸与する。これ収容者の自由を強制力をもって奪った反面において、国家のなさねばならない責務である」と述べ、すべての被拘禁者には健康および体力を維持するに十分な、栄養価と分量のある、うまく調理された衛生的な食糧が、定められた時間に与えられ、飲料水は、要求があるときはいつでも、適当なものを与えるのが旧監獄法34条、同法施行規則94条、95条、97条の趣旨であるとしている。しかし、この判決の趣旨は、こんにちの行刑において現実に満たされていない。たとえば飲料水は、要求に応じていつでも飲める状況ではないのである。

１―憲法25条と糧食給与基準

　旧監獄法34条、旧施行規則94条1項が国民の健康で文化的な最低限度の生

活を営む権利を有することを定めた憲法25条1項に反するとして、問題を提起したのが、1964（昭和39）年2月7日から大阪刑務所に在監した原告である（大阪地判昭41・12・26行例集17巻12号1385頁）。

原告は、旧監獄法34条、同施行規則94条1項は、原告が刑務所（被告）から受けている現状からみると憲法25条1項に違反するとし、さらに旧監獄法34条自体も糧食の基本的な分量を明らかにせず、不安定な規則にゆだねた恩恵的独善の規定であると主張した。

具体的には、1963（昭和38）年当時の主食は戦前（1941年ごろまで）の食糧事情が切迫し主食の分量を減量した時代のままになっており、主食の分量は飢餓線上の分量であり、異常な空腹感に襲われると主張した。また副食についても1人35円（当時）以下では人間並みの献立は不可能であるうえ、大阪刑務所では季節はずれの、腐敗した野菜類を購入し、歯の立たない鯨肉、腐敗寸前の鰺の干物、黒斑病で変質した馬鈴薯、とうの立った菜っ葉、青ねぎ等が副食として給与されていると主張した。

原告は、これを自衛隊と刑務所とで比較することは当を得ない（成人男子に集団給食している点で相似する）が、1964（昭和39）年10月当時、自衛隊では、1人3食につき、普通食は168円、重い労働に服したときに支給される加給食はプラス40円ないし70円である。主食は3食で60円程度であるから、普通食のばあい、168円の内108円が副食代である。これを大阪刑務所の1人1日の副食代29円30銭と比較すると異常な差であると主張した。

これに対し、判決では第1に、旧監獄法34条（糧食・飲料）と憲法25条の関係については、旧監獄法34条は憲法25条1項の理念を推進し具体化した規定であるとし、同条は在監者に給与する糧食の分量を具体的に定めていないが、これを法律をもって規定しなくてはならないとする根拠はないとした。

次に旧規則94条1項（在監者に給与する糧食の基準）は、1960（昭和35）年厚生省公衆衛生局栄養課が発表した「成人男子の労働強度別栄養所要量」を下回っていないとし、また生活保護法による保護の基準における男子1人月額飲食物費中、副食費は年齢に応じ定められているが、その額は、一般家庭を前提とする保護の基準における副食費の金額のみを表わしたものであって、特殊な集団給食を行う刑務所の場合と比較するのに適切ではないとした。こ

の背景には、刑務所においては人件費、光熱費、水道費は含まれず、副食原料と調味料も小売店を経由しないで入札するなど大量購入により、市価の2分の1、4分の1程度で調達している現状がある。

ところで原告がいう陸上自衛隊において隊員に支給する食事の基準との関係については、「国の防衛を主たる任務とする自衛隊において国民の負託にこたえることを服務の本旨とする隊員に関するものであって、在監者の糧食の基準と比較するのは適切でない」とのみ判示し、その理由については触れていない。

2——糧食の一般基準

米と麦の割合

原告が服役していた1964（昭和39）年当時の大阪刑務所においては、米と麦の割合は当時の規則94条1項で米10分の4、麦10分の6と定められていた。現在では、米と麦の混合比は、米70パーセント・麦30パーセントとしている（平成8年5月24日矯正局長通達「被収容者用主食の混合比及び精麦の仕様について」）。『犯罪白書』（平成10年版）によると、1998年4月1日より、主食はA食、B食、C食の3種類に分けられ、A食は1日あたり男子1,600キロカロリーとなっている（米・麦の混合比は7対3である）。

基本的には、旧規則94条1項の範囲内で刑務所長の裁量にゆだねられているが、本件の事件当時における米4、麦6の割合について、前記判決では「主として主食の分量を多くとるということに重点を置き、……いきおい、価格の低廉な大麦を多く混入することとなり、……なおも、このように麦を使用するとされているのは、……依然として麦の価格が極めて低廉であること、しかも栄養学の見地からは、……大麦が米とほぼ同程度に動物性たんぱく質を補う熱量源であるといえることからである」と述べ、さらに「なるほど、米10分の4、麦10分の6の割合による主食は、国民一般の食生活感情からすると、これとかけはなれたものではあるけれども、これが人間としての尊厳を侵し、人間として摂取できない食物であるとまでいうことはできない。したがって、この意味において、すくなくとも憲法25条1項にいう生存権を侵

害するものとはいえない」としている。

　こんにちにおいては、前述のごとく従来は5等食に分かれていたものを3種類に変更したが、主食に占める麦の割合は2000（平成12）年現在で、A食では米・麦7割対3割であり、この割合が踏襲されている。

　1964（昭和39）年の米4対麦6と対比すると、こんにちでは、その割合は、ほぼ逆転に近い。このような変動の理由がどこにあるかは明確ではないが、大阪地裁判決が示すように、こんにちでは、むしろ大部分を輸入に依存している麦が米より高くついている現状から、麦の割合が減少した根拠をあげることができる。たしかに刑務所の主食は、従来から「黒い・臭い・口内に残留感がある」というのが定評であった。これに対し、たとえば昭和58年11月17日法務大臣官房会計課長・矯正局長通達（矯総2410号）では、「押麦に代え白麦を使用し、その価格開差については内地米と徳用上米の混合比率を変更して補てんする」といった努力がなされている（昭和62年一部改正）。米7対麦3にするとともに、たとえば1等食については米の内訳を内地米118グラム、徳用米361グラムの計479グラムとしている。つまり麦の質を高めた代わりに、徳用米を増やして主食費をあげることなく改善を図ったものである。

　このような実務の工夫の跡は顕著であるが、それでも米7対麦3の割合は、厳然として維持されている。麦3割が主食として栄養のうえから不可避のものであるのかについては、ここでは不問とするが、少なくとも1964（昭和39）年当時においては、たしかに麦は低廉であったが、現在では麦が内地米より高価についている。それでも3割という麦に執着している根拠は何であるかを詮索する必要がある。つまり前記判決において麦を6割混入していた根拠について、麦が米より低廉であることをあげたのであるが、そうだとすれば、こんにちにおいては高価となった麦の量は一般家庭並みに減らすことが容易なはずである。ところが高価な麦を3割も混入している現状からは、判示の根拠がいかに場あたりの理由にすぎなかったことを示すものといわなければならない。

　刑務所においては、受刑者に対し、白米を糧食させることはできないのである。むろん栄養の観点から麦を1割ないし、一定限度混入することに異議があるものではない。しかし、3割の麦に固執するのは、単に経費の問題で

はないことが、こんにちにおいて示されているものと判断せざるを得ない。ちなみに現在において麦3割の混入は行刑施設のみであり、少年院、少年鑑別所等においては、麦は20パーセントとされている。栄養的に意味があるものとすれば、刑務所が30パーセントで少年施設が20パーセントという根拠は説明が困難である。

　先に行刑当局は、白麦使用により、臭い、味覚を工夫していることを評価したが、何ゆえに米よりも高価な白麦を混入することに執着するかが問題である。前掲大阪地裁判決は、その根拠がいかにこじつけであったかを知らせるものとなっている。それは単に自衛隊との性格の相違以前の問題が含まれている。わが国における行刑は、まさに犯罪に対する応報そのものである。

　最近の事例を紹介する。2015年5月27日、甲府地裁は、甲府刑務所での主食のおかゆの量が少なく体調不良になった男性の150万円の損害賠償を求めた訴訟の判決で、慰謝料として、国に10万円の支払いを命じた（判例集未登載）。同判決では、被収容者（男性）に提供する主食1日あたり1,300キロカロリーの規程に対して、実際は、おかゆ1,099キロカロリーであったと認定し、副食と合わせても、少ない月で規程の2,320キロカロリーより44キロカロリー不足していたとした。

副食の品質

　前掲大阪地判昭41・12・26において原告は、1日の副食代（当時1日29円30銭）は人間並みの献立が困難であるとした。この点について判決では直接の応答はしていない。一般家庭から比較すると副食の種類に乏しいことを認めたものの、健康保持に必要な最低限度の栄養という観点からは問題とすることはできないとだけ述べている。

　同事件において問題となったのは、前述のごとく大阪刑務所において、季節外れの腐敗した野菜、歯の立たない鯨肉、腐敗寸前の鯵の干物、黒斑病で変質した馬鈴薯、とうの立った青物類等が副食として給与されたことである（こんにちでも類似の報告がある）。原告は、このため品質が悪く食べられない食品があり、献立上の栄養量の20パーセントないし30パーセントを下回るものが支給されていると主張した。

　これに対し判決では、高価な鳥獣肉、鶏卵、牛乳、乳製品等の原料の使用

を極度に控えまたは使用せず、もともと安価な鯨肉、ラード、マーガリン、魚肉、削り節、ふりかけ、油揚、みそ、大豆、旬のキャベツ、玉ねぎ、馬鈴薯、甘藷等を主として使用している、としながらも、その品質は最下等劣悪品ではなく、安価なものなりに中等以上のものを使用しており、副食の種類に乏しいことは認めるが、健康保持のために必要な最低限度の栄養という観点からは問題とすることはできないのであって、旧監獄法34条に違反するものではないとした。

この判決で問題とすべきことは、①これらの給与が健康を保持するために必要な最低限度の栄養を損なうものではないとし、人間の尊厳を侵し、憲法25条１項の法意に反するものではないとしている点、②受刑者に対する糧食が栄養上最上級のものでなくとも、植物性たんぱく質によっても差し支えないことが認められ、量的・質的に一般家庭にくらべて劣るものであっても、栄養所要量を確保する限り、旧監獄法34条に違反しないとしている点である。

ここで前提とされているのは、前述のように刑務所特有の有利な状況から、１日の副食費支給額の範囲内において、標準栄養量を有する副食を給与しているということである。そのうえに立って、健康保持に必要な栄養の最低限度を基に１日の給与基準ができていることを主張している。その最低限度の基準は良質のたんぱくによるものでなくとも、質的に確保されれば問題にならないとする。この判断の背景には、見た目においしくとか、食欲をそそるとか、効率ある栄養の摂取ということに対する配慮はまったくない。冷酷な計算のみに基づいた論理だけがあって、生きた人間が毎日現実に食べるという姿が想定されていない。

また、計算に基づくカロリーと、現実に摂取するカロリーが異なるという配慮も欠落している。老人、歯の悪い者、要領の悪い受刑者にあっては、現実に食することが困難であることに配慮していない。要するに、副食費の総額そのものが、いわゆる受刑者であるがゆえにという前提で設定されており、さらに、きびしく設定した枠のなかで、形式的カロリー計算で充足し、それで事足れりという発想であり、それを司法が追認したものである。

本件の1964（昭和39）年といえば、国連で「被拘禁者処遇最低基準規則」が制定された1955年からも10年を経過している。日本人の食生活が、いぜん

として貧弱な時代であったとはいえ、判決には何の整合性もない。

　その後、大阪地判昭53・11・10（判例集未登載。矯正判例研究会『行刑実務の基本問題〔増補改訂版〕』1980年、東京法令出版、260頁参照）によると、拘置所において在監者に対し給与した昼食の副食に含まれていたジャガイモが生煮えであった事件で、裁判所は、生煮えのジャガイモを給与したことは妥当性に欠けるが、受忍すべき限度内のものであるとして違法性を否定している。

　筆者が数十人の元受刑者にインタヴューしたところでは（菊田幸一編『検証・プリズナーの世界』1997年、明石書店）、たしかに判決にも述べているように、総カロリーは主食、副食ともに、おおむね満たされているとみてよい。しかし上述のように単にカロリーが満たされていればよいという問題ではない。調理の仕方、配食、食事時間に問題があり、塩分や油分が多く、材料の持ち味が生かされていない。こんにちでも、鼻に強く匂う魚、「糸くず、髪の毛が混じっていたり、みそ汁や煮物から、ハエやウジ虫、金タワシの破片が出てきたりする」（佐藤友之『日本の監獄──獄中処遇の実態』1992年、三一書房、94頁）のは事実のようである。腹痛をおこす事件もまれではない。問題はこれらの事実が裁判例としてあがってこないところにある。総じて緑黄色野菜や新鮮な野菜・果物が不足している。「衛生的な品質であって、かつ、うまく調理され盛りつけられた食糧を給与されなければならない」（国連被拘禁者処遇最低基準規則20(1)）には、はるかに及ばない。ほんらい1日の食費は厳格に規定されている。2001年現在、A食は成人男子で工場での立居作業に就業する場合、副食費を合わせて一日530円（主食約97円、副食費約435円 2,620キロカロリー）である。この副食費は生活保護法の一人当たり支給額の4分の1である（2016年現在では、成人一人当たり一日の食費は、542.7円である。ただし、基本的には刑務所長の裁量にゆだねられている）。刑務所によって食事の良し悪しに大きな差がある。食費を制限し、他の用途に流用している可能性がある。

　さらに問題なのは、実際の食事時間は3食とも、せいぜい5分くらいと思われる。そのため多くの受刑者は胃腸を傷めるといわれている。とくに老人や歯の悪い者にとっては短時間ですますことが困難である。

飲料水

「飲料水は、被拘禁者が必要とするときにはいつでも、手に入れることができなければならない」（国連被拘禁者処遇最低基準規則第20(2)）。しかし日本では、この基準は守られていない。

前掲大阪地判昭53・11・10では、「飲料水は、要求があるときはいつでも適当なものが与えられるものとするのが、法34条、規則94条、95条、97条の趣旨である」としているが、実務においてこの要件は満たされていない。多くの場合は1日3回だけ時間を決めて飲料が許されているにすぎない。ただし、現在では従来の白湯に代えてお茶が支給されている。

3——アメリカの給食

アメリカのどの刑務所でも、受刑者の食事は一般職員と内容において大差がない。その意味では国連被拘禁者処遇最低基準規則には十分に準拠している。ニュー・ジャージー州のフェアトン連邦刑務所の「受刑者ハンドブック」を一例として参照しておく。

給　食

被収容者には、施設のすべての者に食欲をそそる栄養の高い食事を供給する。一般被収容者のためのセルフサービスでは、サラダバー、特別低カロリー食の選択および豚肉抜きのプログラムといった特別食を受けることができる。特別ダイエット食の特別許可手続は、保健課または宗教課を通じて認可する。特別居住区および医療施設収容者もバランスのとれた栄養価の高い食事の供給を受ける。特別ダイエットを要する者を除いて、これらの特別区の者も一般の者と同じ食事を受けるが、量と給食に変化をもたせることがある。

給食部は構内の中央に設置されている。その目的は栄養の高い、バランスのとれた食事を、清潔で気持ちよい環境で供給することにある。1切れの果物が朝食に配られるが、希望すれば居室に持ち帰ることができる。被収容者は缶入り飲料1本を食堂に持ち込むことができる。他の物品は食堂へ持ち込んでも、食堂から持ち出してはならない。許可されているより多くの食物を取ってはならない。肉とデザートは供給される。苦情がある場合は、料理長、

副給食担当者または給食担当者に申し出ることができる。

給食の日程

　月曜から金曜　朝食－午前6時から午前7時、昼食－午前11時から正午、夕食－午後4時の点呼終了後、引き続いて始める。夕食の楽しみのための適当な時間は認めるが、テーブルが他の者に必要であるので、食事後は食堂に残ってはならない。食後は食器を戻すよう給食係に協力すべきである。食堂での喫煙は禁じられている。

［2］　喫　煙

　旧規則96条は、喫煙を禁止しているが、最大判昭45・9・16（民集24巻10号1410頁）では、喫煙禁止は憲法13条の保障する基本的人権に反するとまではいえず、必要かつ合理的なものであると判示している。

　同判決の第一審（高知地判昭40・3・31訟月11巻6号873頁）で原告（公職選挙法違反、未決拘禁）は、①規則96条は新憲法下では効力を有しない。②仮に形式的に有効であるとしても96条の禁止規定は違憲無効であると主張した。これに対し判決では、①個人の喫煙の自由もまた基本的人権の一つとして保障されているが、特別権力関係の存在は肯認せざるを得ず、設定目的から合理的範囲で制約される。②未決拘禁の内部秩序維持の必要上、喫煙に伴う火気に起因する火災発生のおそれ、火災発生の場合における逃走が本質的目的に背反する。③喫煙は衣類、糧食などの生活必需品ではなく、嗜好品にすぎない、とした。

　最高裁でも第一審の理由を踏襲して原告の上告を棄却した。最高裁判決では第一審で用いられた特別権力関係の理論は直接とっていない。「制限の必要性の程度」と「制限される基本的人権の内容、これに加えられる具体的制限の態様」を較量して、その制限が「必要かつ合理的なものであるか」を決すべきであるとした。この基準が正当であるかが問題である。

　まず第1に、未決拘禁者に対する喫煙の禁止が「逃走および罪証隠滅の防

止」達成にどの程度必要な方策であるかが論議されなければならない（菊田幸一編『判例刑事政策演習（矯正処遇編）〔改訂増補版〕』1987年、新有堂、131頁以下〔菊田幸一執筆〕参照）。逃走防止について最高裁判決は、「監獄の現在の施設および管理態勢のもとにおいては、喫煙に伴う火気の使用に起因する火災発生のおそれが少なくなく、……火災発生の場合には被拘禁者の逃走が予想され」るので、喫煙の禁止が必要である、とする。一般論として喫煙に伴う火災発生の可能性を認めること自体は誤りではないが、喫煙に伴う火気の使用から火災が発生する蓋然性が高いと速断することは許されない。揮発性の可燃物（ガソリン等）貯蔵庫の近くでの喫煙が禁止されるのは、まさに引火による火災の発生の蓋然性がきわめて高いからにほかならない。しかし火災発生の単なる可能性だけではその禁止は十分に理由づけられない。火災の発生それ自体が蓋然的なものでない限り、火災の際の逃亡も現実的なおそれとは解されない。火災の発生は喫煙場所の制限等で防ぐことが可能である。

　第2に、「罪証隠滅の防止」との関連については、本判決は、現在の管理態勢では喫煙許可により「通謀のおそれ」があることをあげているが、これには二つの問題がある。一つは、「通謀」すべてを罪証隠滅行為と解してよいかという問題であり、他の一つは、現行管理態勢を理由とすることの当否である。「通謀」が問題となるのは、主として共犯者がいる場合であるが、それでも防衛権の行使として許されることもある（松本時夫「勾留の要件（証拠隠滅のおそれ）」『捜査法体系Ⅱ』1972年、日本評論社、28頁）。一律に「通謀」即罪証隠滅と断ずるのは妥当ではない。したがって喫煙を許可することによって罪証隠滅に直結する「通謀」がなされるとするのも早計である。仮に罪証隠滅に結びつく「通謀」がなされるにしても、それが現在の管理態勢の不十分さに起因する場合は、このことをもって直ちに被拘禁者の人権制限が根拠づけられるものではない。喫煙中の会話を禁止するなどの方策が可能であるのに、安易に喫煙を一律禁止するのは人権への配慮が足りない。

　未決拘禁の目的との関連において喫煙を禁止するに足るだけの理由は不十分である。しかし本判決もいうように、未決拘禁は刑務所という拘禁者集団を処遇する営造物内において行われるので、その内部の秩序維持を阻害するものであってはならない。そこで喫煙が刑務所内の秩序を破壊するかどうか

未決拘禁者は無罪を推定されるので一定の制限はあっても、原則として通常人と同等の扱いを受ける。その意味で既決者との差異がある。秩序維持の障害という点においてこれを問題とするなら、独居房や喫煙室で個々的に時間を定めて職員の立会のもとでなされれば問題のほとんどを除去し得る程度のものである。この点においても喫煙禁止の合理的理由は見あたらない。

　本判決では触れていないが、第一審判決では、火災防止対策を確立したうえでの、ある程度の喫煙の自由を許容することが、より妥当な取扱いであることは認めながら、拘禁目的の達成についての合理的な必要がある以上、規則96条は違憲ではないとしている。しかし、拘禁目的のうえから喫煙を禁止する合理的理由がない以上、旧規則96条は不当な人権制限をなすものであって違憲であるというべきである。

　なお、行刑の場ではない留置場における喫煙禁止に旧規則96条の適用はないとする判決がある（東京地判昭49・8・26判時770号69頁）。

　上述のように被拘禁者の喫煙の問題は、単に未決拘禁者だけの問題だけではない。既決者についても本質的に論点は同じである。これまでの検討で明らかなように、喫煙禁止の主たる理由は、火災防止と秩序維持であるが、その論拠に合理性はない。判断の基準とされた制限の必要性の程度と、制限される基本的人権の内容、これに加えられる具体的制限の態様との比較較量そのものが、それを支える論拠に合理性が見出されない以上、比較以前の問題となる。

　要するに根底にあるものは、理論ではなく犯罪を犯した者に喫煙させることは感情的に許されないという応報感情そのものである。未決被拘禁者についてすら、そのような感情が支配しているのであるから、既決者については、なおさらのことである。法解釈以前の世界である。しかし、司法判断がかような感情で支配されてはならない。それゆえに抽象的な比較論で合理性を塗布したものであろうが、合理的根拠のない論理に残るものは感情のみである。それであるなら姑息な塗布は最初から断念し、司法判断そのものを拒否する方がまだ良心的である。

　とはいえ、これまでに検討したように、受刑者の基本的人権のなかでも、

最先端である「健康に生きる権利」そのものが充足されていない現状において、喫煙は遠い存在である。その喫煙の禁止を肯定せざるを得ないということ自体が、実は、わが国の受刑者の基本的人権がより根底において遵守されていないことを司法が判断したものと考えるほかない。

糧食・喫煙という似て非なる問題を扱ったが、二つの問題に共通しているのは、いずれも裁判例が少なく、しかも糧食に関しては昭和30年代、喫煙に関しても昭和40年代というように古い判例である。その後においてこの問題についての判例はない。その理由は単一ではないが、推測される第1の理由は、裁判で問題とすることの実益に乏しいことにある。それは最高裁判断がすでに出ているからという理由ではない。最高裁判断が出た後においても時代背景の進展により解釈の変更を求めることは当然のところである。

第2の理由は、問題提起しても「負け」を想定しての提起であり、その反動としての不利益の大きさにある。その意味でも裁判は、広い意味での国民一般の権利擁護という位置づけを失っている。他方、こんにちでも、糧食・喫煙の問題に何の進展もなく、在所者の喫煙については一貫して禁止されている。糧食に関しては前述のようにカロリーの点の改善はあるが、国連基準にははるかに及ばない。いぜんとして刑務所によっては劣悪な糧食の現状が報告されている。この二つの問題への司法判断を検討しただけでも、わが国における在所者に対する「人間の尊厳」の基準が国民一般のそれと異なったものとして当然視されているかを知ることができる。

［3］ 差入れ・自弁・領置・宅下げ

新法46条では、「差入物の引取り等」について規定しているが、旧監獄法53条1項は「在監者ニ差入ヲ為サンコトヲ請フ者アルトキハ命令ノ定ムル所ニ依リ之ヲ許スコトヲ得」とし、その許否を施設長の裁量にゆだねていた。新法施行規則では、一般的な制限規定や数量制限は規定しているが、詳細については刑事施設の長が定めるものとしている。

しかし、受刑者と未決勾留者のいずれも、その差入れの相手方についての限定規定はない。

1 ── 未決拘禁者への差入れ

　未決拘禁者への差入れに関しても旧監獄法53条、同施行規則142条、144条、146条の規定が適用されるが（新法46条、規則21条等）、未決勾留者については、別に刑事訴訟法80条により、弁護人との交通権以外に「法令の範囲内」での物の授受が認められている。しかし、ほんらい差入れに制限をつけて不許可とする根拠は受刑者については改善・更生、社会復帰の目的に反するものの差入れを拒否する必要があるというところにあるが（それが必要条件であるか否かについては問題はある）、未決拘禁者については、そのような関係ではないので、原則として差入れは制限できないと考えられる。ただし逃走、罪証隠滅の疑いあるときは裁判所は検閲と授受の禁止等の制限ができる（刑事訴訟法81条）が実務では、「自己用達物品及び自弁又は差入にかかる物品の統一について」（昭和35年11月15日矯正934号矯正局長通達）により、とくに必要と認める場合にのみ使用を許可するものとなっている（「受刑者生活のしおり」の冊子も同様である）。

書籍等の差入れ

　こうした刑事訴訟法上の弁護人との接見交通権の基本的権利の関係からは、拘置所長の監獄法による制限は一定の制約を受けるものと判断される。かつては、刑務所長の自由裁量権を認める判決もあった（たとえば、仙台地判昭40・12・25訟月12巻3号378頁、前掲大阪地判昭33・8・20）。しかし、この点に関し、東京地判昭40・3・24（訟月11巻6号866頁）は、まず第一段階として、裁判所の許可判断は接見交通権の一般的な制限についての判断であって、その結果、刑事訴訟法80条の原則に戻るにすぎないのであり、裁判所の許可が当然に差入れを拒否できないこととなるものではないと判示しつつ、本件については、許可後の文書の同一性が失われていないので、施設長が逃走ないし罪証の隠滅を防止する必要があるという理由によって、これを拒否することはできないと判断した。

そのうえで、留置場の管理者が留置場の紀律を害すべき文書として被疑者に対する書籍の差入れを拒否することができるのは、「差入れを受ける者の健康、精神状態その他、差入れ当時における留置場内の秩序の状況等の具体的事情を考慮して、その差入れが留置場内の紀律を害する結果を招来することにつき相当の具体的な蓋然性が予見される場合にかぎられる」とし、旧監獄法施行規則142条、143条による判断の可能性のあることも示した。

ただし本件は、第一審においては、過失責任を認め損害賠償を命じたが、後に東京高判昭42・4・28（下民集18巻3・4号445頁）では、不許可についての違法性は認めつつも、旧規則142条にいう「紀律ヲ害ス可キ物」の意義については、定説がなく内容自体紀律を害するべき文書とみるか否かについては見解の相違からくるものであって、留置場管理者の差入れ拒否処分についての過失はないと判示し、損害賠償は認めなかった。のみならず、過失責任があり、本件書籍の差入れが許されていたとしても、その時点では原告は釈放されていたので損害の余地はなかったとしている。

つまり同一の書籍の差入れ拒否について、裁判官の許可判断に従うべきところ拒否したのは違法であるとしながら（形式）、実質的に旧規則142条の判断についても違法ではあったが過失はないという、きわめて理解しにくい判決となっている。

未決拘禁者の書籍の差入れ拒否が、本件のように違法である場合でも、結果的には損害賠償の対象にならず、過失責任も負わないということは、事実上は、差入れを受ける権利の保障はないに等しい。刑事訴訟法39条3項が規定する「被疑者が防禦の準備をする権利を不当に制限するようなものであってはならない」との基本原理から禁制品以外の差入れ拒否は違法であり、違法な拒否については損害賠償の責任を負うものとの判例が確立されなければならないだろう。

東京地判昭62・6・17（訟月34巻1号9頁）では、原告らに書籍『アラブ・トピックス』が差し入れられたが閲読不相当の部分を抹消した。しかし原告は、本件書籍に掲載された新聞を閲読しており、それにより混乱は生じていない、として本件抹消処分は違法であると判示した。なお宇都宮地判平10・10・22（訟月46巻9号2頁以下）では、接見禁止決定がなされた被告が裁判所

によって発信を許可されなかった自己宛の信書を弁護人でない弁護士宛信書に同封して発信したことにつき拘置所長が許可しなかったことに違法はないと判示している。

佐賀地判平21・3・30（判時2040号103頁）では、佐賀少年刑務所において勾留中の刑事被告人に対し、国選弁護人が、被害者への反省文を書かせるため市販の便箋7枚と封筒1通を差し入れようとしたが拒絶された事案につき、「被告人が……現金を保有して」いない場合、「弁護人がわざわざ〔刑務所の〕指定業者から……購入した」ものでない限り認められないのでは、「反省文の提出自体が困難になる」のであり、法令等による制限を認めるとしても「裁量権を逸脱して」いるとし、国に慰謝料の支払いを命じている。

糧食の授受

刑事訴訟法81条では「糧食の授受を禁じ、又はこれを差し押えることはできない」と規定している。ところが旧監獄法35条は、「刑事被告人ニハ糧食ノ自弁ヲ許スコトヲ得」とし同施行規則98条は、「自弁糧食ノ種類及ヒ分量ハ所長之ヲ定ム」と規定し、その判断を施設長の裁量にゆだねていた。

裁判例としては、東京高判昭32・12・16（判時145号29頁。最判昭32・5・31の差戻審）で在所者の保健衛生と規律保持の必要からの有害な糧食の授受を除いては、自弁の禁止はできないと判示した。これをうけて、その後の大阪地判昭44・3・29（行例集20巻2・3号303頁）でも「刑事被告人は……受刑者と較べてその自由はより広範に確保されているべきものであり、糧食官給の原則をそのまま刑事被告人についてまで固執することは適当でない。……監獄法35条の規定は刑事被告人の自由を保障する目的のための規定であるから、糧食自弁の申し出があった場合、監獄管理者としては、勾留目的の確保、監獄の安全及び秩序の維持に支障のない限り、これを許さなければならない」と判示している。

ところが宇都宮地決昭52・7・12（判時870号128頁）では糧食の差入れの保障は軽視されてはならないとし、その根拠として「監獄法は旧刑事訴訟法の改正により接見交通権が大幅に認められたことに伴い、未決拘禁者については、……刑事訴訟法の法意との関連において、解釈されるべきであって、監獄法53条、同施行規則58条の規定をもって当然に、弁護人を通じて糧食を差

入れることを禁ずる運用が正当化されるものではない」としつつも、「しかしながら、他方、……弁護人といえども善意で毒物等混入したものや……腐敗しているもの等を受け渡すおそれなしとせず」として自弁差入れ拒否は違法ではないと判示している。

この傾向は、最判昭32・5・31（刑集11巻5号1579頁）において、池田克裁判官の少数意見として「監獄としては一面においては、すべての在監者には健康の保持に必要な糧食を官給することが原則となっていると共に、他面においては在監者の保健衛生及び規律保持の必要上有害な糧食の授受を許すことができない場合のあることが勘考されなければならないところであり……監獄法においては、これらの点が考慮されて糧食の授受を許すことができるとしているものと解すべきであるから、刑訴法との間には何ら矛盾衝突するところはない……」としており、その後の判例は、これを根拠に自弁の禁止が拡大されてきたように思われる。

先に検討した宇都宮地決昭52・7・12もこの趣旨に出たものと解されるが、刑事訴訟法の法意を弁護人の差入れ弁当の毒物混入の危険を理由に排除する判示は、いかにも唐突である。当事件の記録では、1975（昭和50）年12月10日黒羽刑務所達示48号「未決収容者生活心得別表(4)食料等の購入及び差入れ許可数量の規定」により「主食、副食、菓子、果物等は、指定差入業者と通じたものに限る」と定めており、それ以外の差入れは禁止されている。戦後の刑事訴訟法の法意は戦前の自弁物品取扱規則に対し、司法判断も及んでいない。

糧食の差入れを差入業者のみに限定している理由は、毒物、凶器の混入を防止することにあるとされる。それであるならば、家族、弁護人からの差入れが、なぜ不許可なのか判示では充分な説明ができていない。ほんらい刑事訴訟法81条が、糧食の自由を保障しているのは、訴訟手続保全のための制限を除いて未決拘禁者の自由を存続させることにある。その自弁が弁護人どころか家族からも不許可とするのは、明らかに法に違反している。裁判例にみる「毒物……」の根拠には説得力はない。

また、刑事訴訟法81条但書の法意と旧監獄法53条、施行規則98条（実質的には所長命令）との優位関係についての前掲宇都宮地裁決定には、同じく法

解釈に問題があるのではないか。少なくとも1928（昭和3）年の司法省令が基本となり、全国の多くの拘置所で類似の所長達示により一般からの糧食の差入れを一律に不許可としていることには問題がある。なお、現行法では「被収容者に係る物品の貸与、支給及び自弁に関する訓令」（平19・5・30矯成訓3339）によると、「自弁の食料品の摂取を許す場合には、食事を支給しないものとする」（13条）とある。その食料品には米飯類、パン類、めん類、惣菜類や嗜好品がある。

その他の物品の差入れ

横浜地判平3・7・17（判タ780号178頁）では、死刑確定者に対する資金カンパの差入れについて、原告が1万円を差し入れようとして郵送したが、原告と在監者との間に外部交通の申請がなく、原告に差し戻した事件で、現金を郵送したいのであれば親族を通じて郵送できるとして拘置所長の裁量権の範囲内であると判示している。死刑確定者ではあるが受刑者に対する判断である最判昭60・12・13（民集39巻8号1779頁）の判決に従っている。

名古屋地判平18・1・27（判時1933号102頁）では死刑囚に差し入れられた書類の死刑執行方法に関する記載部分を抹消処分したことは違法であると判示している。

福岡地判平9・3・23（保安情報78号51頁）は、死刑確定前に東京拘置所の獄中者への激励、寄せ書き、氏名を記載したTシャツを支援者が差し入れようとして拒否された事件である。判決では「Tシャツ記載の文章等による不正な連絡自体が危惧されたこと……、これを獄中原告らが着用すれば、思想的に同類の者及び共鳴する者等に刺激を与え、衣類に文字の記載がある場合、……不正な連絡を行う可能性がある」等の理由をあげ所長の判断は裁量権の範囲内であるとしている。ただし同事件において死刑確定後において原告の一人が在所者に現金1万円を差し入れようとして拒否された。しかし金銭は予測をこえた目的・用途に利用されることは考え難いとして差入れを原則許可している。規則143条、144条により、これを拒否した所長の判断に逸脱した違法があると判示した。本件の控訴審である福岡高裁は、「金銭差入れを制限した拘置所長の措置には違法がある」（福岡高判平11・12・17判タ1077号182頁）とした。同控訴審判決では、在所者が適法な差入れを受ける利益は、法

的保護に値する利益であるから、その利益の侵害により精神的損害を受けたものであるとしている。また平成16年8月10日福岡地判でも訴訟費用の差入れ拒否は違法であるとの判決がある。先の横浜地裁の判示と異なる判断となっている。なお、新聞紙の切り取り、切り抜きに関しては第3章［1］3を参照されたい。

　大阪高判平8・11・28（保安情報77号45頁）は、未決拘禁者の原告が拘禁生活の暇を埋めるため書道用具一式と習字用紙の購入使用を願い出たが、不許可とされた事案である。その不許可が違法でない理由として、判示では、画用紙に連絡文を書いて逃走および罪証隠滅や不正連絡の手紙とするおそれがあるとしている。

　ちなみにアメリカではワープロの所持も許されている。日本の行刑がいかに時代錯誤しているかがわかる。

　福岡高判平22・2・25（判タ1330号93頁）では、佐賀刑務所に未決拘禁者として収容されていた被告人に、弁護人が自ら持参した便箋および封筒を本人に差し入れようとしたところ新法51条および同規則21条に基づき便箋および封筒を指定業者取扱品に制限する旨の規定〈達示〉に基づき差入れを拒否された。これに対し、原審裁判所は、損害賠償金15万円の支払を命じた。本件高裁は、これに対する控訴〈国〉に対し、これを棄却した。

　その主旨は、①便箋・封筒は代替物であるが、被告人らが提出書類を作成したり、弁護人と連絡をとる際に差し入れる必要性が高い、②接見交通権が憲法上の重要な権利であることに照らすと、刑務所側の事務負担が増大することを理由に禁止することは許されない、③被告人は便箋や封筒を購入するに足る現金を所有していたが、指定業者からの購入は複数単位の購入となり余分の負担を与えるものである、④一律に禁止した達示の規定は、法51条ないし規則21条2号によって刑事施設長に与えられた裁量権を逸脱する違法な規定である、と判示した。

2——受刑者への差入れ

身分関係不明の差入れ

東京地判昭55・12・10（行例集31巻12号2557頁）では、受刑者に対する図書差入れについて、「刑務所長が差入人と受刑者との身分関係の不明により処遇上有害か否かを判定できない」として不許可処分にしたのは違法ではないと判示した。

その理由は、第1に、本件図書の差入人が非親族であること、第2に、差入人の身分関係が不明であって処遇上有害か否かを判定できないとした。

これに対し、東京高判昭56・11・25（行例集32巻11号2084頁）は、不許可処分は違法であると判示した。その理由は、本件は差入れに関する図書の問題であるが、一般の差入れについて旧施行規則142条は、「拘禁ノ目的ニ反シ又ハ監獄ノ紀律ヲ害ス可キ物ノ差入ヲ為スコトヲ得ス」と規定しているが、図書閲覧許可に関する同86条は、「拘禁ノ目的ニ反セズ且ツ監獄ノ紀律ニ害ナキモノニ限リ之ヲ許ス」とあり、両条文は明瞭に差異があるとする。つまり前条は「拘禁ノ目的ニ反シ又ハ監獄ノ紀律ヲ害ス」るか否かが明らかでないものは差入れ許可の対象になるが、閲読許可の規定は「害のない図書」を許可するもので、不明の図書は閲読許可の対象にならないとする。

このように解釈すると同規則146条2項が「在監者ノ処遇上害アリト認ムルトキハ之ヲ許サズ」とするのも害あるか否かが不明の場合は、その差入れは許可の対象とすべきであるとなる。また法53条1項が「命令ノ定ムル所ニ依リ之ヲ許ス」としているのは、差入れ許否の基準は命令に委任する意であるが、必要的禁止以外については、刑務所長の裁量にゆだねられており、規則146条2項に当たらない差入れについては、規則142条等、その他の禁止規定に当たる場合は別にして、その他の場合である差入人と受刑者との間の人間関係を理由にこれを許否する裁量権は所長にはないと判示した。

なお新法（46条1項4号）では「差入人の氏名が明らかでないものであるときは」刑事施設の長は、その引取りを求めるとしている。

最判昭60・12・13（民集39巻8号1779頁）は、差入人と受刑者との人間関係が明らかでないため、差入れが受刑者の処遇上害があるか否か不明の場合で

も、刑務所長は裁量での許否を判断することができるとし、ただし図書の差入れについては不許可にしたことが裁量権の範囲内であるかどうかについては、さらに審理の必要があるとして原審に差し戻した。受刑者に対する図書差入れの許否に関しての最高裁の最初の判断として注目されていたが、新法ではこの問題は生じない。

差入人と受刑者の関係

本件で問題とされている差入人、添田はつみは、原告が東京拘置所在所中から「友人」として差入れが許されていた。むろん未決拘禁と受刑者とでは、その判断基準は異なる。しかし問題となった同一の図書は、別人から郵送され許可されていた。これについては、このような郵送の差入れについては同所長は了解し所定の手続を経ており、差入人との関係（非親族）では処遇上有害ではないと判断していたとしている（前掲東京地判昭55・12・10）。

ところが本件図書に関しては、在所者が所定の差入れに関する面接の願箋を出したところ非親族に対するものであるからとの理由で不許可となっている。ここでの問題は２点ある。第１は、問題となった府中刑務所での不許可の判断は「非親族」であることが一つの根拠となっている。第２は、処遇上害があるとする判断に関してである。ところが「非親族」を一律に不許可とする規定はない。また事実、府中刑務所では「非親族」でも一律に不許可としているわけではない。また処遇上害があるとの判断は、本件からは客観的には推定することは不可能である。

東京高裁の第二審判決は、このような事実関係をも考慮しつつ不許可が違法であると判断したものといえる。これに対する最高裁の判断は上述のごとく説得に欠けるものとなっている。この一連の判例から伺えるのは、所長の裁量権そのものが、いかに恣意的なものとして罷り通っているかということに尽きる。差入れという基本的条件に関する規定は、こうした恣意性を排除するものとして確立されていなければならない。

なお、名古屋高判昭60・3・27（訟月31巻11号2860頁。第一審＝岐阜地判昭59・5・14訟月30巻12号2613頁）では、受刑者が刑務所内での傷害行為により被告人となり、弁護人から差し入れられた刑事事件の証拠書類の写しの閲読と仮下げを不許可にした所長の処分は違法であると判示している。本件は受刑

者ではあるが、同時に被告人であり、それを不許可とするには「放置することのできないような障害が発生するに至るべき相当程度の蓋然性」が認められなければならないとした。

3―自　弁

　旧監獄法32条では勾留囚に対する自衣の着用、受刑者に対する襯衣（はだ着）の自弁について、同33条では刑事被告人の衣類について、また同35条では糧食の自弁について規定していた（新法40条、41条）。

未決拘禁者の自弁

　被収容者の収容の確保から、その者の私物の使用（自弁）については、大幅な制限が加えられており、旧監獄法では第10章で領置について規定していた（新法では47条）。被収容者が、領置物からいかなる物が自弁できるかについて、前掲仙台地判昭40・12・25は「刑務所は、在監者の身柄を拘禁し戒護にあたる場所であるから、在監者が所持品を監房内に無制限に持ち込むことの許されないことは当然であって、刑務所においては、処遇の平等、保安、規律、衛生等行政上の要請に基づき、在監者の携有する物はすべて領置されるのが建前であり……」とし、領置物はいったん領置されれば領置の効果は釈放まで続き、仮下げにも、その占有移転の効果はないとしている。

　ところで旧監獄法52条は「在監者領置物ヲ以テ其父、母、配偶者又ハ子ノ扶助其他正当ノ用途ニ充テンコトヲ請フトキハ情状ニ因リ之ヲ許スコトヲ得」として、施設長に許否の裁量権を付与している。とくに未決拘禁者については、刑事訴訟法上の弁護人との接見交通権（同39条）、弁護人以外の者と法令の範囲内で接見し、物の授受をすることができる（同80条）等の権利がある。

　前掲仙台地判昭40・12・25の事例（未決拘禁中の独居拘禁者）で、原告は、毎日午前7時ころから午後5時ころまで、鉄筆、骨筆、Gペン、ペン先、鉛筆、消しゴム、青色インキ、カーボン紙、画鋲等の使用、交換が認められていたが、万年筆、筆、マジックペン、色鉛筆、赤色インキ、墨、用紙、はさみ、ホッチキス等の使用は認められていなかった。これに対し判決では「あ

れば便利であろうが、原告にとって、特に必要なものということはできない」とし、刑務所長の裁量権の行使が「著しくその範囲を逸脱していると認められる場合のほかは、違法の問題は生じない」とした。

　同様の判決は前掲大阪地判昭33・8・20（確定死刑囚）でも「万年筆、ペン先は自他殺傷の道具として使われる虞があり、特に万年筆はその構造上、検査が困難であることが考えられ、さらに……鉛筆の使用は許されていると認められるから、……万年筆、ペン先につき右措置をとったことは違法ではない。……消しゴムおよびスケールはあれば便利であるが、特に必要なものということはできない。……消しゴムは鉛筆書き等による隠れた通牒に用いられる虞がありまた赤色インキおよび赤色鉛筆は被拘禁者の異常心理から卑猥なものに使用されて内部規律を乱すことが予測される」として使用禁止が違法ではないとしている。

　なお、現在でも受刑者については、自弁は消ゴム、青インク等も認められているが赤色ボールペン等は認められないことがある。その理由は希薄である。とくに未決拘禁者については、その性質上、大幅な自弁物の自弁は認め、その制限は「勾留目的の確保、監獄の安全及び秩序の維持に支障のない限り」（前掲大阪地判昭44・3・29）、これを許さなければならないのであって、いわゆる自由裁量ではないはずである。

　ところが許可されている筆記具も在所者が使用を希望する場合は、その前日に許可願いを提出し、その目的は訴訟関係書類、信書の作成に限定され、勉学、その他の表現の自由行使のための使用は認められていない。高松地判昭47・3・30（訟月18巻8号1267頁）は、夜間の看守が手薄であり、24時間の筆記具使用を認めると密書が作成される危険性があり、危険防止に支障をきたす相当の蓋然性があると「推認」されるとしたうえで、7時間の使用と緊急の場合は認めていた。原告が「日常ふと防衛策が頭に浮かんだような場合にも、これを直ちに筆記しておくことができず」としたのに対し、「そのような必然性が存したことを認めるにたりる証拠はなく、……私選の弁護人が選任されていることが認められるから、必要性はそれほど切実なものとは考えられない」とし、「刑事裁判の帰趨は、瞬時浮かんでは消えて再度帰らないような一時の思いつきや小手先のテクニックではいささかも左右されるも

のではない」とし、防衛権が侵害されているとはいえないと判示している。

　この文言から判断する限り、判決自体が「推認」により結論づけられており、他方では、原告の主張のうち、抽象的で証明できない点については、「必然性が存したことを認めるにたりる証拠はなく」とし、斥けている。のみならず、個々人の内心問題にまで独断している点で問題がある。

　「監獄の安全と秩序の維持に支障のない限り」は、原則として未決拘禁者について制限してはならないとする原理は、現実には、ほど遠いものがある。

　なお、接見禁止に伴い差入れを禁じられた被告人が、それにより差入れに該当しない自弁物品購入を禁止した措置について、仙台地判昭63・9・21（訟月35巻5号761頁）は「差入の扱いについて自弁に関する規定が準用されるのであるから……監獄法上自弁は差入と並んで外部から物品を入手する方法として規定されている」とし、自弁購入禁止措置が違法でなかったと判示している。しかし刑事訴訟法81条の授受の禁止は、罪証隠滅と逃走のおそれにあり、自弁にその危険性はない。この点に関しては「……自弁による危険性それ自体を当初から否定することはできない」とだけ述べている。旧監獄法上被告人が外部の者と物の授受を行う方法としては、①自弁（旧法33条、35条）および②差入れ（同53条）のほか、③宅下げ（同52条）を含む3種類があったが、判決でも述べているように、もともと手続の内容は異なるものの自弁は、差入れと並んで物品入手の方法の一つである。接見禁止を理由に差入れよりも罪証隠滅や逃亡危険性の少ない自弁を自動的に制限することは、法解釈としてはともかくも、そこには行政上の配慮なるものが欠けており、裁判がそれを単に追認したものといえる。なお書籍について通信販売の方法による自弁購入の不許可は違法ではないとしている（大阪地判平12・6・21判例集未登載）。

受刑者の自弁

　受刑者については基本的には自弁は認められないが、所長の裁量により認められる（旧法41条）。衣類、食料品及び飲料、室内装飾品、嗜好品、日用品としての文房具等である。具体的には衣類に関しては上衣・下衣のほか下着・靴下・寝衣等、嗜好品としては、菓子、果物、紅茶等、日用品としてのタオル、石鹸等、筆記具として雑記帳、定規、計算器等である。

これらの使用・摂取は、本人の申出により「許すことができる」(旧法41条1項)とされており現実にどのような状況であるかは不明である。不許可に対する不服申立権はない。そもそも、これらの多くは優遇措置(同規則54条1項)としての対象であり、その措置そのものに問題がある。がんらい上記の自弁品は数量の制限は止むを得ないとは言え、多くの品目は、すべての受刑者に与えられるべき権利である。権利ではない前提であるが故に、これに対する不服申立てはもとより裁判例もない。

4 ― 領置・宅下げ

領置(保管)

　領置とは、被収容者が入所時に携帯してきた物品および収容中の差入れ、または自己購入した物品を刑務所において収容期間中強制的に保管する措置である(旧法51条1項、規則19条)(新法では保管)。

　拘置所収容者の取扱いについては、旧監獄法51条が原則として領置することを定め(1項)、「保存ノ価値ナク又ハ保存ニ不適当ト認ムル物」は領置しないことができ(2項)、領置しない物については、収容者が相当な処分をしないときは、これを廃棄することができる(3項)と定めていた(新法ではそのような規定はない)。

　これをうけて旧規則149条では新聞紙、雑誌等については領置しないことができる旨を定めていたが、いかなる場合に領置しないことができるかについては定めていなかった。

　こんにち実務上は、「被収容者の書籍等の閲読に関する訓令」(平18・5・23、矯成訓3300)により、私有の図書のうち、閲読後の雑誌については、本人の同意を得ること(8条2項)を前提として、閲読後は原則として破棄するものとし、本人が願い出たときには、所長の判断で領置できるものとしている。しかし実際には、雑誌の閲読を希望するときは「交付願」を所長に提出し、「閲読後の雑誌及び新聞紙は、破棄されてもかまいません」との書面を提出したうえで許可されている。このため閲読後の雑誌等を現実に領置することは困難である。

大阪高判平10・2・27（保安情報80号54頁）では、原告は、自費で購入した雑誌「日経ナショナルジオグラフィック」8月号以降の各号領置願を提出したが、所長の判断で領置の必要性がないと認めて破棄された。

　収容者の所有する自弁物を領置するには、施設の規模、保安上の一定の制限があることは止むを得ないが（新法では一人当たりの保管限度量は60リットル以上とする）、破棄するについては本人告知するものとされている「被収容者の物品の保管等について（通達）」（平19・5・30、法務省矯成3342矯正局長通達）。

　本件は、「広く学問芸術に関するものと認められるから」領置すべきであったとして、所長が拒否したことの違法性を認めたものである。

　しかし問題は二つある。第1は、前述のごとく「破棄されてもかまわない」と誓約しなければ購入させないため、購入後は破棄することが前提とされている。第2は、領置を願い出ても、取扱規程において学術や職業技術等に関するものでなければ、原則として同意なくても破棄できたことである（旧取扱規則14条）。しかし、この判断は、基本的に本人の判断によるべきであって、本件では、それが「学術的」と判断されたにすぎないという問題である。

　とくに新聞紙や週刊誌は、新聞は1日限りで、週刊誌は7日限りで破棄するものとされていた（新潟地判平4・7・16保安情報69号14頁）。領置手続の事務量、保管情況等にもよろうが、一律に破棄することに違法性がないとすることに問題がある。

　東京地判平15・2・7（判時1837号25頁）では、死刑確定者が提起した拘置所長の私本購入不許可処分が違法であると判示している。本件の問題は、領置物の制限量に関してである。

　旧監獄法のもとでは、量の規制に関する規定はなく、所長の名のもとで領置されていた。平成9年に「被収容者の領置物の管理に関する規則」が制定された。本件は、この規則での制限を超える書籍の購入が問題とされた。東京拘置所では、死刑確定者の一人当たりの保管量を種類別に定めていたが、死刑確定者にあっては、訴訟記録等が膨大となる。原告は事件当時規定より36.2箱分も超過していた。この点につき判決では、要旨「被収容者の法的地位に基づく類型的差異を捨象した定めをすることは、実質的な平等取扱いを放棄するものだ」とし、制限保管量の定め方に疑問があるとした。これによ

り、「適当な宅下げの有無、領置物の増大をもたらした理由、在所期間の長短等の個別具体的な事情に照らし、特別の理由があると認められる場合には、不許可にすべきではない」とした。

前述のごとく新法下では、「被収容者の物品の保険等について」（通達）において、基本的に保管私物は、居室内の保管設備に保管させ、受刑者について60リットル、受刑者以外の被収容者については、寝具を除き80リットル以上とする、としている（但し保管私物の領置の配慮がある）。実務においてこれが合理的に運営されているかは不明であるが、この点に関する訴訟事件は見当たらない。

宅下げ

宅下げ（法47条）とは、領置した物品を願い出て所持するものである。領置物宅下げについては申請と同時に、その必要性について具体的に疎明することが要件とされており、疎明しなければ所長は宅下げに応じないことが違法ではないとされている（東京地判昭58・9・14訟月30巻3号540頁）。宅下げを希望するか否かの判断は多分に客観的なものであり、疎明が客観的に合理性なしと判断されれば不許可となる。領置品は、在所者の携有物を施設内において強制的に保管するものであり、単なる所有を奪うものではない。そこで領置物は、釈放の際交付することとなっている（法52条）。その間に正当な申出があれば、これを許可しなければならない。その判断基準が所長の恣意的判断におかれることは、極力あってはならない。裁判所は、その基準については何ら触れるところはない。

とくに係争中の民事訴訟の追加主張を立証するため新聞の各ページ合計21枚の宅下げを出願した事例において（東京地判平7・2・28判タ904号78頁）、原告が弁護士あての新聞紙の宅下げ申請は、本件新聞中の記事の抹消の事実についての主張の追加である。これに対し判示では「本件新聞紙の記事の抹消の措置は、本拘置所長が法の規定に基づきその権限と責任において行った措置であるから、訴訟においてその事実を否認することはおおよそあり得ないので、原告が追加主張の訴訟として提出する必要性は認められない」（要旨）として、宅下げ不許可の理由を述べている。判示でも、本件拘置所長が、原告の不服申立てを阻害する目的で宅下げを不許可とすることは許されないと

しながらも、本件新聞紙を事実上保管しているので不服を阻害する意図があったことは認める証拠がないとしている。しかし証拠として提出するのは原告であるから、それを拒否することは明らかに阻害目的があると推定されても仕方ない。

札幌高判平4・2・5（保安情報70号66頁）では、監房内の警備状況や居房内の略図などの書類の宅下げは秩序維持上放置できないとして所長が削除したことは違法ではないと判断しているが、その余の事実を偽ったり、歪曲した記載のある書面については、その書面の体裁および内容からみて、あくまでも原告の主張であるので、その書面を抹消し削除することは秩序維持のうえで放置できない程度の障害が生ずる相当の蓋然性はないとして、所長が削除したことは違法であると判示した。

多数の拘禁者を管理する拘禁施設において、宅下げが所長の合理的な裁量にゆだねられている。しかし、その裁量は、あくまでも恣意的なものであってはならない。東京高判平7・12・14（保安情報76号1頁）では、東京拘置所では、以前は新聞記事の切抜きを資料化するためのコピーの宅下げは認められていたが、所長が事務量を理由に許可制に変更したことは違法ではないと判示している（最判平11・3・11保安情報82号128頁は原判決支持）。許可制にすることが事務量とどのように関係するかが問題であり、宅下げの裁量権を恣意的に行使していると言わなければならない。

5 ― 新法における差入れ・自弁・領置・宅下げ

問題は、旧監獄法の自弁に関する原則と新法とがどう異なるかである。結論としては、新法は原則官給であり、特例としての自弁である。もともと刑事訴訟法80条、81条が、未決拘禁者について、とくに糧食におけるような、禁止不許可の原則を規定したのは、いうまでもなく未決者の身分と、その状況下における精神的な不安に支障のないことに配慮してのものである。

ところが、これまでに検討した判例のように、ときとして、その原則も実務優先のなかで権利の保障は困難とされる傾向がみられた。新法の積極的な官給原則主義は、こうした自弁そのもののもつ意義についてよりも、管理・

運営の立場から、制限を加え得るものとしている。「その者の処遇上適当と認めるときは」(新法41条)としており、また「受刑者以外の被収容者が……刑事施設の規律及び秩序の維持その他管理運営上支障がある場合……を除き」(同条2項)という文言がそれを示している。

　国連被拘禁者処遇最低基準規則(第40)が「図書室を設け、かつ、被拘禁者には、十分にそれを利用するように勧めなければならない」とし、国連被拘禁者保護原則(原則28)が「合理的な量の教育的、文化的及び情報の資料を入手する権利を有しなければならない」とした1988年の国連採決を重く見なければならない。

第5章　外部交通

［1］　在所者と外部との面会

　受刑者との面会は、思想および良心の自由、表現の自由に関する憲法上の原理から導かれる不可欠の権利である。旧監獄法45条1項は「在監者ニ接見センコトヲ請フ者アルトキハ之ヲ許ス」とだけ規定していたが、同条2項において親族を含め接見の許否は所長の裁量におかれていた。そこで、この面会（接見に同じ）の権利性については、①憲法の保障する「表現の自由」の権利の一つである、②法令の認める範囲内で禁止が解除される程度のものである、等の見解がある。しかし、身体的自由が拘束されている被収容者にとって、面会は、通信とともに外部交通権の一つとして基本的に保障されなければならない権利であることは、こんにち共通に認識されているものといえる。新法では111条において親族との面会は原則的に保障するものとなった（権利面会）。現実には、未決拘禁者、受刑者、死刑確定者によってその制約が異なる。また、それぞれによって面会の相手、時間、回数、場所、使用言語、内容、立会い、等の問題がある。ただし、これらのすべてに裁判例があるわけではないが、新法下においても面会許否の現状は旧監獄法と大差ない。その意味で旧法下での判例の検討は無意味ではない。

1─未決拘禁者の面会

　未決拘禁者にとっては面接は裁判上の防御権行使のうえからも必須のものである。刑事訴訟法39条（弁護人との交通権）以下、80条（勾留されている被告人の交通権）に規定がある。ただし警察での未決拘禁者については、ここ

では除外する（この裁判例の検討については、たとえば、菊田幸一編『判例刑事政策演習（矯正処遇編）〔改訂増補版〕』1987年、新有堂、180頁以下〔石川才顕執筆〕参照）。ここでは、もっぱら刑務所法令上の判例を検討する。

弁護人の秘密交通権

大阪地判平16・3・9（判時1858号79頁）は、弁護人が勾留中の被告人と刑事事件で証拠物として採用されていたビデオテープを再生しながら接見することを申し入れたことにつき、拘置所長が戒護上同テープの内容を事前に検査しない限り認められないとして拒否したことは刑訴39条1項、憲法34条、国連人権規約14条等の趣旨から旧監獄法50条の範囲を超えて違憲、違法であるとした。

判示では、憲法34条前段、同37条、刑訴39条1項、国連人権規約14条（国内法として有効）等を基本とし、限定的に解釈される範囲を超えて違憲、違法な行為であるとした。国側は、これを控訴したが、大阪高裁はこれを棄却した（大阪高判平17・1・25訟月52巻10号3069頁）。

面会回数

未決拘禁者の面会で最初に問題となったのは東京地判昭50・3・25（行例集26巻3号406頁）である。本件は拘置所長が定めた一般面会人と未決拘禁者との接見を1人1回とする旨の原則的制限に従って接見申出を不許可にしたことが違法ではないとされた。

判決は、未決勾留は、刑事訴訟法に基づいて逃走、罪証隠滅の防止を目的として被疑者、被告人の居住を刑務所内に限定するもので、集団管理するにあたり、その秩序維持と正常な状態を保持するよう配慮する必要があるので被拘禁者の自由を拘束するだけでなく、その目的に必要な限度において自由の合理的制限を加えることもやむを得ないとし、「未決拘禁者は、……身体の自由を拘束される関係から、外部の者との接見につき所要の制限を受けることは当然であり、……接見の許容が拘禁目的を阻害し、監獄の正常な管理運営に支障をきたすおそれがある場合には、これを制限することもやむを得ない」としている。

本件では、「一人一日一回」（被拘禁者と面会者の両方）という接見回数制限を知らなかった面会人が一人に面会し、他の一人に面会を申し出たところ拒

否されたものである。その理由は、「接見需要に対応して拘置所の人的物的施設をどの程度保有すべきかは、接見制限により在監者及び面会希望者の受ける不利益の程度と国の財政上の負担との衡量により決すべき国の政策上の問題であって……」としている。ところで「一人一日一回」という取決めは所長の内規であり、拘置所によって異なる。しかも被拘禁者は当日面会がなくとも、面会希望者は一日一人しか面会できない。反対に当日すでに面会者がいれば後から来た者は親族でも面会できない。これらの運用のあり方からは、上記のような理由との結びつきは出てこない。本件においては、被拘禁者は当日の面会者はなく、面会希望者が一日に二人への面会を希望したものと推察される。それを拒否した根拠は合理性に乏しい。

　なお未決拘禁者について新法（115条～118条）では、①面会の相手方（115条）、②弁護人以外の者との面会の立会い（116条）、③面会の一時停止及び終了（117条）、④面会に関する制限（118条）等を規定している。

　津地判平23・7・7（判時2123号112頁）は、被告人の母親は、親族として接見が許されていたが刑務所の職員が間違って接見を拒否したことにつき3万3,000円の損害賠償を認めた事例である。

1回の面会時間

　高知地判昭61・4・28（保安情報56号36頁）は、未決勾留者の1回の面会時間を12分に制限した措置に対し、「面会場所が限定されていることから多くの面会希望者になるべく平等に面会の機会を与えるため、1件の面会時間は運用上……未決収容者の場合は約10分間程度を基準として……面会を行っている。しかし、面会の際の談話の内容が、訴訟、財産問題など複雑で長びくような場合には、被収容者の願い出により右の時間にとらわれることなく、30分以内での延長を実施している。……当日は1件の面会時間は約12分であった。……原告又は面会人から、まだ用件があることなどを理由とする面会時間の延長の願い出等の意思表示は何らなされておらず、原告らは自ら席を立って面会を終了している」としたうえで、面会時間の制限が違法ではないと判示している。

　面会時間が何分であれば妥当かとの判断は、個別・具体的なものとはいえるが、新法では30分を下らないことが事実上のものとされているが、逆に30

分を超える面会は例外的である。「施設は被収容者に対する面会の機会を最大限にするための十分な場所と時間および職員をこれに充てる」(アメリカ連邦基準)の趣旨から判断すると、わが国の現状は、いわば恩恵としてのものであるところに限界がある。

14歳未満幼児の面会

次の事例は、第一審(東京地判昭61・9・25行例集37巻9号1122頁)、第二審(東京高判昭62・11・25行例集38巻11号1650頁)、上告審(最判平3・7・9民集45巻6号1049頁)と、いずれも監獄法施行規則120条(改正前)の適合性について争われていたもので、最終的には120条は削除されることになった。事例は被勾留者とその養親の孫(当時10歳)との接見が許されなかったことに対する国家賠償請求事件である。

第一審判決は、規則120条(改正前)および124条は幼年者の心情の保護から接見を制限しているものであるという限定解釈をしたうえで、監獄法50条(接見の立会い、信書の検閲、接見等の制限の命令委任)の委任の範囲をこえているものではないとしたが、所長の面会拒否は裁量権の範囲をこえており違法性があるとした。第二審は、第一審とほぼ同旨の判示をし控訴棄却した。

これに対し、最高裁は、施行規則120条(改正前)、124条の各規定は、未決勾留者と14歳未満の者との接見を許さないとする限度で、監獄法50条の範囲をこえ、無効であると判示し、同条は削除されるに至った。現行規定が正面から否定されたのはこれが初めてである。

本件において問題となる第1は、接見を不許可とされた者が14歳以下の義理の姪であったということである。この点に関し第一審の東京地裁は、東京拘置所では1978(昭和53)年ころまでは、規則120条(改正前)に関係なく幼年者との面会を許可していたこと、その後は、一定の条件のもとで例外的に許していた。本件の姪と原告とは養子縁組前から文通をしていたなどから、幼児とはいえ面会しても重大な心情の不安を起こす事態は考えられない等を判断し、実子であれば一定の要件のもとに面会を認めていることとの関係に照らして、不許可が均衡を失すると判示した。上記のごとく本件の勝訴により本条は削除されたのであるが、養子関係の幼年者にも接見の自由を認めた点で意義ある判決となった。

最高裁の判決は、結果的に同条を削除させるものとなったが、所長の裁量権をこえたとする第一審の判断については、1908（明治41）年の監獄法の施行以来有効としてきた法50条の委任の範囲について、所長の予見可能性はなかったとし、過失は認めなかった。それ自体は妥当な判断といえる。ところで最高裁が施行規則120条および124条の各規定が法50条の委任の範囲をこえており、無効であると判断した理由は重要である。

　判決によると、旧法50条は「接見ノ立会……其他接見……ニ関スル制限ハ命令ヲ以テ之ヲ定ム」と規定し、命令（法務省令）をもって、面会の立会い、場所、時間、回数等、面会の態様を制限できるとしている。その態様については同規則121条以下に規定していたが、規則120条は「幼年者の接見を禁止する」としているのであり、旧法50条の委任の範囲をこえるものであるとした。つまり規則120条が一律に幼年者の接見を禁じていることが「範囲をこえたもの」としたのである。しかし、本質的には委任の範囲をこえたかどうかは、本件のように一律なものに限定されるわけではない。事実、本件でも判断の基本は「よど号事件」の最大判昭58・6・22の「相当の蓋然性」を接見の場合に適用したものである。本判決が命令による委任の範囲について具体的判断を示した点で、これからの裁判において重要な役割を果たすものといえるが、個別具体的な「委任の範囲」の限界について、今後どのような判断がなされるか、あるいは、「相当の蓋然性」による所長の判断に依存するかの疑問は残る。

　また本判決は、「被勾留者と幼年者との接見をゆるさない限度において」として、受刑者には言及しなかったが、本条の削除によって、全受刑者にもこの制限がなくなり、全国の刑務所・拘置所の面会受付から「未成年者は面会できない」という掲示が外された。しかし、本件原告の家族は在所者の死刑確定により面会は禁止されたままである。

　なお本件の別訴である東京地判平5・2・25（判時1487号75頁）は、同一の事実関係のもとで、法務大臣には、旧施行規則120条の違法性の認識可能性と違法な面会不許可処分の予見可能性があったにもかかわらず立法上の措置をとらなかったことに不作為による賠償責任があると判示した。また、上述の最高裁判決をうけて、法務大臣が規則120条を改廃しないで放置した過失

により面会を拒否されたとの訴えについては、時効により請求権が消滅していると判示している（東京高判平6・7・5判時1510号98頁）。本判決の判旨は肯定し難いとする見解がある（判例評論44号193頁）。

2──受刑者の面会

　新法では、111条1項において、「(1)親族、(2)婚姻関係の調整、訴訟の遂行、事業の維持その他の受刑者の身分上、法律上又は業務上の重大な利害に係る用務の処理のため面会することが必要な者、(3)受刑者の更生保護に関係ある者、受刑者の釈放後にこれを雇用しようとする者その他の面会により受刑者の改善更生に資すると認められる者」等との面会を受刑者の権利として認め、それ以外の者との面会は、「その者との交友関係の維持その他面会することを必要とする事情があり、かつ面会により、刑事施設の規律及び秩序を害する結果を生じ、又は受刑者の矯正処遇の適切な実施に支障を生じるおそれがないと認めるときは、それを許すことができる」（2項）としている。

　しかしほんらい、権利としての面会の相手を制限することには疑問がある。いかなる相手との面会も保障した上で、拘禁目的のための必要最低限度の制限を課すという法的構成がとられるべきであった。このことを踏まえるならば、解釈・運用上、111条1項2号、3号については拡張する方向がとられるべきであり、また同条2項については、面会の申し出があった場合、面会によって拘禁目的が阻害される現実的危険が発生し、その危険を排除するための必要最小限度の制限として面会を不許可とすべきことが確認されるのでない限り、施設長は面会を許さなければならないと理解すべきであろう（葛野尋之「外部交通」前掲『刑務所改革』177頁）。そもそも「面会により受刑者の改善更生に資する」、「受刑者の矯正処遇の適切な実施に支障を生じるおそれ」等の判断基準はあいまいである。新法11条2項では、「交友関係の維持」についても刑事施設の規律等を害しない限り、これ許すことができる、としているが実務では従前どおり友人との面会も原則的に認められていない。

　親族や弁護士以外で認められているのは、身元引受人として認可された者、雇用主として認可された者に限られている。金沢刑務所の「所内生活の手

引」では111条1項2号の面会について、「この要件に当たるか否かは、面会の申し出がある都度、所定の用務の存在を証明するものを確認するなどすることになります」とある。面会の必要性と用務の存在を「証明するもの」がなければ面会は許可されない。

　受刑者の面会の本質に関し、旧法45条は被拘禁者に接見することを願い出る者があれば、これを許すとしているところから原則許可であるが、不許可の事由の存する範囲で不許可とするというのが基本的立場であった（倉見慶記・石黒善一・小室清『行刑法演習』1958年、法律研究社、390頁）。それでは、旧法45条の「特ニ必要アリト認ムル場合」というのは、どのような判断によるのか。第4級受刑者に対する保護関係者、第3級以上の者に対する教化を妨げない範囲での非親族との接見許可を許しているところから、「善き交際なら朋友でも許すというほどの意味である」（小野清一郎・朝倉京一『改訂監獄法（ポケット註釈全書）』1970年、有斐閣、340頁）とされている。

　「特ニ必要アリト認ムル場合」に該当しないとして許されなかった措置が違法ではないとした判例として、東京地判昭36・9・6（行例集12巻9号1841頁）では、「受刑者の接見を制限する監獄法45条の規定は、懲役刑執行の刑政目的に照らし、憲法に違反しない」と判示している。本件は、第4級者であった原告が身元引受人の代理人を保護関係者として接見を希望したのであるが、代理人を保護関係者と認めなかったことについて、共犯者についてはこの種の者との接見を許可しておりながら、本件では不許可にしたことに対し、「正当の理由がない限り、親族及び保護関係者との接見を拒否することは許されないのであるが、……〔それ〕以外の者との接見を許可することまで禁じたものと解すべきではな〔い〕」とし、接見の許否は刑務所長の自由な裁量にゆだねられているとし、一方で許可し、他方で不許可にしても、それは自由裁量に属するものであるとした。また、鹿児島地判昭45・2・23（訟月16巻7号747頁）では、受刑者は訴訟準備のためとはいえ、直ちに他の服役者等の関係人に対し面接をなし得るものではなく、他に特段の事情がない限りその許否は刑務所の所長の判断に属するとし、所長の不許可処分は、その裁量権を逸脱したものではないとして棄却した。

　東京地判平5・11・24（判時1485号21頁）は、受刑者の配偶者との面接交渉

を禁止したことは刑務所長の裁量権を逸脱した違法なものであると判示した。本件は、中核派のX₁が服役した直前に配偶者となった妻X₂が接見、信書の発受を一律に拒否されたことについて違法とされた。論点を整理すると次のごとくである（いずれも旧法下）。

　争点1　〈原告の主張〉　①法45条2項および46条2項は親族については例外なく接見・信書を認めているので刑務所の長に裁量権はない。②自由刑は身柄の拘禁に限定されるべきで行刑目的に与える影響で考慮されるべきではない。また国連の被拘禁者保護原則の「人間固有の尊厳の尊重」からも拒否する法的根拠はない。

　　　　　〈被告の主張〉　①処遇上、教化上不適当と認められる者には不許可にできる。②教化改善のため、在所者の基本的人権を制約することについて裁量権を有する。

　争点2　〈原告の主張〉　①裁量権が仮にあるとしても、相当の蓋然性に限られるべきであるが、本件では具体的な主張・立証がない。②社会復帰処遇を名目とする刑務所の長の裁量権は再犯の具体的危険性の推定に問題があり、適正手続に関する憲法31条に違反する。

　　　　　〈被告の主張〉　外部交通を許可すると、目的達成を阻害するおそれある場合に裁量権がある。

　争点3　〈原告の主張〉　①中核派からの脱退を働きかけることは思想・良心の自由権と結社の自由権への侵害である。②婚姻は婚姻意思に基づくものであり、刑事判決確定直前まで届け出が遅れたにすぎない。

　　　　　〈被告の主張〉　①中核派は非公然のゲリラ活動を継続的に敢行しているものと推察される。②両者の婚姻は親族以外の者との外部交通が認められないことを危惧して行われたもので原告と中核派との関係維持強化の可能性が高い。

　争点4　〈原告の主張〉　①約2年余の夫婦の交信・面会が許されず、精神的苦痛を味わった。②実家から遠い青森刑務所に移送され交通不便で費用をかけて接見しても拒否された。

　　　　　〈被告の主張〉　①若干の苦痛は拘禁の目的に伴い、当然に受忍すべき範囲内のものである。

以上の争点について判決では次のように判断している。
- 争点1　①法は親族との接見や信書の発受も、その許否について刑務所長に裁量権を与えている。②国連被拘禁者保護原則、国連被拘禁者処遇最低基準規則は遵守されるべきであるが、その趣旨を直接具体化する国内法が制定されるまで、監獄法の解釈を左右するような効力をもつものとは解されない。
- 争点2　接見・信書を制限する裁量権は制約を受ける判断の基礎を欠き、社会観念上から範囲を逸脱し、濫用したと評価される場合は不許可は違法となる。
- 争点3　①中核派からの離脱を教化改善の目的としたことは誤っていない。しかし、その精神面への変化がなければ実効をあげることができず、刑務所長の教化改善には限界がある。②原告には婚姻の届出をする裏付けの夫婦の情愛に欠けるところがなかったことを認めるに十分である。③夫婦であるから書簡を交換することで中核派との連けいを強化することは望ましくない事態をもたらすとしても、やむを得ない。刑務所長の措置は、著しく過酷であって、その裁量権をこえている。
- 争点4　①遠方への接見に費やした費用は徒労に終わったものであり、精神的打撃は大きい。

本判決の問題点の一つは、旧法45条ないし47条および50条の規定に関し、親族についても、その許否は刑務所長の「受刑者の改善更生の見地」から裁量権があるとした点である。その「改善更生」とは何であるかが課題である。判決では争点2において本件では裁量権の範囲を逸脱していると判断したが、「改善更生の見地」それ自体が裁量の基準の一つとなることは今後に問題を残している。

第2に、国連被拘禁者保護原則や国連被拘禁者処遇最低基準規則の尊重について、旧監獄法が優位にあるとしているが、国際法規を遵守する憲法98条の見地からも問題が残る。「人間の尊厳の尊重」の具体的権利として親族との面会に国内法の恣意的解釈を優先させる判断は受け入れられないであろう。

第3に、受刑者の教化改善に関し、判決では刑務所長の努力には限界があ

るとしているが、「教化改善」を根拠に基本的人権を制約できるとする、その限界の問題以前に、かかる行刑の目的そのものが再検討されなければならない。

結論として本件の所長の措置は違法とされたことは評価できるが、その理論構成には多くの課題が残されている。

受刑者の接見を許可する相手である親族との接見は、受刑者の親族であれば無条件に接見を許可すると解するのではなく、その者との接見が受刑者の処遇または刑務所の紀律保持上弊害がある事情がある場合は、接見を不許可にすることが許される（東京地判平5・11・30保安情報72号17頁）とするのが一般的立場である。むろん親族であれば無条件といかない場合もあることは理解できる。ところが同裁判所においては、養子の原告が接見を希望したが、その親族が中核派の同調者であり、社会復帰後も同派との関係を維持する可能性があるとの理由で接見不許可は違法ではないとしている。社会復帰後の行動を予測して接見不許可とすることは、まさに思想・信条、結社の自由を侵害するものであるといえよう（同旨、東京地判平7・10・26保安情報77号1頁）。

新法施行後の実務においても、養子との面会は所長の裁量権により不許可とする例が多くを占めている。法的に親族である養子との面会を不許可とするには少なくとも積極的な不許可の理由がなくてはならない。

後述する高松高判平9・11・25（保安情報80号1頁）は、受刑者と親族でない者との接見についても、市民的及び政治的権利に関する国際規約（B規約）14条1項および憲法の諸趣旨から、これがまったくの自由裁量ではなく、その制約が合理的な範囲内にあるか否かの判断については、一定の厳格さが要求されると判示するにいたっている。なお、軽屏禁などの受罰中は、信書の発受、戸外運動とともに接見は禁止となる。

弁護人との接見

弁護人との接見については大幅な例外が定められている（新施行規則75条）。東京地判平3・8・30（判時1403号51頁）は、刑務所長が受刑者の弁護士に対する民事訴訟提起のための接見を拒否した処分につき、受刑者の処遇または刑務所内の規律秩序を害するなどの特段の事情がないにもかかわらず、訴訟委任がないというだけで拒否したもので合理的理由がなく、刑務所長の裁量

権の範囲を逸脱し違法であると判示した。

　本件は、次のような事例である。新潟刑務所で6日間に4名の男性受刑者が急死する事件が起き、刑務所側が当初はこの事実を受刑者に知らせなかったが、噂が流れて、はじめて病名を説明した。原告はこの事件に不安を感じ、刑事弁護人であった弁護士に調査を依頼した。弁護士が民事訴訟等の打合せのために面会を申し込んだが、刑務所は拒否した。その理由は、原告が訴訟代理人の選任依頼をしていなかったこと、面接の事前の許可を得ていなかったことなどである。

　これに対し裁判所は、親族以外の者との接見許否の判断は、比較衡量して判断すべきであるが、弁護士との接見は原則許可すべきであり、特段の支障がないのに拒否したことをもって裁量権を逸脱したと判断したわけである。

　しかし、第二審の東京高判平5・7・21（判時1470号71頁）は、本件接見不許可が合理的根拠を欠き、著しく妥当性を欠く違法なものではないと判示して請求を棄却した。

　その理由は、旧監獄法45条の「特ニ必要」の判断は、刑務所長の合理的な裁量にゆだねられるものである。弁護士が訴訟委任をするかどうかを含めて接見を求めた事情は、一つの事情であり、そのことが、直ちに接見許可に当たるものではない。弁護士に不許可の返事をしたのは、①原告からは訴訟提起の意思表示はなかった、②本件接見の願い出もなかった（なお、刑務所長は、弁護士から原告に宛てた書面を原告に交付せず、弁護士が同所を訪ねたことも知らせていない）、③刑務所の処遇について歪曲して外部に伝えるものと認識していたこと等を総合的に判断したからだとされている（その他、原告と刑務所外の支援団体との関係なども不許可の理由である）。

　東京高裁が棄却した最大の根拠は、原告が訴訟代理人選任依頼の意思表示をしていなかったところにあるようだが、第一審では、弁護人と接見した後に、その決定をすることもあり得るのであるから、それ以前に、このような理由で接見を不許可にするのは違法であるとした。選任依頼の意思表示の前であろうと後であろうと、刑務所としては、所内の出来事が歪曲されることを、もっともおそれたものと判断される。4人の死亡が真に偶然であり、不安を抱くのは原告の個人的事情であるとすれば、そのことで所内の秩序維持

に混乱が起きる危険性もないのであるから、弁護士との接見を許可すべきではなかったのか。

第一審の判断が否定されたことは、弁護士との接見すら、きわめて困難な状況を裁判所が認知したことになる（上告審もこれを是認している。最判平10・4・24判時1640号123頁）。広島高判平17・10・26でも、弁護士が受刑者の人権侵害行為の有無を調査するための面会を拒否したのは違法であるとする第一審の逆転判決があるが（第一審、広島地判平15・3・27）、平成20年4月15日に最高裁は請求棄却している（民集62巻5号1005頁）。

最高裁の棄却理由は、旧監獄法45条を限定的にとらえ、同条項は、接見の対象となる受刑者の利益と施設内の規律秩序の維持の要請との調整を図るものに過ぎず、刑務所長は、外部から受刑者との接見を求める者の固有の利益に配慮すべき法的義務はないものとした。この解釈は、外部交通が受刑者自身にとっても重要な意義あることを無視したものであって問題である。

なお、裁判所は、弁護士会の人権擁護委員会は、被収容者の被害救済を求める唯一の機関であることを認めている。

本件は、1998年5月26日、広島刑務所在所中のA受刑者が看守に暴行を受けたとして、広島弁護士会に人権救済を申し立てた事例である。これに関し、暴行の目撃者B受刑者に本件調査のため同弁護士会が面会を求めたが管理運営の理由から刑務所側に拒否された。これに対し、弁護士会は所長の裁量権を逸脱しているとして国家賠償を提訴した。全国で最初のことであった。B規約14条1項に抵触するか否かが論点となる。

前掲、広島地判平15・3・27（民集62巻5号1024頁）は、旧監獄法45条2項の「特ニ必要」の判断は、刑務所長の判断にゆだねられているものであり、人権擁護委員会の委員たる弁護士であっても基本的に同様である、とし違法ではないと判示した。

これに対し広島高判平17・10・26（民集62巻5号1143頁）は、接見を許すことにより受刑者に教化上好ましくないこと、あるいは所内の規律秩序に重大な障害のおそれの存在が合理的に認められなく、裁量判断に具体的根拠を欠き、裁量権の逸脱、乱用があるとして違法であるとして地裁判断を一部変更し賠償を認めた。

しかし最判平20・4・15（民集62巻5号1005頁）は、①刑務所長には受刑者との接見を認める親族以外の者の固有の利益に配慮すべき法的義務はない、②弁護士会の人権擁護委員会には法律上強制的な調査権限が付されているわけではない、等を根拠にこれを棄却したのである。

　なお本件は、制限の相当性について判断されたものであるが、他の多くの事例では、原告適格がないとして却下されている（行政事件訴訟法9条）。たとえば、刑務所長が、面会人待合室に接見の許可申請等に関する一般的制限基準を記載した文書を掲示することは、許可申請等に関する一般的制限基準を記載した文書にとどまるものであって、接見を許さない具体的行為とはいえないとしたもの（東京地判昭45・12・21訟月17巻4号631頁）、受刑者と面接中に交談内容を一部制限した処分の取消しを求める訴えが、面接の終了により取消しを求める利益を失ったとして却下したもの（鹿児島地判昭45・2・23訟月16巻7号747頁）等がある。

　しかし最近において、日本の裁判にも微妙な変化が出ている。徳島地判平8・3・15（判時1597号115頁）では、刑務所職員から暴行を受けた受刑者が国家賠償請求事件の委任を受けた弁護士との接見について、接見時間を30分以内に制限した刑務所長の措置は違法であるとの判決が出ている。懲役受刑者のXは訴訟代理人である5人の弁護士と接見することとなったが、刑務所職員の立会いなしの接見は不許可となり、接見時間は30分以内に制限されたり、不許可となったりした（合計14件ある）。そこで5人の弁護士が原告となったのが本件である。その背景にはXが拒食していたため、全身衰弱であったこと、軽屛禁中の接見を禁止していたこと、懲罰執行中に接見させる緊急性がなかったこと、等があった（被告の主張）。

　これに対し原告は、市民的及び政治的権利に関する国際規約（B規約）の接見交通権、憲法上の裁判を受ける権利、旧監獄法の解釈等からその不当性を主張した。

　判決では、第1に、国際人権規約は国内法に優位する効力を有すること、第2に、接見に対する制限が処遇上および刑務所内の規律秩序維持上の必要があるか否か、その制約が合理的な範囲内にあるか否かの判断については一定の厳格さが要求されるというべきである、第3に、受刑者と親族でない者

との接見は刑務所長の裁量にゆだねられているが、B規約および憲法の趣旨から判断すると、特段の事情がない限り、接見を拒否することは違法であるとし、第4に、接見時間を30分以内に制限したことについては、裁量権を濫用したものであるとした。ただし刑務所職員を立会いさせたことについては逸脱ないし濫用はないと判示した。

本判決は、国際人権規約が条約として国内法より優先する効力を有するとした点でも重要である。受刑者が弁護士と面会することは権利であり、時間、場所、面接の方法については制限を受けることがあっても、その制限は、受刑者と弁護士との関係に危険が予想される場合に限定すべきである。同事件に関し、高松高判平9・11・25（保安情報80号1頁）は、弁護士との接見に関する旧監獄法および同法施行規則の解釈も、受刑者の接見の権利を保障するB規約14条1項および憲法の趣旨に則ってなされなければならないと判示した。ところが最判平12・9・7（判時1728号17頁）では、①接見時間の制限、②接見における刑務所職員の立会い、のいずれも、刑務所長の裁量判断にゆだねられるものであるとして、これを破棄した。

この多数意見に対して、遠藤光男裁判官は、憲法32条により受刑者も公正な裁判を受ける権利が保障されている以上、これを事実上阻害するおそれがないように十分配慮しなければならないとの基本的立場を示したうえで、民事訴訟においては弁護士との間で長時間、秘密の打ち合わせが必要となる場合もあり、また、本件において「打ち合わせを実質上の相手ともいうべき徳島刑務所の職員の監視の下で行わせるということは、誰の目から見ても余りにも不公平であることは明らかであり、これを容認するとすれば、公正な裁判を受けさせるという理念は完全に没却されてしまう」から、時間制限と面会の立会いに関する刑務所長の措置は違法であるとの反対意見を付している。

保護室拘禁中、軽屏禁中は、面会禁止が併科されることが通常である。高松高判平2・3・19（保安情報64号21頁）では、原告は、大声でアジ演説を行い職員の制止にも従わなかったため保護室に収容された。その間、別件民事訴訟の口頭弁論期日に出頭不許可となったのみならず、弁護人との接見も許されなかった。判決では、その理由は原告自身にあり、違法ではないとしている。本件についていえば、刑務所内での懲罰とは別の民事訴訟事件の弁護士

との打合せであるところから、弁護人に接見させないことに合理性はない。なお現状では弁護人との接見を禁止する例はない。

接見不許可の事例

　弁護士会が設置する人権擁護委員会が受刑者から人権救済の申立てを受け、同委員会が調査の一環として他の受刑者との接見を申し入れた場合において、これを許さなかった刑務所長の措置に違法がなかったとされた。本件は、第一審の広島地判平15・3・27は、刑務所長の措置に違法性はないと判断したが、第二審（広島高判平17・10・26）では、一審判決を一部変更し、原告の主張を一部認容した。しかし最高裁は刑務所長の措置に違法がないと最終判断した（最判平20・4・15民集62巻5号1005頁）。

　本件は、旧監獄法においては親族外との面会は原則禁止であったが、同法45条2項により、「特ニ必要アリ」と認められる場合に限り許可していた。これを根拠に人権擁護委員会の弁護士が面会を申し立てた。ところで本件の面会申し入れの相手は、調査の一環として他の受刑者の証言を得ることを目的として面会を求めたものである。

　旧監獄法は、平成19年6月1日限りで廃止された。それ以降は新法によっているが、旧監獄法45条に該当する新法は111条である。現行法の111条は、親族以外でも受刑者の身分上、法律上、その他、業務上の重大な利害に係る用務の処理のために面会を要する者等の面会を許すものとしている。したがって受刑者から依頼を受けた弁護士等は現行法下では原則として面会が許される。

　しかし、新法111条2項では、「交友関係の維持」、「面会を必要とする事情」、「面会により刑事施設の規律及び秩序を害するおそれがないと認める」ときに、これを許すことができる、とある。これにより新法施行直後は、大幅に受刑者の友人等の面会が許されたが、現状では主として「規律・秩序を害するおそれ」を根拠にこれらの者との面会は許されていない。

　事実、「旧監獄法45条2項についての本判決の解釈は、現行法111条2項についても基本的には妥当するものと考えられる」（最高裁判所判例解説63巻4号897頁、和久田道雄）とある。かくして名古屋刑務所での刑務官らの暴行事件を契機に発足した行刑改革会議の「社会に開かれた刑務所」の標題は実質

的に達成されていない。

新法においては、これをどのように解すべきか。新法では、適正な外部交通が受刑者の改善更生及び円滑な社会復帰に資することに留意すべきであるとし、外部交通での面会を拡大している（たとえば新法111条1項では面会の相手を親族以外にも広げた）。しかし「……許すことができる」であって、法的義務があるわけではなく、本質的には旧監獄法と同類である。

ただし、「被収容者の外部交通に関する訓令の運営について」（平19・5・30、法務省矯成3350号）では、「弁護士等が、面会を希望する受刑者以外の人から委任又は相談を受けている民事訴訟その他の不服申立て等について……法111条第2項の規定による面会を許すこととして差し支えない」（同通達(6)）とした。実務的には通常は面会がなされている。

ちなみにアメリカにおける多くの刑務所では（連邦刑務所を含めて）、弁護士からの手紙は受刑者の面前で開封するという制約のあるほかは干渉できず、面会は弁護士から24時間前に連絡することだけが義務づけられているにすぎない。わが国の刑務所長の裁量権に基づく判断基準とは、所長（もしくは刑務所）の利益が基準となっているようである。

接見の設備がない理由での接見拒否

最判平17・4・19（民集59巻3号563頁）では勾留中の訴外Ａの弁護人であったＸが2回にわたり広島地検での面会を求めたところ設備がないことを理由に接見を拒否された事例において第一審判決（広島地判平7・11・13民集59巻3号627頁）及び第二審判決（広島高判平11・11・17民集59巻3号641頁）は、いずれも、これが違法であると判断した。

本件について最高裁は、①広島地検の庁舎には接見のための部屋はない。②部屋がなくとも短時間の接見でも可能かどうか、弁護人に意向を確認する等の配慮をすべきであったが、その配慮を怠ったことは不作為の違法といえる。ただし接見の拒否自体には過失があったとは言えない。として違法性を否定した。

接見の立会い

法112条では接見には刑務官が立ち会うとしている。看守は会話の内容をメモし、会話の内容が刑務所のことに及ぶと制止する。問題は、弁護士との

訴訟打合わせにある。打合わせに看守が立ち会えば、訴訟行為のすべてが被告・刑務所側に知られてしまう。訴訟における「武器の平等原則」に反し裁判の公正が妨げられる。新法では原則として立会いはなくなったが、刑務所によって扱いが異なる。訴訟準備のための弁護士との打ち合わせも、当該施設での処遇問題での提訴につき立会いを強制している刑務所もある。

前に述べた徳島地判平8・3・15については原告・被告の双方が控訴していた。前掲高松高判平9・11・25（保安情報80号1頁）では「看守の立会いは国際人権規約違反」との判決を下した。徳島地裁判決が刑務官立会いについてはB規約に照らして無効であるとの判断はしなかったのに対し、本判決では、法および規則は国際人権法の基準からみて一定の根拠がなければ違法であると判断したことは画期的である。B規約が実質的に判断されたものとして意義ある判決となった。同判決は「当該刑務所内での処遇ないしは事件を問題とする場合には、刑務所職員が立ち会って接見時の打合わせを知りうる状態では十分な会話ができず、打合わせの目的を達しえない」として、訴訟における「武器の平等の原則」に反し裁判の公正が妨げられるとした。しかし最高裁は高松高裁の判決を破棄した（最判平12・9・7判時1728号17頁）。

なお広島地判平16・6・29（判時1890号113頁）においては、拘置所に在所中に所長から違法な懲罰処分を受けたことにつき弁護士との接見を求めたところ、所長らが職員の立会いのない接見を拒否し、職員を立ち合わせメモをとらせたことは違法であると判示している。

3──死刑確定者の面会

死刑確定者の処遇については旧監獄法9条において、「別段ノ規定」がなければ刑事被告人に適用する規定を準用するとあり、この「別段ノ規定」は死刑確定者について存在しないので、死刑確定者の扱いは、いわゆる受刑者ではなく、いまだ刑の確定していない刑事被告人に準じた扱いをするものと解されていた。ところが実務では、(1)本人の身柄の確保を阻害しまたは社会一般に不安の念を抱かせるおそれのある場合、(2)本人の心情の安定を害するおそれのある場合、(3)その他施設の管理運営上支障を生ずる場合には、おお

むね許可を与えないことが相当とされる（昭和38年3月15日「死刑確定者の接見及び信書の発受について」矯正局長依命通達矯甲96号）、という理由により、それまでは未決拘禁者と同一の扱いであったものが、極度に制限されるに至った。ただし新法においては死刑確定者については特段の規定を定めることとなったのでこの問題は形式的には解決している（法120条）。

新法120条では、死刑確定者につき、①死刑確定者の親族、②婚姻関係の調整、訴訟の遂行、事業の維持等、③面会により死刑確定者の心情の安定に資すると認められる者、等の面会を許すものとしている（権利面会）。しかし、実際には死刑確定者と養子との面会は所長の判断でこれを許可しない例がある。とくに「心情の安定に資する者」との面会（裁量面会、友人・知人）は、旧法時の扱いと同じく、ほとんどが認められていない。これにつき新法の注釈者らも「……友人・知人との交流は、人間として自然の活動であり、これを拒否すると、死刑確定者を精神的に孤立させることとなりかねず、……一般にこれを認めるのが適当であると考えられる」（林ほか著『逐条解説　刑事収容施設法』616頁）と述べている。

東京地判平元・5・31（判時1320号43頁）では、未決拘禁者との処遇の差を肯認するものとなっている。すなわち、「死刑確定者の拘禁について特に注意すべき性質としては、死刑の生命刑として有する特質である。……死刑確定者には、社会復帰はもちろん、生への希望さえも断ち切られている」とし、福岡地判平9・3・23（保安情報78号51頁。いわゆるTシャツ訴訟）では旧法9条の関係について、死刑確定者の拘禁が「刑罰の執行としての拘禁ではないという点においては刑事被告人の拘禁に類似するということができることから、その類似性に鑑みて、死刑確定者の監獄における処遇について、刑事被告人に関する規定を準用することとしたものと解される」と表現している。「類似性」が死刑確定者と未決拘禁者とを区分する根拠にどうして結びつくのか不明である。察するところ、「死刑確定者といえども……拘禁の目的等を達成する見地から合理的と認められる裁量権の行使と認められるものでなければならず……、合理性が認められない場合には、……外部交通の制限は、所長の裁量権の逸脱又は濫用となるというべきである」。つまり、一定の基準を設けて基本的には未決扱いであることを示唆している。その基準を現実

に判断するのは「現場の専門家である所長の判断」が優先しているのであるから、基準とはなり得ない。

東京地判平5・7・30（判タ841号121頁）でも、「死刑確定者の拘禁の目的及び性質に鑑み、その……目的を達するため必要な限度において、その裁量により、刑事弁護人の拘禁におけるのと異なった合理的な制約を被拘禁者に課すことも、法の許容するところである」としている。しかし、その「必要限度」の判断基準が問題である。たとえば東京拘置所では、①本人の親族（ただし判決確定後の外部交通を目的とするため親族となった者を除く）、②訴訟代理人たる弁護士を除いては原則として許可しないとしている（ただし「管理運営上」支障のない限り、裁量判断する余地は残されている）。

Tシャツ訴訟判決は、原告らが死刑廃止運動をしているため、在所者と連携して拘置所に反抗することが予測されるので面会は許せないとした。そうであるならば、こうした死刑廃止運動とは関係ない者の面会を許すのかといえば、これも原則不許可である。のみならず、裁判所は「死刑確定後の外部交通の確保を目的として……養親族関係を結ぶに至ったと認められる場合など」は、親族といえども許可しないと判示し、養子縁組した夫婦の面会も許可していない（東京地判平6・12・13訟月41巻12号2925頁）。所長の裁量権も、比較較量論もここでは無用のものとなっている。拘禁の目的達成をこえる専断的裁量権行使は濫用となる。自ら設定した形式的要件で許否を一律に判断することの不合理性が指摘されなければならない。

これに対し、東京拘置所長のとった死刑確定者に対する接見交通権禁止措置が違法であるとする前掲東京地裁の事件における原告の主張は、きわめて理路整然としている。すなわち、死刑確定者といえども、執行に至るまでは人間としての自己表現を追求する権利を奪われてはならない。死刑確定者が拘置所の外部の者と接見し、通信する権利は憲法13条、21条、24条等により保障されている。この権利はB規約6条、7条、10条、23条によっても保障されており、この条約を遵守する法的拘束力を有する。死刑確定者の拘禁の理由は刑の執行とは異なるものであるから、接見、信書の発受はほんらい的に自由である。拘置所長の自由裁量権はない。

これに対し判決では、死刑確定者の表現の自由を含む基本的人権は、その

地位の特殊性から制約を受けざるを得ないとし、「在監目的を達成するために必要かつ合理的な権利、自由の制限も憲法の許容するところであるから、……憲法及び人権規約等の国際法規違反を来すものではない」としている。つまり多数の被拘禁者の身柄拘束を維持・確保することは、その規律、秩序を保持するために行われるのであり、移動の自由の制限のほか一定の制限を加える必要性を否定することはできず、この目的のために必要かつ合理的なものと認められる限りは、必然的に自由の制限が許されるとする。

それではどのような場合に拘置所長の裁量権が認められるかといえば、「当該目的、在監者と外部の者との人間関係、当該監獄における人的、物的戒護能力その他諸般の事情のもとで、外部交通を許すことが拘禁目的を阻害し、又は監獄の規律、秩序の保持等正常な管理運営に支障をきたすおそれがないかどうかといった諸点を考慮したうえで決せられる必要がある」としている。

これらの判断はいずれも抽象的である。つまり拘置所長が判断したものであるから裁量権を認めざるを得ないと述べているにすぎない。これをさらに具体的に検討すれば、①「当該目的」とは死刑確定者の拘禁目的であるが、それは第1に身柄を確保することである。面会を許すことでその目的が阻害される客観的要因はない。②人的、物的戒護能力から面会させないということは本件については養父母との面会を基本的に拒否しているのであるから直接の要因ではなく、またこのような能力いかんにより面会という基本権が阻害される性格のものではない。③拘置所長の判断が尊重されるべきであるとしているが、基本的に拘置所長に自由裁量権があるか否かについて問題があることは前述したとおりである。

この点について判決では、「本人の心情の安定を害する場合」という文言は「『心情の安定』のみを独立に取り上げて死刑確定者の自由、権利を制限することを認めた趣旨ではない」としつつ、「右のような意味に限定的に解釈、運用される限りにおいて、本件通達に基づく外部交通の制限が監獄法の趣旨に違反するものではない」としている。この場合の「限定的に解釈、運用する」というのは死刑確定者の心情の安定が害され、身柄の確保の目的、拘置所の管理運営、規律および秩序維持の目的が害される「相当の蓋然性の

ある場合」ということになる。

　それでは、「相当の蓋然性」が何によって判断されているかといえば、原告が刑務所闘争に積極的に関与した者であること、その養子となった死刑確定者が「さいわい、ある方のご尽力のおかげで、刑確定後も私の様子を皆様に伝えることができるようになりました」という記事を投稿していることなどを根拠にあげている。

　こうした養父母が面会することは「死刑確定者が心情不安定となり、自暴自棄になるなどして自他殺傷の危険性が助長される」ので相当の蓋然性が認められるとしている。しかし、養子縁組は、親族でなければ面会を許さないという国際準則違反を現実的手段として回避するものとして行われたものである。養子縁組それ自体は、民法上の法的手続であり、その動機等とは無関係である。ましてや養父母の経歴いかんを問題にして面会の許否を決定することは思想・信条を理由とする差別である。

　これに接見・信書の自由を認めても、抗議闘争、助命運動など非合法な伝達がなされるという被告の主張するような危険性はない。面会・信書については職員の立会い、検閲がなされており、これらの措置により「具体的蓋然性」が生じたときに、はじめて面会を不許可とすべきであり、本件のように事前にあらかじめの予想で不許可とすることは合理的根拠に欠ける。この判示は根拠なき不当な判断である。

　なお、死刑確定前には接見自体は制限されるものではないが、前掲福岡地判平9・3・23では、死刑確定前に支援者によるＴシャツの差入れを拒否し、接見を許さず、送付した信書・新聞の一部を削除したことが違法ではないとされている。その根拠は「監獄内の規律及び秩序の維持上放置することのできない程度の障害が生ずる相当の蓋然性」である。

　大阪高判平7・12・21（保安情報76号3頁）では、原告である死刑囚（未決）が、ラジオ報道関係者に対し、大阪拘置所の収容者に対する扱いが非常識であり、職員相手に民事訴訟を提起している被収容者もいること、寒い夜間でも毛布1枚しか与えられないことなどを記載した手紙を前後2回発信し、報道関係者の取材を目的とした面会を求めようとしたが、いずれも不許可となった。同判決では、不許可が違法ではない理由を、ラジオ放送により、この

手紙をとりあげ生放送で同拘置所の被拘禁者に紹介されたならば、被収容者がその放送内容に誘発され、拘置所に対する不信感、不満が醸成され、尖鋭化し、ひいては拘置所の規律および秩序に障害が生じる「相当の蓋然性」があるとしている。

原告は、同信書において「接見取材に来てください。接見・取材ができない場合は、私の方から書面を送ります」と書いていた。そのいずれも発信不許可のためむろん実現していない。拘置所内の状況について外にもれることが、ことごとく管理維持を理由に退けられている。

獄中結婚した者との接見も原告と外部の支援者との間のいわゆるパイプ役的存在であるとして、接見交通を当初は不許可としていたが、約3か月後に制限つきで許可したものがある（東京地判平8・3・15判タ933号120頁）。しかし同人の養子との面会拒否は所長の合理的範囲内の判断であるとして請求を棄却している。この判決では「B規約もかかる合理的制約まで禁止する趣旨ではない」としている。国際人権規約が国内法より上位の効力を有するとの判断は定着しており（大阪高判平元・5・17判時1333号158頁、徳島地判平8・3・15判時1597号115頁等）、「刑務所内の規律秩序の維持が放置できない程度の障害の生ずる相当の蓋然性」がなければ不許可とすべきではないところまで判断基準が厳格になってきている（東京高判平8・10・30判時1590号63頁。棄却）。

再審弁護人の接見

東京地決平元・3・1（訟月35巻9号1702頁）では、「死刑確定者の再審決定開始前の弁護人との接見において拘束者である拘置所長がした接見時間の延長不許可および職員を立ち会わせる制限が、人身保護規則4条にいう『法令の定める方式もしくは手続きに著しく違反していることが顕著である』ということはできない」として、接見時間延長不許可処分に対する抗告を棄却している。

ここでの問題は、判決が、死刑判決の確定者と再審弁護人との接見交通権については特別の規定がなく、接見の際の無立会いを保障した施行規則127条1項および接見時間の制限除外を保障した同施行規則121条但書の各「弁護人」はいずれも再審弁護人を含まないとしていることである。

ところで、本決定は、死刑確定者は未決拘禁者に関する法規定を準用する

ことが予定されていない身分であることを理由として、第一段階として、再審開始決定前においては死刑確定者は刑事訴訟法39条の接見交通権保障には該当しない、第二段階として、再審弁護人は施行規則127条1項、121条但書の弁護人に当たらず、刑事訴訟法39条の弁護人も、再審弁護人には準用されないという構成をとっている。

この理屈からすれば、死刑確定者については再審の手段を完全に閉ざしたものとなる。しかし前掲東京地判平元・5・31においても、死刑確定者の拘禁目的は、未決拘禁者とは異なるとしながらも、「未決勾留による拘禁は、いわゆる無罪の推定を受ける者を専ら逃走及び罪証隠滅の防止を目的として身柄を拘束するものであるが、死刑確定者の拘禁は、罪証隠滅の防止は再審請求の場合を除き考慮する余地がなく……」とし、死刑確定者とはいえ再審請求の道は当然に法的にも存在することを示唆している。しかし、その再審弁護人との接見が形式上は困難である。上述の決定でも述べているごとく、実務上は限られた時間ではあるが、再審請求のための弁護士との接見は所長の判断で許されている。問題は、根拠法規がないことを理由に、所長の権限下にすべてがゆだねられているところに、法的権利としての死刑確定者の弁護士接見の問題が残されている。

新法121条は、死刑確定者の面会も原則として立会付としているが、立会いさせないことが相当と認めるときは、この限りではない。

広島地判平25・1・30（判時2194号80頁）では、立会いなしの面会を求めて拒否されたことを違法とした事件で一部容認の判断がなされた。

原告らは平成21年2月6日、広島拘置所で弁護人として接見を申し入（甲野死刑囚）れたところ、職員による立会いなしの接見は許可されなかった。

原告らは①刑事訴訟法440条1項の趣旨から再審請求における秘密交通権が保障されていると主張した。

これに対し、被告は①死刑確定者は、未決拘禁者とは異なり、確定判決の効力により拘束されており法的地位が異なるから、再審確定前の死刑囚について刑事訴訟法39条1項の類推適用はない。②刑事収容施設法も、被収容者の法的地位の別ごとに外部交通のあり方を具体的に規定しており、再審開始決定の確定前の前後で刑事訴訟法39条1項の適用の有無が明らかとされてい

る、として反論した。

本件の裁判所判断は、本件第一接見、第二接見において接見交通権が侵害されたことの違法を認め、その精神的苦痛の慰謝料として20万円の支払いを判示した。判決に至る論理構成は多様であるが、再審請求準備段階からの弁護人による無立会が、今後は事実上一般化するであろう注目すべき判決となった。本件控訴審である広島高判平25・10・25（判時2209号108頁）は原審判断を支持し、本件は上告されている。東京高判平26・9・10（判時2241号67頁）および名古屋地判平27・3・12（判例集未登載）もほぼ同旨であり、さらに福岡地判平28・3・11（判例集未登載）は、死刑確定者の再審請求担当弁護士が、死刑囚に対して冊子を送付したところ、拘置所長がその閲覧を不許として、閲覧させなかったことについて、死刑囚と弁護士との秘密交通権等を侵害する違法を一部認容した。

ジャーナリストの接見

東京地判平4・4・17（判時1416号62頁）は、死刑判決を受けて上告中の在所者と雑誌編集者との接見が不許可とされ、拘置所長の不許可処分が職務上の義務に違背するとまではいえないとして、原告（死刑確定者と雑誌編集者）の接見不許可処分取消請求、国家賠償請求のいずれも認められなかった事件である。

本件接見不許可処分は、①「安否確認」の接見不許可、②「取材目的」の接見不許可、③「訴訟打合せ」の接見不許可、の三つに分かれる。①は原告の編集者が「面会の目的が取材のためではない」とする誓約書の提出を求められたのを拒否したため不許可となった。②は「取材目的」と明記したため、その面会申込みを含む今後の接見を包括的にいっさい許可しないとした。③は、同じく誓約書の不提出を理由に不許可となった（以下においては三つの不許可処分を「本件各接見不許可処分」という）。なお本件は、いずれも接見申込み時は上告中であったが、本件事件の訴訟中に死刑が確定している。

本件の背景には、当該編集者が同拘置所の他の死刑被告人との接見において、面会内容を外部に発表しないとの誓約書を提出した後に、誓約に反して取材結果を掲載した経歴がある。その時点では、そのような誓約をしなければ接見ができなかったものか否かは不明であるが、そのような誓約書を書か

されたということは、それが接見許可の条件となったものと思われる。そこで問題の要点は、「取材目的」のための接見がなぜ許されないかである。①および②に関しては、原告は憲法21条の取材の自由を侵害すると主張し、③については、裁判を受ける権利の侵害（憲法32条違反）を主張した。

　これに対し裁判所は、誓約書違反の経歴を考慮して個別的に判断したとしている。しかし問題となった取材公表のうち、被拘禁者の名誉を傷つけたとされる行為は原告の書いたものではなかった（原告とともに面会した他者が書いたが、それにより在所者は心情を害していなかったことが在所者からの手紙で証明されている。裁判所は、この点については一方的に被告側に加担している）。また誓約書に違反したとしても、それを条件として接見許可をしないこと自体が憲法問題であるが、その点に関しては「在監中の未決拘禁者に報道関係者が直接面会して取材を行う自由や……接触を持つ自由といったものまでが、憲法21条の趣旨に照らして保障されているものとすることは困難なものといわなければならない」と述べているが、特別扱いをするとの観点は裁判所が言い出したことであって、原告は一般人と同じ扱いとせよ、と主張しているにすぎない。仮に特別扱いとしても、それがなぜいけないのかの説明がない。ジャーナリストが接見し、死刑囚の実際を報道することは一般人との面会とは異なり、むしろジャーナリストであるが故にとくに許可することも、ほんらいしかるべきであろう。原告は、在所者とジャーナリストとの接見を制限することは、B規約17条等に違反すると主張したが、同条は面会権までも保障したものではないとした。しかし1994年の規約人権委員会では、日本政府に対し、「これから処刑されていく死刑囚の会いたい人に会わせることは人道上の問題である」と日本政府のあり方を批判・勧告している。その後の最高裁判決でも本件は棄却された。かくして裁判所は接触させることが、なぜ困難かについての憲法問題には直接は触れていない。

　第2に、裁判所は、「接見の機会を利用して被勾留者の利益を違法又は不当に侵害するような行為が行われることが具体的に危惧されるときには、……接見の相手方に対して接見を行うに際し一定の事項を遵守するよう求め……」としているが、被勾留者も原告の一人として本件各接見不許可処分を争っていることから判断しても、これが具体的危惧ということには該当しな

い。

　第3に、裁判所は、「当該被勾留者のみならず他の在監者全体の利益をも一般的に擁護するという観点から……すると、……その接見が被勾留者本人の希望や了解のもとで行われる場合においても、同様に〔接見する側に条件を付することは〕妥当するものと考えられる」として、この条件を付することを個別的なものではなく、一般論としても妥当だとし、その判断は施設長の裁量にあるとした。ある点では個別的状況に立ち、他では、その判断を一般論にまで拡大し、そのうえ最後は施設長の裁量だとしている。

　最後に、裁判所は、旧監獄法の規定の趣旨からすると、接見不許可処分が違法なものであるとされる場合であっても、所長の判断は職務上の法的義務に違背するとまではいえないとした。

　なお、本件は控訴棄却となった（東京高判平7・8・10判時1546号3頁）。本件アクセス訴訟の争点は、在所者への取材は禁止されるべきなのかどうかであるが、控訴審は、第一審と同じく「被勾留者には一般市民としての自由が保障されるので、監獄法45条は、被勾留者と外部の者との接見は原則としてこれを許すものとし、例外的に、これを許すと支障を来す場合……制限を加えることができる」とし、もっぱら本件が個別的判断であることを強調したが、第一審と異なり、「障害発生の相当の蓋然性」から判断し、憲法13条、14条および21条等に反しないとした。本件は、最判平10・10・27（判例集未登載）で上告棄却されたが、裁判所の「一律取材禁止」の法的裏付けを回避させた点で意義がある。

　本件が実質において原告勝訴であるといわれる所以は、以上のように客観的にみて、接見禁止処分を旧監獄法の規定の趣旨に反し違法であることを認めたうえで、きびしい条件のもとで適法としたところにある。しかし、この先、たとえ実質勝訴に至っても、最後は所長の裁量の範囲内であるとの、いわば特別権力関係論に依拠した結論に至るのであれば、裁判を受ける権利そのものが阻害されているものと判断せざるを得ない。

　ところで本件は、死刑未確定時における接見問題であるが、死刑確定後の接見問題は、受刑者と同じくきびしく制限されている。新法120条1項では、①死刑確定者の親族、②婚姻関係の調整、訴訟遂行、事業の維持その他の死

刑確定者の身分上、法律上又は業務上の重大な利害に係る用務の処理のため面会することが必要な者の面会を認めているが、未決中に縁組した者との面会や内縁の妻にはきびしい制限がある。同条2項では「友人らとの面接」も条件付きで許可することができるとしている。

その他の判例として、前掲東京地判平元・5・31では、死刑確定者が妻との面会・文通禁止等の措置に対し救済を求めるために日弁連（人権擁護委員会）に発信しようとした書面について、拘置所が発信不許可処分したのは違法であるとの事例がある。この件については「信書の発受」の項で検討する。

2013年12月10日、最高裁は、死刑確定者との再審請求手続の弁護人との打合わせのための接見に際し、立会いをさせたことに対し違法であるとの判決を言渡した（最判平25・12・10民集67巻9号1761頁）。これにより原審（広島高判平24・1・27民集67巻9号1831頁）が確定した。

最高裁は、①施設の秩序を害する恐れがある、②死刑囚の心情の安定を把握する必要性が高い、等の事情がない限り立会は認められない、と判断した。これにより一般受刑者についても弁護人との接見における無立会が、これまで以上に拡大されることが期待されている。

4 ― 面会の意義

アメリカ合衆国最高裁は、ペル対プロキュニア事件（Pell v. Procunier, 1974）において、表現の内容に関係なく規則が中立的に適用される限り、メディアに接触したいという受刑者には多様な手段があった方が望ましいとしている。メディア関係者は彼らが施設を回っている間に出合った、被拘禁者のだれとでも話をすることが許される資格がある。被拘禁者との対面面接を許さないことは、一般大衆と同じ地位にメディアを置くことになる。メディアの自由権は、一般情報源への接触について制限されるべきではないというのが裁判所の立場である。

外部の者と面会することは、日本においても憲法13条、21条の個人の尊厳、表現の自由として保障されなければならないことはいうまでもない。被拘禁者一般についても、外部交通権が憲法上保障されなければならない。市民的

及び政治的権利に関する国際規約（B規約）17条、国連被拘禁者保護原則（原則19）にも具体的に規定されている。新法においては前述のごとく、「交通関係の維持」まで拡大されたが、実際にはいろいろの条件をつけて面会を困難にしている。所長の裁量により可否がなされることは、思想の自由への不当な侵害である。のみならず、出版の打ち合わせなど、死刑廃止運動と何らかかわりのない者に対しても、一律に面会は不許可になっている。前掲Tシャツ訴訟等の経緯からも推察されるように、面会相手の背景を根拠に不許可とするため、面会希望者は、それを不満として過激になることがある。その原因は、思想・信条いかんにより差別扱いしてきた当局にも責任がある。せめて現実に所内の秩序維持が困難になるか否かを見定めて決定すべきところであろう。単なる予見で不許可とするところには相互不信のみが残り、結果的には人権侵害にまで波及する。司法判断がこれに加担し、なおさら問題を根深いものとしている。国際人権規約B規約の批准に伴い、原則不許可の判断を単に刑務所長の自由裁量ではなく「相当の蓋然性」の基準にまで厳格にする方向が確立されなければならない。新たなる司法判断が求められる。

［2］ 信書の発受

　旧監獄法では、3親等以内の親族（内妻を含む）以外との外部交通が原則として禁止されていた（旧46条2項）が、入所時に親族として記入しておけばその者への発受が許可されており、親族かどうかの法的確認まではなされていなかった。経験でそのことを知っている要領のよい者が得をするといった、非形式的運用が実態であった。

　新法では、「適正な外部交通が受刑者の改善更生及び円滑な社会復帰に資するものであることに留意しなければならない」（110条）とし、相手方が「犯罪性のある者その他受刑者が信書を発することにより、刑事施設の規律及び秩序を害し、又は受刑者の矯正処遇の適切な実施に支障を生ずるおそれがある者（親族を除く）」（128条）であるときは信書の発受を禁止（「犯罪性のある者」

の定義は困難であるが）するが、これらに該当しない者であれば親族以外でも発受が許されることになった（親族は6親等までに拡大された）。

しかし改正直後の拡大措置から数年を経過したこんにちでは、旧法時代と相違なく「刑務所長の職務上の裁量権」できびしく制限されている現状がある。裁判例の新たな積み重ねを図る必要がある。

発受回数については、旧法下では禁錮受刑者は15日に1通、懲役受刑者は1か月に1通が原則であった（旧施行規則129条）のに対し、新法では「1月につき4通を下回ってはならない」(130条2項) と増加している。受刑者にとって外部交通の相手方が親族以外にも認められ、その回数が増加したことは今回の法改正の大きな目玉となっている。また旧法下では累進処遇により、3級は月2通、2級は毎週1通、1級は随時というように段階的に緩和されていた。新法においても「優遇措置」根拠とした階級別の制限差がある点では問題を残している。優遇区分による制限差は施設によって異なる。金沢刑務所の例では、5類は月4通、4類及び3類は月5通、2類は月7通、1類は月10通となっている。しかし、「刑事施設の管理運営上必要な制限」(130条1項）からさまざまな制限が加えられている。たとえば名古屋刑務所では、1通の発信に使用できる便箋の枚数を従来の7枚から新法施行後は5枚までと制限し、便箋1枚につき200文字以内としているため、1枚に半分しか書けないという。また発信を1回につき2通までという制限が加えられている。旧法下では回数や枚数等の制限はなかった弁護士宛の発信も通常発信の枠に入れられていることには問題がある。

手紙の検閲

信書を発受する際に受ける「検閲」(旧法47条～50条、同規則130条）は、新法でも「信書の検査」(127条1項）と名を変え「必要があると認める場合には……検査を行わせることができる」(127条1項）と限定つきではあるが規定している。しかし従前どおり原則的に検査が行われている。受刑者が国または地方公共団体の機関から受ける信書や、弁護士との発受に関しては、これらの信書に該当するかを確認するために必要な限度で検査を行う（同条2項）としているが、内容に関する検査を含めている現状がある。弁護士等への発信については後述するが、受刑者が刑務所を相手に訴訟を提起した場合

にも弁護士との信書の内容が検査されることは「誰の目から見ても余りにも不公平であることは明らかであり、これを容認するとすれば、公平な裁判を受けさせるという理念は完全に没却されてしまうことになる」(2000年9月の最高裁判決での徳島刑務所事件に関する遠藤光男裁判官の反対意見)。

　新法129条では、信書の検査の結果、「その全部又は一部が、次の各号のいずれかに該当する場合には、その発受を差し止め、又はその該当箇所を削除し、若しくは抹消することができる」として、(1)暗号の使用、(2)刑罰法令に触れる結果を生じるおそれがあるとき、(3)刑事施設の規律および秩序を害する結果を生じるおそれがあるとき、(4)発受によって受刑者の矯正処遇の適切な実施に支障を生じるおそれがあるとき、等6項目を挙げている（同条1項)。このうち、とくに(3)や(4)などは、いずれも抽象的な基準であり、施設側の判断で一方的に不許可にしたり、抹消できることになっている。日弁連では「合理的に具体的な『おそれがある』と認められなければならない」と指摘していた（日本弁護士連合会「『刑事施設及び受刑者の処遇等に関する法律案』についての日弁連の意見」2005年、8頁）が、多くの刑務所では今も抽象的な判断に基づき不許可、抹消等が行われている。

　筆者の調査でも、次のような例がある。弁護士への手紙に暴行を受けた事実を書いたら検閲で抹消された、刑務官とトラブルがあり、それを家族に書いたら抹消された（この受刑者は聾唖者だった）、ある受刑者が起こした訴訟の地裁判決に関する新聞記事を家族への手紙に書こうとして抹消された、身元引受人の状況について家族に書いたとき、その部分だけ抹消された、等々である。こうした傾向は年々顕著になっており、新法施行後も同類の問題が生じている。この点について裁判所はどのように判断しているのか、裁判例から見ていきたい。

1──未決拘禁者の信書の発受

　在所者の信書発受の実質的な制限である検閲については、憲法（21条）に違反しないというのが判例の立場である。大阪地判昭33・8・20（行例集9巻8号1662頁）は、「監獄の保安維持と一般社会の不安の防止という公共の福祉

のために、監獄に拘禁されている者の発受する通信を、監獄の長が検閲することは許される」とした。ただし検閲は「信書を点検審査し、その内容を了得することをいう」のであって、その事後措置として不許可、抹消、削除が許されるかどうかは別であると述べ、さらに「行政的措置による信書の発受禁止すなわち差止め、抹消、削除をたやすく認めるがごときは、人権への不当な制限であり、もはや必要最小限度の域を超えたものといわなければならない。刑事被告人の信書の発受を差し止め、信書に抹消、削除を加えることは、法の許容するところではないと解すべきである。監獄法が、受刑者の信書の発受を禁ずる場合のあることを、明文で認めながら、刑事被告人に対し行政措置による発受不許可の規定を置かなかったのは決して故なしとしない」とし、本件について「明白かつ現在の危険」から違法な処分であると判示した。

　また、東京地決昭41・3・16（下刑集 8 巻 3 号524頁）では、監獄官吏等が未決拘禁者の発信文書を閲覧することは、罪証の隠滅や逃亡を予防し、監獄内の秩序を維持する限度で制限されるとしたが、発信の禁止は原則として刑事訴訟法81条（裁判所による制限）による場合に限られるべきである（緊急の一時的禁止は是認する）としている。その理由は、旧監獄法47条 1 項（信書の制限）は未決拘禁者には言及していないからであると判示し、「文書の内容が他の未決拘禁者等に悪影響を与えるおそれがあるとか、未決監の実態を局外者に誤解されるおそれがあるなど拘禁施設の管理運営上好ましくないという事情の下で発信禁止処分を是認することは、許されない」としている。

　文理解釈からすれば未決拘禁者には、信書の検閲の結果としての不許可処分は許されていないと解釈しなければならない（倉見慶記・石黒善一・小室清『行刑法演習』1958年、法律研究社、404頁参照）。

　最判平18・3・23（判時1929号37頁）は、熊本刑務所の元受刑者が在所中に提起した国家賠償請求訴訟において、二審の広島高裁判決を破棄して親族以外への交通を原則自由とした原告一部勝訴の判決を出した。

　最高裁は、表現の自由を保障した憲法21条の条項の趣旨から受刑者がその親族でない者との間の信書の発受は、これを許すことにより監獄内の規律お

よび秩序の維持、受刑者の身柄の確保、受刑者の改善、更生の点において放置することのできない程度の障害が生ずる相当の蓋然性がある場合において、制限することが許されるものであるとした。これにより受刑者の親族以外の外部交通も原則自由であり、例外的に制限されるものであることが確定した。しかし実務においては「原則自由」は定着していない。

勾留目的による制限

　ところが東京地判昭55・10・29（矯裁例集(2)769頁）は、「送付された信書の当該在監者における受信については、監獄法46条1項は、すべて監獄の長の許可によってのみこれが許される旨を定め、その許否の基準については同法47条1項が受刑者及び監置に処せられた者に係る信書については不適当と認めるものについては当該信書の受信を許さない旨を規定しているところ、右の47条1項においては刑事被告人について規定していないかの如くであるが、前記の46条の規定に鑑みると刑事被告人についても当該信書の受信を許すことが勾留の目的に反することが明らかであるとか、監獄の紀律保持の観点から有害である場合などには当該信書の受信差止め、削除、抹消を監獄の長においてなし得るものと解するのが相当である」と判示した。

　同判決では、「第46条の規定に鑑みると……勾留の目的に反する」場合には信書の削除等をなし得るとし、刑事被告人の規定がないにもかかわらず、短絡的に「勾留目的」に結びつけた。先に示した大阪地裁判決で「刑事被告人の信書の発受の制限は法の許容するところではない」と判示したものが、「勾留目的」の一言で拡大解釈された。

　本件は、発信人、日本赤軍からの東京拘置所在所者に連帯を呼びかける合計30通の信書のうち、2通を開披した後で検閲事務を中断し、東京地検に信書送付の事実を通報し、その結果として警視庁の司法警察員により押収されたので、検閲は終了していない。拘置所はいまだ検閲が終了していないので本件処分がなされておらず対象を欠くものであるから却下を免れないとしている。検閲以前の問題として、信書を差押許可状により押収させたのは拘置所である。問題の一つは検閲しないで押収させたことにあるが、判決では検閲したことを前提として未決拘禁者への信書の受信差止めの解釈をしていることにある。判決では押収させたことについては触れるところはない。

在所者の信書発受に関する制限に関し、最判平6・10・27（判時1513号91頁）の判決がある。この事件は、未決拘禁者に差し入れられたパンフレットにあった記事を抹消した拘置所長の措置が違法なものとはいえないとした第一審の判決（東京地判平4・3・16行例集43巻3号364頁）の上告を棄却したものである（第二審＝東京高判平5・7・29行例集44巻6・7号671頁）が、原告の請求の一部に信書の発送遅延の問題がある。原告の主張によると、信書（ハガキ）の発送を数枚にわたり1日遅延させたが、その理由は、通常の検閲時間を計算に入れても上位職員による検閲をさせることで二重の検閲により故意に遅らせたものであり、差別扱いであるとした。

これに対し、第一審、第二審とも違法とはいえないとし、最高裁判決もこれを支持している。ここでの問題は、検閲が認められるにしても、それを理由にして不当な発送の遅延がどの範囲まで許されるかにある。最高裁判決は、信書の検閲は憲法21条に違反しないと判断したが、検閲の結果としての事後措置として信書の発受を差し止め、部分的な抹消、削除が許されるかどうかについては判断していない。とくに注意人物か否かにより遅延が正当化されることは不平等の点でも問題がある。

先に検討した東京地判昭55・10・29以後においては、たとえば東京地判昭57・9・24（判時1076号77頁）では「未決拘禁者に係る信書の発受を禁止し得るか否かについては明文の定めを置いていない。しかし同法50条及び同法施行規則130条1項の規定により、監獄の長は未決拘禁者を含む在監者の発受する信書を検閲する権限を有しており……」となり、当然の法解釈として検閲し、差止め、削除、抹消をなし得るものとするに至った。その判断の基準は「相当の蓋然性」と当該監獄の長に合理的な裁量が認められるとするものである。検閲が合法であるにしても、そのことが直ちに差止めに結びつくかどうかは問題であるといわなければならない。

最判平15・9・5（判時1850号61頁）では、在所者の信書の発受に関する制限を定めた旧監獄法50条、同規則130条の規定が憲法21条、34条などに違反しないとして上告を棄却した。

本件は、弁護士である原告が、刑事事件の公判廷等における拘置所職員の行為および担当裁判官の訴訟指揮ならびに弁護人と在所中の被告人との間の

信書の授受に関する制限によって被告人との秘密交通権が侵害されたとして損害賠償を請求した事件である。

本件において原判決（浦和地判平8・3・22）は、被告人の弁護人との接見交通権は、被告人の弁護人依頼権の憲法上の保障する重要な基本的権利に属するものであるが、刑務所内の規律秩序維持を図るために必要かつ合理的な制限を受ける。信書の外形的事情のみから通信の内容を推測することは容易ではないから、開披閲読する必要がある。ただし、一律全面的な信書の開披閲読を認めることは、秘密交通権に対する合理的な範囲の制限である、とした。

在所者と弁護人間で授受する信書について拘置所職員が開披閲読することについては、前掲最判平6・10・27で憲法27条に違反しないとしている。本件上告棄却判決は、これまでの見解を踏襲したものであるが、裁判官梶谷玄、同滝井繁男の反対意見がある。

その論旨は次のとおりである。
(1) 拘置所等において立会人なしに接見することが保障されている（刑訴39条1項）のは必要合理的範囲内に限られると解することは、弁護人と被疑者、被告人は立会人なくして接見、書類の授受ができるとする刑訴法39条1項の規定の趣旨と整合しない。このような解釈は人権規約14条および17条の規定にも沿うものである。
(2) もっとも「逃亡、罪証の隠滅」のおそれから絶対的なものではないが、刑訴法39条は弁護人と被拘留者の秘密裏での交渉を完全に保障しているものである。
(3) この秘密交渉権は一般的、抽象的な理由だけで一律に信書を検閲することがあっては合理的制限を越えるものである。
(4) 信書について、それが真実、弁護人から発信されたものであるか、信書以外の物が混入されていないかの検閲は許されるべきである。それを担保するための被拘禁者の面前での適切な方法がなされるべきであり、内容の検閲は許されない。

受刑者への信書の検閲について新法の審議においてもこの種の論議がなされたが、旧監獄法からの特段の進展は実現されなかった。先進諸外国では被収容者の面前での開披のみが許され検閲は禁止されている。しかし最高裁で

のこの少数意見は今後の裁判において重要な位置を得るに至るものと思われる。

大阪地判平12・5・25（判時1754号102頁）では、未決拘禁者と弁護人との間の信書につき、信書の要旨を書信表等に記載させ、また、同記録を検察官の照会に応じて回答する行為は刑訴法39条1項に違反すると判示した。

信書の一部抹消

検閲の結果、信書の発受の差止め、抹消、削除が許されるか否かの問題がある。前記東京地判昭57・9・24では、未決拘禁者についても発受を許さないことを判示し、それを根拠として信書の一部抹消も「拘禁目的」と「相当の蓋然性」から許されると判示するに至った。本件では、「鈴木国男が大阪拘置所で虐殺されてから3年になること、右事件について共同訴訟人の会でも取り組むことになったこと、同会の会員として右事件糾弾のための文書を大阪拘置所、東京拘置所及び法務省矯正局に送る運動をしてほしいことなどが記載されていること、東京拘置所長は、右記載が監獄の処遇や職員に対する在監者の不信感を増大させ、また、共同訴訟人の会の対監獄闘争の一環としての統一行動につながることになるので、取扱規程にいう『紀律を害するおそれのないもの』に当たらないと判断し、これを抹消した」とし、その他、「会員短信」も抹消したが、この判断は不合理ではないとしている。

東京地判昭61・8・28（保安情報57号26頁）では、信書中に在所者の病死を誇張もしくは歪曲した記述部分を抹消した処分は合理的根拠があるとしている。しかし信書の発信とその内容が誇張もしくは歪曲しているかどうかの問題と、それらが所内の秩序の維持に障害になるとする、その「相当の蓋然性」というものは、いかにも恣意的判断である。本判決においても旧監獄法46条を未決拘禁者にも準用している。

いずれも取扱規程の「紀律を害する」ものであるがゆえに抹消できるとしているのであるが、前掲大阪地判昭33・8・20が「拘置所の不満、職員の誹謗」では「明白かつ現在の危険」を認めることはできないとした基準は、いまや完全に反故となっている。

昭和26年9月27日刑政長官通牒「刑事被告人の発する信書について」（矯保甲1292号）は、「信書の内容が施設の管理運営上発信を適当としないものに

ついては、その長の意見により、被告人の意思如何に拘わらずその部分を抹消することができる」とした。しかしこの点に関しては、一つの信書の内容の大部分が抹消されて、その信書の効用がなくなる（綿引紳郎・藤平英夫・大川新作『監獄法概論〔全訂版〕』1955年、有信堂、246頁）との批判がなされていた。以下においては、個別具体的に事例を検討する。

訴えの利益なし

抹消部分の原状回復が不可能であるとし「訴えの利益なし」で却下する事例が多数ある（例、東京地判昭53・11・8行例集29巻11号1925頁）。大阪地判昭33・8・20でも、通信の抹消は「通信に抹消という回復することができない形態的変化を起す事実行為をもってその執行を完了し、……もはやその取消によっては法律的地位の回復は可能ではないから……、処分の取消ないし無効確認を求める利益はない」としている。さらに、「建築物の除去命令がなされ、その執行として建築物が除去されたのちに、当該除去命令の当否を……争うことに、訴の利益が認められないのと同様である」とする。形式論は理解できるにしても、少なくとも事実関係から、その抹消の当否を判断するとともに、原状回復不可能な方法での抹消の仕方そのものの違法性についても判断すべきではないか。たとえば冊子の一部抹消事件（那覇地判昭55・1・29訟月26巻5号719頁）では冊子の一部を抹消した所長の処分が違法ではないと判示したが、なぜ抹消したかを抹消部分の検討から判断して結論を出している。

また、熊本地判平8・1・26（判時1599号123頁）は、受刑者が実母と次男に宛てた手紙の発信を看守部長に願い出たところ、看守部長らは、この手紙の中に親族のほか、刑務所の保護者親族票に記載のない者らが一緒に写った写真の送付を依頼した記事があるとして発信を認めなかったことは、違法であると判示している。

判決によると、看守部長らは、本件該当部分に保護者親族票に記載されていない氏名が書かれているという一事をもって書き直しを指導し、発信を断念させた。その裁量に合理性があったかどうかを判断すると、これまでに保護者親族票に記載されていない氏名が書かれていたときに、その氏名を抹消した取扱いの立証がないこと、発信と受信が別個独立のものであり、原告の

希望する写真の差入れがなされた段階で許否すれば足りる。これらの理由から行刑目的を阻害し、秩序維持に支障を生ずると認めることはできないとした。

また、暴力革命を運動論とする団体の同調者として、その行動に参加し、懲戒刑に処せられた受刑者と、同じ団体の同調者であるその妻との信書の発受が矯正教育上有害であるとして拒否処分したことは違法であるとの判決がある（東京地判平5・11・24判時1485号21頁）。

抹消したことの正当性を判断するにあたっては、裁判所は当該箇所の提出を求め検討しているはずであるから、原状回復が不可能と断定することはできないし、検閲者はそれにより知り得た事項を身分帳簿に記載しておく義務もある（旧施行規則139条）。仮に原状回復不可能な抹消をしたとしても、原状自体は保存されているとみるのが常識といえよう。もし抹消そのものが、つねに原状回復不可能な方法で意図的になされるならば、訴えそのものを事実上、不可能とすることも可能である。それは、たとえば拘置所長の「披閲」行為の違法性についての訴えが、即時的行為であり、その取消訴訟を提起する利益がない（大阪地判昭38・7・18行例集14巻7号1309頁）のとは性質が異なるといわなければならない。

発信回数の制限

拘置所長が未決勾留者の信書につき、原則として1日に2通に制限した措置によって、信書の発信を1日遅らせたことが違法ではないとされた事例がある（大阪地判昭58・11・10行例集34巻11号1895頁）。

大阪拘置所では信書の発信は1日に2通以内とし、とくに必要あるときは願い出て度数外の許可を受けるものとしていた。刑事被告人のAは、訴訟上の連絡のための発信は無条件に度数外の扱いをすべきであると要求したが拒否された。本判決では本件回答は行政庁の単なる事実行為であり抗告対象となる行政処分に当たらないとして訴えを却下したうえ、刑事訴訟法81条（裁判所による交通権の制限）によらず制限し得ると判示し棄却した。ところで、未決拘禁者が発受する信書を刑事訴訟法81条によらないで拘置所長の判断のみで制限できるかについては前記「刑事被告人の発する信書について」（昭和26年9月27日刑政長官通達）があるが、同通達は信書の検閲に関しての

ものであって回数制限のためのものではない。また、判例としては先に引用した東京地判昭57・9・24が、所長による検閲と、その結果としての差止めが違法ではないと判示しているが、これも回数制限の問題ではない。

　大阪拘置所の件では、まず訴えそのものが不特定多数を対象とする一般処分であるから、抗告訴訟の対象たる行政処分ではないとしながらも、具体的な権利の制限の対象として行政処分と解する余地があることを認めた。しかし、度数外発信を認めよとの要求は、所長に作為を求めるものであるが、法令にその旨を定めた特別の規定がないので所長が応答する義務はないとしている。そこで抗告訴訟の対象となる行政処分ではないとし、まず所長への訴えを却下した。1日に2通に制限したのは所長の判断による所内制限であるが、その制限適用に不服ある要求に対し応答する義務がないということは理解できない。判決では、回答したとしても、それは事実行為にすぎず具体的な原告の権利が害されたとは認め難いとしているが、前述のごとく「具体的な権利を制限するものとして、抗告訴訟の対象となる余地がある」としながら、ここでは「認め難い」としていて論理に一貫性がない。

　次に原告の国に対する請求については、最大判昭58・6・22（民集37巻5号793頁）に依拠し、未決拘禁者について1日の発信数を制限することは、やむを得ないとしたうえで違法ではないと判示した。しかし、上記最高裁判決は、新聞紙の閲読制限の問題であって発信の回数制限とは関係ない。のみならず「未決勾留によって勾留されている者についても、この面からその者の身体的自由や信書の発信、その他の行為の自由に一定の制限が加えられることは、やむを得ないところというべきである」として、最高裁判所判決を引用しているが、同判決には、そのような文言は見あたらない。

　本件は、発信不許可となった3通目が翌日発信され、その内容が緊急を要するものでなかった点において原告の実質的な損害はなかったとしているが、それは結果論であって棄却理由の根拠にするには説得力がなく判例解釈にも問題がある。実質的な法判断が改めて求められる。

2──受刑者の信書の発受

発信の不許可

表現の自由を保障した憲法21条の趣旨から、受刑者がその親族でない者との信書の発受は刑務所内の管理、保安の状況等から放置できない程度の障害が生ずる蓋然性がある場合に限られる（旧監獄法46条2項）との見解が最高裁判例である（最大判昭45・9・16民集24巻10号1410頁）。

最判平18・3・23（判時1929号37頁）では、受刑者が新聞社あてに発信した信書の不許可に違法性がないとした第一審判決（熊本地判平14・5・31判例集未登載）、第二審判決（福岡高判平14・10・31判例集未登載）を破棄自判とし国家賠償法1条1項の適用上違法との判断をした。

本件の原告は、参議院議員らに「受刑者の処遇の在り方の改善のための獄中からの請願書」を送付し、その内容についての取材、調査、報道を求める内容を記載した新聞社あての信書の発信許可を熊本刑務所長に求めた。所長は、その内容が権利救済、不服申立て等のためとは認められず、その必要性も認められないとしてこれを不許可とした。

これに対し、最高裁は、原審は旧監獄法46条2項の解釈である「障害が生ずる相当の蓋然性」があるかどうかについては判断することなく不許可にしたのであるから、裁量権の範囲を逸脱している、として破棄自判した。

これまで受刑者が親族以外の第三者に信書を発送することは旧監獄法46条2項の「不適当ト認ムルモノ」として不許可とすることが違法ではないとされてきた。最高裁の今回の判決は、その不許可の理由が具体的に明らかにされない限り違法となると従前より積極的に判断したものであって今後の実務に与える影響は大きい。

受刑者による弁護士宛信書の一部抹消処分は、現在では裁量的範囲を逸脱しており違法であるとされている（鳥取地判平6・1・25判タ847号139頁）。判決では、「そもそも原告が自己の権利救済に関する訴訟準備に当たり、いかなる弁護士と訴訟相談し、又は訴訟代理人として訴訟を遂行するかは、その自由な選択に委ねるべきで問題である」として、信書を抹消したことの合理性はないと判示している。しかし裁判例としては弁護人を依頼する発信の類も

きびしく制限されている。札幌地判平4・2・10（保安情報68号58頁）では、原告は、共犯者の弁護人に対し、無罪を訴える内容の電信を発信しようとしたが、これを不許可としたことが違法でないと判示されている。本件では、共犯者の弁護人は、原告の弁護を引き受ける意思のないことを所長に伝えていたというが、原告とすれば自らの刑事事件について無罪であることを主張しなければ弁護を引き受けきれないと判断したのであろうから、その発信を不許可とすることが違法でないとすれば、弁護人依頼権は受刑者にはないに等しい。

また在所者が裁判所に宛てた訴状、申立書も検閲の対象となっており、旧監獄法48条（公務所から在監者に宛てた公文書は開披して公文書であることを確認することをもって足りるとする趣旨）からすると検閲を要するとしている（釧路地帯広支決昭36・9・18判時278号32頁）。しかし、旧監獄法48条の趣旨からは厳格な解釈が要請される。

受刑者の発受する信書については、旧監獄法は原則として親族以外との発受を禁止していたが、新法では原則として許可することとした（126条）。ただし信書発信の相手をあらかじめ登録しておくことを実務では条件としている。

受刑者の内妻に関しては、社会的にみて内妻と認定されれば信書の発受を許す取扱いがなされている。なお、通常回数内の発信のほかに弁護士などへの特別発信は、回数外として原則的に認められている。

1999年1月、4級受刑者が義母が倒れたとの手紙を受取り、特別発信を求めたが最初は認められたものの、2回目は緊急性、重要性が認められないとして不許可となった。これについて広島弁護士会は、このような措置をとることのないように勧告している（広島弁護士会、1999年2月17日勧告）。

内容による不許可

大阪地判昭43・9・16（判タ227号224頁）では、受刑者の妻宛ての信書の発信を同女が面会に来た際に受領する意向を表明したときに許可する方針のもとに留保したことが、解除条件付不許可処分であり違法な処分であったとされた。しかし、「発信を不適当とする、と誤って判断したこと、つまり裁量権の限界を超脱したことをもって、裁量権の限界を超脱してはならないとす

る注意義務を、怠った過失があるものということはできない」とし職務上の注意義務を怠ったものとはしなかった。

　裁量権の限界を誤って超脱したことが、限界を超脱してはならない注意義務を怠った過失があるとはいえないという、通常では理解できない理由で過失責任を認めていない。ところで同女への発信の内容というのは、判決によると、「文章の論旨がはっきりせず神がかり的なものが書いてあり、……このような神がかり的な手紙を原告の妻宛に送って迷惑をかけるのは同刑務所としては好ましくなく、また内容不明の書信によって1月に1回しか許されない発信を費消してしまうのは原告にも気の毒であるので……」とある。また同信書には、天皇を誹謗する内容も含まれていた。刑務所の留保処分の判断には、信書の発信の自由が何たるかの初歩的理解がなされていないだけでなく、はからずも管理者の優越性の異常性が露呈されている。しかも原告には、同じような発信の差止めが2度にわたってなされていながら、その事実については、原告に知らされていなかった。そのため、原告の義弟の子供のために用意した名前も発信が遅れたため命名の役に立たなかった。

　裁判では、この違法性は認めたが、上述のごとく過失責任は認めなかった。つまり事実上、原告は何の利益も受けることはなかった。なお実務においては、管理者側が不穏当と判断した部分の抹消・削除を条件に発信を許可することが多いが、本件においては原告がこれを拒否したこと、また原告が裁判問題にしたため事実が表に出たものである。多数の事例では、受刑者は管理者側の指示に従い削除や訂正に応じていること、これを拒否し裁判を提起することは受刑者にとって有形・無形の不利益を受けることが背景にある。このことは本件に限ることではないし、判例の検討とは、いささか遊離していることは承知のうえで付言しておきたい。

　最近、受刑者である原告が、刑務所長に対し、死刑確定者の支援団体あてに投稿文および「人権救済申立書」と題する書面の発信を願い出たところ、不許可とされたので、処分取消し（行政事件訴訟法に基づく）と慰謝料（国家賠償法に基づく）を求めた事案で、裁判所は、不許可処分が「刑事施設の規律及び秩序を害する結果を生ずるおそれ」はなく、「受刑者の矯正処遇の適切な実施に支障を生ずるおそれ」の要件を充足するとはいえないとして、原

告の請求を認容し、発信の差し止め処分の取消および慰謝料1万円の支払いを命じた（岐阜地判平23・6・16判例集未登載）。

一部削除

東京地判昭55・3・13（訟月26巻5号747頁）は、原告が家族に宛てた信書のなかに第三者への年賀状の文言を具体的に指示して発信を依頼した信書について、拘置所長が枚数超過などを理由に不適当な箇所の書き直し、抹消などを指導し、超過部分の発信不許可処分をしたことが違法ではないとした。

本件の一部抹消部分は「梅世に対して原告敏市に代わって出すように依頼した年賀状の文言を同原告が具体的に指示するのは不適当なので書き直すこと、右、年賀状に記載される同原告の住所を『東拘』とするのは不適当であるから書き直すことを伝えたが」、原告がこれに応じなかったので抹消された。その理由は、旧監獄法46条2項は受刑者の発受を親族に限っているところ、形式上の名宛人は親族であっても内容において親族以外への通信は禁止されているというにある。つまり、本人の指示したとおりの内容を記載した年賀状を発信することは、実質的に親族以外の者への通信であると認められるから不適当であるとして抹消したことは、違法ではないとしている。

前述のごとく、受刑者については親族以外でも「必要アリト認ムル場合」は発受は認められている（旧法46条2項）。ほんらい、年賀状という性格を考えれば親族以外でも発信することは違法ではない。ところが実務では許されていないどころか、本件のように親族に依頼した内容に関しても削除したものである。

ところで本件では、「原告が訴訟部長として参加している共同訴訟人の会に対する訴訟手続に関する連絡などを記載した」部分があったが、判決は、その部分を発信した場合は、刑務所内の紀律、秩序を乱す危険も十分予想されたので抹消処分は違法ではないとしている。つまり前者の年賀状の問題だけではなく、後者の件との関係があって、全体として「不適当と認めるもの」と判断したことの違法性の問題である。しかし、訴訟手続に関する連絡が当然に抹消に該当するか否かが、十分に検証されているものとは理解できない。この点に関し東京高決昭55・8・14（東高刑時報31巻8号103頁）では、郵送された手紙のうち(1)申立人が発信した手紙の取扱部分、(2)申立人と行動をとも

にしていた仲間、(3)共同訴訟人の会の具体的活動に関する記述が内容であったとして原審の相当性を判示している。ここでも「明白かつ現在の危険」の原理は過去のものとなっているといわざるを得ない。

次の事例は、受刑者の発する信書の内容が受信人にとって刑の執行に対し、不信感を抱かせ、真実性に乏しいとして削除されたものである（大阪地堺支決昭40・11・15判例体系(6)693頁）。事件は、受刑者が訴訟費用調達の礼状の発信許可を求めたところ、検閲の結果「通常礼状として考えられる内容の範囲を逸脱し、しかも事実をわい曲、誇張して職員および他囚をやゆまたはひぼうするものとして」請求人に削除を指示したが応じないので内容を削除したというものである。

本件は、請求人が親族および保護関係者に限り信書の発信が許されている。ところが訴訟関係の費用ということで発信が許され、その礼状の内容であるから特例ではある。しかし、発信を認めた以上は、その内容について、どこまで削除権限があるかは、独自に判断されなければならない。つまり「不適当ト認ムル」の基準の問題である。判決は、「拘禁戒護に支障を生ずる内容のものとはいえない」としながら、社会通念からいって不穏当であるので違法ではないとした。ところが「社会通念」という概念は法的判断基準になり難いことはいうまでもない。「社会通念」の前提として、信書の内容が真実性に乏しいとしているが、信書の内容が真実であるか否かまで削除の基準になること自体、思想への介入である。安易に「社会通念」が入り込むことには問題があろう。

発信日の指定・字数の制限

東京地判昭55・7・8（矯裁例集(2)734頁）では、受刑者の信書について、発信日を月の第2週または第4週に制限し、1通の便箋は7枚以内、その他、字数の制限をしたことが違法無効ではないと判示している。その理由は、当時の府中刑務所では収容者が常時2,300名程度であり、平均各人が1か月に1通の信書を発信しており、それを5人の係官が検閲していたため、検閲の適正迅速化、受刑者の平均した発信の機会の確保等、管理運営上必要かつ合理的なものであったというにある。

本判決の問題点の一つは、発信日の指定や字数の制限については法の規定

によるものではないと原告が主張したのに対し、旧法50条および規則130条が当然に許容する範囲であるとし、したがって取扱基準は違法ではないとしているところにある。しかし、管理運営上からの、何らかの規制はやむを得ないとしても、府中刑務所の取扱基準を個々的に判断せず（本件では、①発信回数を月1回1通に制限すること、②信書の便箋枚数、行数、字数、発信日の指定等が処分禁止申立ての請求原因となっている）、全体として違法ではないとすることが妥当かどうかは問題であろう。たとえば発信日を指定しなくとも月1回の発信で混乱するとは思われないし、1日でも発信が遅れることは、場合によっては重大な影響のある信書もあるのだから、より具体的な検討がなされるべきではないか。便箋7枚以内なら一定の郵便料金で発信できるので、そのような制限を設定しているという説明は、管理運営の範囲をこえている。

　いずれにしても、裁判官は刑務所の実態について、たとえば、この件に関して現場検証をしたものとは思われないし、信書の問題に限っても、あまりにも厳格な規制を強いることで自らの業務を多忙にしている結果として、基本的な処遇の目的から離れ管理体制に追われすぎている実務の現状を裁判がどこまで認識しているかに疑問がある。単に現場の専門家である所長の裁量権の範囲内であるとして片づけるものであってはならない。

信書の受信

　非親族との信書の発受は、原則として禁止されているが、とくに必要ありとするとき、これを認めるかどうかについては所長の裁量にゆだねられている（旧法46条2項）。

　大阪地判昭49・1・30（判時749号43頁）は、大阪刑務所長が受信不許可をした複数の信書中、原告の実姉および親族からの年賀ハガキを受信させなかったことについて違法であると判示している。いずれも本名同一人であるか十分な確認をせずに不許可としたことが、「漫然と不許可に」したとして違法が認められたものである。なお、非親族からの信書については所長の裁量が逸脱ないし濫用にわたらない限り不許可は違法とはならないとしており、本件でもその判示をしている。しかし本件の受信は年賀ハガキであり、裁判でも述べているように近況を知ることは受刑者にとってよろこびであり、これ

を一律に不許可とすることが違法ではないとすることは、たとえ旧法46条が「特ニ必要アリト認ムル場合」のみに限定しているとはいえ、理解できない。

弁護士宛ての信書の発信

新法126条は、原則として他の者との信書の発受を許しているが、同法130条1項は、信書の通数等について制限できるとしている。ただし自己が受けた処遇につき弁護士に対して発信する信書については制限の対象から除外している。

熊本地判平23・3・15（判時2138号90頁）は、原告は、弁護士宛てに発信通数制限から除外される信書に該当する信書の発信を除外され、その発信を断念せざるを得なかった。それにより本件発信が1週間以上遅れたことで物理的、精神的損害を受けた。熊本刑務所では、第3類優遇区分の受刑者については、信書の通数を1か月5通としていたが、看守が原告がすでに5通を発信していたが、5通に達していないと誤解していた。後に通数外の文書と認め発送されたが、このため弁護人の準備書面の提出が5日間遅れた。同判決では、この措置は違法であると判示した（同控訴審、福岡高判平23・8・25（変更・確定）判タ1388号167頁）。

本判決は、新法発効後の裁判所が違法を認めた事例として注目される。

「願せん」受理の拒否

信書発信の課題ではないが、信書発信を含む自己の処遇上の要望等は、まず「願せん」で処理される。前記の熊本地判平23・3・15は、原告が処遇主席宛てに医務課長に体調不良を理由とする面接を要望する願せんを提出したが、看守は担当に送付しないこととし、自ら破棄し、願せん送付簿に記載されていた同願せんに関する記載を抹消した。

同判決では、看守が当該願せんの受領を拒んだ行為について裁量逸脱行為があったとして違法の判示をした（同前記、福岡高判）。

本件において原告は、請求原因事実として五つの事実を主張した。そのうちの第二事実、第四事実の、いずれも信書発信に関し違法性が認められた。参考までにこの2件につき違法性認定の根拠を整理しておく。

新法126条では施行規則71条、81条に規定する禁止の場合を除き「他の者との間で信書を発受することを許すものとする」としているが、一方では、

刑事施設の人的、物的条件から法務省令により信書の通数等の制限を規定している。原告の在所していた熊本刑務所では原告は第3類優遇区分であり、信書の通数は1カ月5通であった。ただし同施行規則79条では、「……弁護人等に対して発する信書」は特別発信として通数制限から除外している。

　第二事実　本件において担当看守は、弁護士宛ての信書を発信通数制限の対象であるとして発信させなかった。この措置につき被告は、「本件信書は、その内容や本件願せんの記載に照らし、処遇に関する弁護士宛ての信書には該当しない」、「原告は、係官から本件信書は発信制限対象の信書として発信する旨告げられ、自らの判断で発信を取り下げたもの」等と反論した。

　これにつき、判決では、原告は、本件信書の発信が1週間以上遅れ、準備書面の提出も5日間遅れた、として違法性を認めた。ここで注目すべきは、被告は、「原告が自らの判断で発信を取り下げた」と反論している点である。その真実は不明であるが「取り下げた」ことが証拠により明らかではない。仮に証拠があったとしても弁護士宛ての準備書面であるなら原告が取下げざるを得ない処理をすること自体が問題であると言わねばならない。

　第四事実　原告は、父母に信書発信をするために願せんを担当職員に願い出たが、これを不当に拒んだ。また紫色の色鉛筆を購入するための願せんを提出したが担当職員は「手続きが内規に違反している」として購入をさせなかった。

　その他、原告は、いくつかの願せん願いをしているが、ことごとく担当職員により拒否されている。判決では、上記2点について違法性を認めたが、その根拠は、原告の主張について、たとえば被告は「その緊急の必要がない」、「特別購入はできない」等から願せん破棄するなどしている。しかし原告は所定の手続によって申請していることから、これらの処置が違法であると判断した。

3 ― 死刑確定者の信書

　旧監獄法では、死刑確定者の外部交通（信書）も所長の裁量により、その許否を決めていた。新法（120条）では、①死刑確定者の親族、②婚姻関係

の調整、訴訟遂行、その他の用務のため、③面会による死刑確定者の心情に資すると認められた者、等については権利発信を認め、それ以外は裁量発信としている。一見するところ権利発信が拡大されたかのようであるが、③の「心情に資する」の判断により知人、友人はもとより①の親族でも③を根拠に拒否することは可能である（たとえば養子につき）。その意味では旧監獄法と異なるところがない。

東京地判平元・5・31（判時1320号43頁）は、死刑確定者が未決勾留中に婚姻した妻との面会・文通等の禁止に対し、①日弁連の人権擁護委員会に救済を求める発信をしようとし、②行政訴訟提起の前提として法律扶助協会に法律扶助を求める発信をしようとし、③原告の未決勾留中に図書の一部の抹消処分を受けたことに対する東京簡裁への民事調停手続の追行のための代理人の許可申請書を発信しようとして、いずれも拘置所長から不許可とされたことによる精神的損害に対する国家賠償を求めたものである。判決では、①については、一部を容認し、②については違法性がないとし、③については損害がなかったとして棄却した。

被告（東京拘置所長）が、どのような不許可処分の理由をあげているかをみると、まず「監獄の長がその外部交通の許否を決するにあたっては、監獄における拘禁の確保及び社会不安の防止等の見地のみならず、死刑確定者の心情の安定に資するか否かも考慮しなければならないと解する」とし、死刑確定者の拘置の本旨に資すると認められる官公署に対する不服申立ての場合の発信、再審準備のための弁護士への発信などは許可してきた。

ところが、①を不許可処分としたのは、同委員会の措置は強制力をもたないものであること、その他の法律上の権利救済制度があること、日弁連の調査に対して職員が公務員の守秘義務との関係で外部交通の状況を明らかにすることができない、というものである。

これに対し裁判所は、人権委員会は、公正かつ厳重な手続で国民の信頼に支えられており、強い強制力を有することは公知の事実である。同委員会の委員は弁護士であり、秘密保持義務は守られている。原告にとって、このような権利救済措置ないし、少なくとも調査活動を受ける機会を奪うことは、これを制限するには高度の必要性が存する場合でなければならないとし、所

長の不許可処分は裁量の範囲を逸脱し違法であると判示した。親族以外の発信が違法でないとする裁判例として重要である（なお、後述の２確定死刑囚の著作発表における最判平11・2・26判時1682号12頁、河合伸一裁判長判事の補足意見を参照されたい）。

②について裁判所は、法律扶助協会（現・法テラス）による扶助を受けるのであれば、訴訟を提起してからでも可能であるとして棄却した。しかし訴訟提起前の訴状の作成や、法律構成については専門的な知識が要求されるのであり、訴え提起前の段階での援助申し出の道を閉ざすことは、原告主張のごとく間接的な裁判を受ける権利を侵害するものであるといえる。本件に関しては、安易に発信を認めると原告の対監獄闘争の意欲を増加させ、精神情況を不安定にさせるとしているが、訴訟を提起してからというより、この点での不許可理由が本音のようである。

③については、裁判所は代理人選任許可申請書の発信そのものの不許可は違法な行為である疑いがあるとしながらも、その申請書に調停委員会が選任許可を与えることは考えられないこと、たとえ選任されても拘置所が、その進行について被選任者との外部交通権を認める余地はなかったとし、他に弁護士もいたのであるから弁護士に代理人になってもらう余地もあったとして、原告の実害はなかったものとし棄却した。

この３点の争点で基本的に問題となるのは、死刑確定者の拘禁の目的と、それからする表現の自由に対する制限の問題意識である。判例としては「相当の蓋然性」あるいは「比較較量」から判断するものとしているが、その基準自体は抽象的なものであることはいうまでもない。本件に関し②についていえば、信書の発信が必要であるか否かの問題は原告の意思を尊重したうえで、その発信が裁判所のいう拘禁目的に反するか否かで判断されなければならないところ、管理運営と拘禁目的の立場から不必要であると判断したうえ結論づけている。

③については、その点がさらに明白となる。つまり、原告は選任申請書を発信することが目的なのであり、その申請の結果がどうなるかは拘置所の判断すべき範囲ではない。拘禁の目的からはそのような結論はむろん生じない。被拘禁者の表現の自由という基本的人権がまず否定されている。

東京高判平4・3・24（判時1422号82頁）は、死刑確定者から国連人権委員会宛の1503手続にかかる通報の発信を許可しない旨の東京拘置所長の処分ないし判定の取消請求を却下した。

ここでいう1503手続とは、1970年5月27日の国連経済社会理事会決議1503に基づく「人権及び基本的自由の侵害に関する通報の処理手続」の決議のことであり、個人による国連への人権侵害の通報とその審査手続のことである。

日本はB規約の選択議定書を批准していないので、この1503手続が唯一の国連への救済手段である（ただし法的強制力はない）。

同判決は、「原告から右文書の発信について正規の出願がなされていない段階で、将来の被告側での方針を事実上告知したという以上の意味をもつものではなかったものと解されざるをえない」として法律上の権利義務関係に直接の影響を及ぼさないとして却下した。

本件では、したがって1503手続の権利義務問題にまで言及するものではなかった。ところが、東京高判平8・10・30（判時1590号63頁）では、死刑確定者が戸外運動の制限につき救済を求めるため国連人権委員会宛てに発信しようとした書面について拘置所長が不許可処分にしたことは違法であると判示した。

本件は、第一審（東京地判平7・11・8保安情報75号48頁）では、本件発信について「権利救済の手段として迅速かつ非現実的で権利保護のために必要かつやむを得ないと認められない」として不許可処分が適法であるとしていたものである。

同高裁判決は、従来の取扱基準の合理性を認めつつも、死刑確定者といえども、憲法上認められる基本的人権が「拘禁の目的、性格及び特殊性から必要かつ合理的な根拠の認められる範囲を超えて制限される理由はない」とし、「公的機関に対する自己又は自己を含めた同じ立場の者の権利救済を内容とする通信については、その表現行為の趣旨がより基本的な人権の享有につながるものであるから、その制限は慎重な配慮をもってされるべきである」、人権委員会は、広い意味でわが国の官公署に準ずる機関であり、これを不許可とすることは所長の裁量権をこえ乱用になると判示した。ここにおいてはじめて国連機関への人権救済を内容とする発信が認められるものとなった。

東京地判平3・3・29（訟月37巻11号2050頁）は、死刑確定者の原告が弁護人に宛てた信書の一部を削除した拘置所長の処分等が権利擁護の最後のとりでであり、重大な障害の生ずる蓋然性はないとして、所長の裁量権を逸脱しており、違法であると判示している。

死刑確定者の信書については前掲東京地判平元・5・31も、日弁連人権擁護委員会への発信不許可も違法と判断しており、今回の国連人権委員会への発信が認められたのと照応すると今後はこの種の発信を不許可とすることは困難である。その解釈の基本は「発信を……許可することによって……、管理運営上の支障の発生のおそれが生じるなどの弊害を想定することは困難である」とするにある。この基準への具体的適用が他への発信にも適用されることが期待される。東京地判平12・10・26（判例集未登載）は連続企業爆破事件で死刑の確定している益永利明死刑囚が、牧師に教誨のお礼を伝える手紙を送ることを東京拘置所長が認めなかったのは違法であると判断した（なお、後述の「確定死刑囚の著作発表」の項参照）。

4──信書の発受と人権

死刑確定者といえども表現の自由は基本的人権として有することは、最高裁の判断をみるまでもなく、また実務の扱いにおいても基本的には認めるところである。

しかし、実務上の取扱基準における、①親族、②弁護士、③裁判所または権限を有する官公署宛ての権利救済等を除く発信の制限が、①本人の身柄確保、②心情の安定、③管理運営上という抽象的判断基準で不許可とすることの違法性が問われなければならない。

現状では、①親族への信書でも「親族を介してそれ以外の者に対して意思の疎通を図ろうとする者」も不許可は違法ではないとしている（東京地判平10・8・27保安情報81号1頁。同旨、東京高判平11・1・25保安情報82号45頁。控訴棄却）。また、②弁護士への発信も直接訴訟にかかわらないものは不許可とすることが違法ではないとしている（同上記東京地裁判決）。

発信の自由の制限は、裁判例の示すところでは、明確な説得を得るものと

はなっていない。その主たる原因が、法的根拠のないことに起因しているとしても、判断の基本にあるものは被収容者の獄中の態度や、外部の援助者とのかかわり如何という、いわば周辺の情況が重要な要素をなしているところにある。むろん、所内秩序の維持等の理由から、アメリカでもポルノ、猥褻物、その他の性的なものは検閲の対象としている。しかし政治問題や刑務所状況を批判したものが検閲の根拠とされてはならない。多くの社会科学者たちは、文書による出版物で刑務所が破壊されることは事実上あり得ないとしている。出版と保安との間には何の因果関係もないが、刑務所は自らの検閲権という古い神話に固執し、捨てることができない。

　裁判所は、その書物が刑務所の「明白かつ現在の危険」を侵す危険があり、または受刑者の社会復帰に支障となる場合は、事前に検閲することを認める。その場合は、受刑者に検閲する意図を告げ、検閲に反対する機会が与えられなければならない。そのことを保障することで「明白かつ現在の危険」の一定の基準をつくりあげることにある。

［3］　著作および著作物の発表

　被収容者の著作および著作物の発表は、憲法上の思想・良心の自由（19条）および表現・出版の自由（21条）の問題であるとともに、被収容者の外部交通の一態様の問題でもある。しかし新法においても、信書の発信についての規定はあるが、被収容者の著作物の発表については規定がない。そして実務上は被収容者が外部に発表する意思で原稿を書く場合を「著作」としているが、ノートの扱いについては領置物品の扱いにされている。しかし、在所中に記録されたノートが出所後に発表されることもあり得るわけで、著作の観点からも検討されなければならない。

1 ― 未決拘禁者の著作

　昭和29年12月24日の「未決拘禁者の著作について」（矯正局長通牒矯甲1263号、平16・6・7廃止、今後は「未決拘禁者の発する信書に準じて取り扱う」としている）において、「未決拘禁者が新聞雑誌等に掲載するため、原稿の記述並びに発送を申し出た場合には特に必要があると認める者にかぎり、これを許すこと」としている。そして原稿の検閲については、前記「刑事被告人の発する信書について」（昭和26年9月27日刑政長官通牒矯保甲1292号）の例（現在は廃止）によって処理するものとしている。ちなみに検閲については、「信書の内容が施設の管理運営上発信を適当としないものについては、その長の意見により、被告人の意思の如何に拘らずその部分を抹消することができる」（同通牒3項）としていた。

　これを受刑者の許可基準である「施設の管理運営上支障がないこと」および「本人の教化上有益であること」と対比すると、刑事被告人については「特に必要があると認める者にかぎり、これを許すこと」というのは、受刑者にくらべて著作の自由がより強く制限されているといえる。しかし刑事被告人の著作発表が拘禁の目的つまり刑務所の規律の維持に反しないならば、制限してはならないということであれば、受刑者より強く制限する根拠はないし、「本人の教化」とは関係のない刑事被告人の著作の自由が、受刑者より強化される理由はない。

　この点に関し東京地決昭41・3・16（下刑集8巻3号524頁）では、未決拘禁中である請求人が、朝日新聞「声」欄に宛てた投書を発信しようとした際、これを禁止された件で、「同通牒（第1263号）は、一般の信書の例によって原稿の検閲をするが、原稿の記述及び発送の場合には、特に必要があると認める者に限りこれを許すと定めて、一般の信書と別異の取扱いを認めているものと解せられるのである。しかし、表現の自由、検閲の禁止に関する憲法上の保障の面から見れば、思想の表現形式としての文書を、信書と原稿とに区別して、両者の取扱いを特に異にしなければならない理由に乏しく、特に、未決拘禁者につき、信書と原稿とを区別して、原稿の発信については禁止を原則とし、監獄官吏の裁量により例外的に許可すれば足りるものと定めた右

通達は、……未決拘禁者の憲法上保障された前記表現の自由を不当に制約するものではないかと考えられる」と判示し、また原稿の検閲の例によるとしている「刑事被告人の発する信書について」（通牒1292号）の「施設の管理運営上発信を適当としない」という概念は広範囲に過ぎ、その判断を施設の長の裁量にゆだね、しかも被告人の意思を無視して一方的に不適当な部分を抹消できるとするのは、合理的必要性の範囲をこえて、未決拘禁者にも憲法上保障された憲法21条による表現の自由の一態様である文書発信の自由を不当に制約するものであると判示した。

むろん文書の発信が犯罪を構成するような場合には、刑事訴訟法81条による差押えの措置をとり得るものであり、緊急の場合は例外的に一時的に発信禁止の措置をとり後に司法的抑制措置をとることを条件に許される。

その後の判例において、この問題を未決拘禁者について正面から扱った事例はない。ただし、著作物原稿の一部抹消、著作のための筆記用具の使用制限、ノートの使用制限等、事実上は著作の発表に関係する問題がある。

東京地判平8・3・25（判タ929号143頁）は、未決勾留者が拘置所所定の願箋を提出しなかったため、ノート、雑誌等が交付されず、公判期日へのメモの携行が許可されなかったことが違法ではないと判示している。

原告が「ノート使用許可願」および「房内筆記具」の交付願を提出しなかったのは、東京拘置所の「房内筆記届」には筆記内容として職員を誹謗する内容、他の収容者の犯罪の記述、その他施設の規律および管理運営上重大な支障となるもの等に該当するものは削除するとある。ノートの内容を検閲するのみならず、抽象的な本人のメモすら「管理運営」のもので削除できるものとされている。このため原告は署名捺印しなかった。このように、未決拘禁者が心の動きをメモすることも、自殺防止や秩序維持の事前措置を理由にして、遵守事項に同意しない限りノート使用を許可しない。これは内心の自由に対する重大な侵害である。裁判所は、「拘禁目的、管理運営」からこれを認めている。図書・新聞の閲読の項でも検討したように、その遵守事項は包括的同意が基本になっている。拘禁目的の達成、施設運営の観点から、その危険性ある問題に関しては他の手段により防止すべきであり、ノート記載の内容にまで立ち入ることは明らかに憲法上の重大な問題であることをここ

でも指摘しておかねばならない。

　なお、たとえば東京拘置所では、「所内生活の心得」において、「使用済のノートは、領置又は廃棄すること。ただし、許可を得て5冊を限度として、居室内で所持することができる」、「使用済のノートは、とくに必要と認められる場合に限って宅下げを認める」としており、事実上、出所する際にも検閲がある（死刑確定者の件については後述する）。

一部抹消の違法性

　東京地判平3・3・25（判時1397号48頁）では、著作物原稿の一部抹消を指示した拘置所職員の措置に裁量権の逸脱ないし濫用があったとして違法との判断をしている。本件は原告が数回にわたり新聞雑誌等に掲載するため弁護士を通じ、あるいは出版者に原稿の発送を申し出たが、いずれも担当係長から数か所の抹消を働きかけられたものである。

　判決によると、著作物に対する制限の規定はないが、信書と区別する理由はないとし、旧監獄法50条、同施行規則130条の検閲規定に依拠しつつ、検閲は発信禁止までは含まないが、「監獄内の規律及び秩序を維持する必要上、信書及び著作物原稿の内容を事前に了知し予想される障害への対策を講ずるだけでは右目的の達成を阻害するような支障の発生を避け得ないと認めるときは、右障害発生の防止のために必要かつ合理的な限度で……著作物原稿の発送の制限をなすことを容認、予定していると解するのが相当である」とした。そのうえで本件については、①被収容者の拘置所内での生活・行状、容姿、健康状態等が記載されていても、それを抹消するのでなければ規律および秩序の維持を害するような支障が発生するとの判断はできない。②本件原稿が新聞雑誌等に掲載されれば被収容者の家族がその内容を知り拘置所への不信の念を抱くことも想像されるが、いずれも拘置所の正常な管理運営に支障を生じさせるものではない、等の根拠を示して削除の違法性を認めた（支持、東京高判平4・2・27保安情報68号94頁）。

筆記具等の常時使用

　拘禁されている刑事被告人は、訴訟上の防御権の行使のため筆記用具等の常時使用が不可欠であるが、高松地判昭47・3・30（訟月18巻8号1267頁）は、この点に関し刑務所長の不許可処分が違法ではないと判示している。

本件において原告は、起床時（午前6時20分）から午後6時30分までの間、使用目的を限定することなく使用できる状態での筆記用具の使用を求めた。高松拘置所では筆記具等の使用は午前8時30分から午後3時30分までに制限されていた。しかし、原告によると、同所において在所者が筆記具等の使用を希望する場合は、「その使用目的が訴訟関係書類および信書の作成に限定され、勉学その他の表現の自由行使のための使用は認められていない」と主張した。これに対し、事実は勉学のための筆記も原則としては許可していたようであるが、その必要性が具体的・客観的に認められなければ許可されなかったようである。

裁判所は、「被拘禁者によって密書が作成される危険性は夜間において特に大であることが認められるのであって、……24時間中筆記用具等の使用を許すときは、前記危険の防止に著しい支障をきたすことが相当の蓋然性をもって推認されうる」としている。また原告が「ふと防禦上の着想が浮かんだような場合にも、直ちにこれを書きとめておくことができない」と主張したのに対し、裁判では「原告の刑事事件については、私選の弁護人が選任されていることが認められるから、右のような必要性はそれほど切実なものとは考えられないうえ、そもそも、右のような必要性では、せいぜい、公判期日の当日とその後の1、2日間の時間延長の必要性を根拠づけうるにすぎない」とし、さらに原告の主張のごとき理由では、原告の防御権が侵害されているとはいえないとしている。

本件において基本的に問題なのは、制限時間外での使用を認めていたか否かにあるのではなく、筆記具等の使用制限が、未決拘禁者の権利と拘禁制度の性格から可能か否かにある。この点に関し裁判所は、「被拘禁者による密書が作成される危険性が高い」と推認されるとしているが、証拠隠滅、逃走防止の危険性までは言及していない。のみならず、①メモをとる必然性、②防御権の侵害の根拠がない等の理由は、原告の内心の問題であり、まさに思想・信条・意見など個人の精神活動にかかわる「表現の自由」の制限の問題であり、さらに刑事訴訟における防御権の侵害の可能性が高い。

2──確定死刑囚の著作発表

東京地判平5・7・30（判タ841号121頁）は、死刑確定者の新聞への投稿を本人の権利保護のために必要やむを得ない場合に当たらないとして不許可にしたことは適法であると判示した。

判決は、「死刑確定者の拘禁の目的及び性質に鑑み、その拘禁の目的を達するため必要な限度において、その裁量により、刑事被告人の拘禁におけるのと異なった合理的な制約を被拘禁者に課することも、法の許容するところである」とし、東京拘置所が通達（「死刑確定者の接見及び信書の発受について」）に基づき死刑確定者の外部交通に関して採用しているとされる取扱基準も死刑確定者の心情の安定を重視したものとして、その合理性を肯定できるとしている。その基準というのは、①外部交通の相手方は原則として親族および再審請求または継続中の民事訴訟の代理人である弁護士に限定すること、②外部交通を希望する相手方があれば事前に所定の用紙に記載して提出すること等が骨子のようである。

本件においては、原告は死刑制度の存置に賛成する一般読者の投稿記事に反対意見を述べたいとの意思で出願したものである。これに対し裁判所は、「死刑確定者といえども、思想及び良心の自由並びに表現の自由を享有するものであるが」としつつ、「その思想をどのような場において表明するかについては、その地位の特殊性から生ずる制約を受けざるを得ない」として、死刑確定者の権利保護のため必要やむを得ない事柄であるとまではいえないとした。

この判決の問題点は、第1に、東京拘置所の取扱基準を、「監獄における処遇に通暁した者」が採用したものであるから合理性を肯定できるとし、死刑確定者の、ここで問題としている表現の自由の権利と取扱基準の関係については、何ら考慮していない。第2に、死刑確定者といえども表現の自由があるとしながら、表明の場において制約を受けるとしているが、そうだとすれば、どのような場であれば制約を受けないで表現できるかについては述べていない。それは、取扱基準では基本的に表現の自由は認めていないのであるから、その取扱基準を頭から肯定している判示の趣旨からすれば、「死刑

囚といえども表現の自由がある」という表現は言葉の単なる遊戯にすぎない。第3に、そのような論理からは、「心情の安定」と投稿がなぜに直結するかについての検討も、むろん判断のなかでは考慮の対象外である。そのような論理にならない論理から、どうして「投稿することが、およそ死刑確定者の権利を保護するため必要かつやむを得ない事柄であるとまでは認めることはできない」と判断できるのか不明である。

　基本的人権の一つである「表現の自由」について、裁判所はあまりにも脆弱な基盤しか前提にしていないといわざるを得ない。

　本件は東京高判平6・12・21（判例集未登載）で棄却され、最高裁に上告された。控訴人は「市民的及び政治的権利に関する国際規約」の表現の自由の制限は法律によって定められるとする条項に違反しているとしたが、同高裁は「死刑確定者の拘禁の趣旨目的に照らして合理的であり……わが国法上公共の福祉による表現の自由の制限として公認される」とした。問題の第1は、「心情の安定」から著作発表を不許可とする根拠は生じない。不許可そのものが、むしろ「心情の安定」に害するものである。第2に、不許可が何ゆえに「公共の福祉」にそうものであるかである。ここでも拘禁の目的と同事件の表現の自由との整合性については触れていない。

　なお、死刑囚の閲読制限（8頁、9頁、16頁以下）で検討した東京地判平4・7・27（判タ806号144頁）では、死刑囚が性表現図書等の抹消に応じないため図書閲読を不許可とした処分について「表現の自由に優越する公共の利益」から合理性があり、違法ではないと判示している。

　最判平11・2・26（判時1682号12頁）は、本件の上告を棄却した。その理由は、「監獄法46条1項の規定に基づき、その制限が必要かつ合理的であるか否かの判断によって決定されるものであり、本件においてもそのような判断がされたものと解される」とし、上告理由でもあげていた市民的及び政治的権利に関する国際規約および監獄法の所論は「独自の見地に立って原判決を論難するものにすぎず、採用することができない」とした。最高裁が死刑確定者の信書発受に関し判断した最初の判決である。

　ところで、本判決においては河合伸一裁判長判事の反対意見があるので、紹介しておく。

「本件においてまず検討すべきは、東拘〔東京拘置所の略〕基準が、死刑確定者の発信を、〔本人の親族、訴訟代理人、訴訟準備のための弁護士宛て等の文書を除く〕一般文書につきすべて許可しないこととしていることの適否である。……

　1　他人に対して自己の意思や意見、感情を表明し、伝達することは、人として最も基本的な欲求の一つであって、その手段としての発信の自由は、憲法の保障する基本的人権に含まれ、少なくともこれに近接して由来する権利である。死刑確定者といえども、刑の執行を受けるまでは、人としての存在を否定されるものではないから、基本的にはこの権利を有するものとしなければならない。もとより、この権利も絶対のものではなく、制限される場合もあり得るが、それは一定の必要性・合理性が存する場合に限られるべきである。

　すなわち、死刑確定者の発信については、その権利の性質上、原則は自由であり、一定の必要性・合理性が認められる場合にのみ例外的に制限されるものと解すべきであって、監獄法46条及び50条の規定も、この趣旨に解されることは明らかである。

　2　〔省略〕

　3　しかし、拘置所長の右裁量権の行使が合理的なものでなければならないことは、多言するまでもない。したがって、拘置所長が、拘禁の目的が阻害され、あるいは刑務所内の規律・秩序が害されることを理由に、右裁量権の行使として、死刑確定者の発信を制限する場合でも、そのような障害発生の一般的・抽象的なおそれがあるというだけでは足りず、対象たる文書の内容、あて先、被拘禁者の性向や行状その他の関係する具体的事情の下において、その発信を許すことにより拘禁の目的の遂行又は監獄内の規律・秩序の保持上放置することのできない障害が生ずる相当の蓋然性があることを具体的に認定することを要し、かつ、その認定に合理的根拠が認められなければならない。さらに、その場合においても、制限の程度・内容は、拘置所長がその障害発生の防止のために必要と判断し、かつ、その判断に合理性が認められる範囲にとどまるべきものである。

4　拘置所長の右認定・判断は、本来個々の文書ごとにされるべきものであるが、対象たる文書の性質等によっては、ある程度の類型的認定・判断が可能なものもあるであろう。したがって、そのような文書につき、右の類型的な認定・判断に基づいてあらかじめ取扱基準を設けておき、発信の許可を求められた文書が右類型に属する場合には、その基準によってこれを取り扱うという措置も、まったく許されないものとはいえない。しかし、そのような取扱いが拘置所長の裁量権の合理的行使として是認されるためには、右3で述べた障害発生の相当の蓋然性があることの具体的認定とその認定の合理的根拠の存在、並びに、その基準の定める程度・内容の制限が必要であるとの判断とその判断の合理性が、当該類型的取扱いが対象とする死刑確定者の文書のすべてを通じて、認められなければならない。

5　……そのような類型的な取扱いが拘置所長の裁量権の行使として是認されるためには、(イ)拘置所長が、「死刑確定者に一般文書の発出を許せば、個々の文書の内容やあて先、その発信を求める理由や動機、個々の死刑確定者の個性や気質、日常の行状など、具体的事情の如何を問わず、常に、拘禁の目的の遂行又は監獄内規律・秩序の保持上放置できない障害が生ずる相当の蓋然性がある」と認定したこと、(ロ)その拘置所長の認定に合理的な根拠があると認められること、(ハ)拘置所長が、「そのような障害発生を防止するためには、死刑確定者の一般文書の発出をすべて不許可とする措置が必要である」と判断したこと、及び、(ニ)拘置所長のその判断に合理性が認められること、という要件がそろわなければならない。

しかし、東拘基準を設定し、あるいはこれを維持するにあたり、東京拘置所長において、右(イ)及び(ハ)の認定・判断をしたか否かは明らかでなく、たとえそのような認定・判断をしていたとしても、それについて右(ロ)及び(ニ)の要件が満たされているとはとうてい認めることができない。本件記録によっても、これらの諸点について具体的な主張・立証は全くされておらず、原判決も何らの認定・判断を示していない。

したがって、東拘基準による類型的取扱いを拘置所長の合理的裁量権

の行使として、是認することはできない」。

河合裁判官の反対意見は、旧監獄法46条および50条（信書の制限等）の規定も死刑確定者についても原則は自由であり、その必要性・合理性が認められる場合のみ例外的に制限されるものであるとしたうえで、東拘基準は原則と例外が逆転していると述べている。具体的には、拘置所長の判断に障害発生を防止しなければならない合理的な根拠が認められないことを指摘している。先に検討した東京高判平8・10・30の発信不許可違法判断からも、最高裁が本件反対意見を全面的に採用する時機は近いものと期待したい。

3――既決囚の著作

岐阜地判昭63・7・4（行例集39巻7・8号695頁）は、「監獄が多数の受刑者を収容し、これを集団として管理する施設であって、紀律保持の必要があることに鑑み、受刑者の著作物の外部投稿の自由が右目的のために必要最小限度の合理的制限に服することのあるのはやむをえないところというべきであり」とし、制限が憲法21条に違反するものではないと判示した。この判決の趣旨からは、すべての既決囚の著作物の外部投稿の禁止は合法であるということになる。

本件は原告が文芸作品を投稿したいとの理由で下書き用紙の交付を出願したが、内容が裁判闘争の展開ないしは、刑務所職員が暴力団関係者と不正に癒着し、不公平な処遇をしていることを主張していることが、施設の管理運営上重大な支障をきたすと判断し不許可としたものである。「施設の管理運営」から著作の発表が制限されている。

その判断の根拠は、受刑者の著作物の外部投稿については旧監獄法に規定がなかったので、信書の発受に関する旧法46条2項の「特ニ必要アリト認ムル場合」に該当するか否かにある。ところで非親族に対する発信には厳格な制約があり、判例は、原則として訴訟関係人、弁護人以外は例外として認めていない。判例を基準に判断すれば、外部投稿不許可の違法性を判断することは、むしろ困難である。ところが本判決は、「特に必要と認める」場合とは、「右行刑の目的に照らし、その処遇、矯正教化、更生、権利救済等の面ある

いは施設の管理運営上支障がないかとの面から、特に必要性が認められる場合をいうと解せられるところ、右必要性の判断は、事柄の性質上、監獄の諸事情に通暁し、受刑者等の処遇等に関して専門的・技術的知識と経験を有する刑務所長の合理的裁量にゆだねられているものと解するのが相当である」としている。

「必要性判断」の判断材料は提示しつつも、その判断は所長の裁量にあると解するのが相当であるというのであるから、当初から裁判所の判断を放棄している。岐阜地判平元・1・23（保安情報62号1頁）では、前記「特ニ必要ト認ムル」場合に許可する点に関し、行刑目的に照らし、その処遇と矯正教化、更生等の面から所長が判断するとしている。そして本件では、原稿の宛先たる弁護士が、その事務処理を拒否していたこと、本原稿が公表されることは、所内外に無用の誤解を招きかねないとして、不許可は違法ではないと判示している。「特ニ必要ト認ムル」が刑務所長の主観的判断のみに優先している。それが「専門的・技術的知識と経験を有する刑務所長の合理的裁量」という表現で結論づけられている。

ノートの使用

ノートの使用については、各刑務所で管理上の基準となる内規を定めており、たとえば「全部使用して、余白のなくなったノートは、領置又は破棄手続きを願出ること、原則として宅下げは認められない」（甲府刑務所既決被収容者生活の心得）、「使用済のノートは、原則として破棄又は領置すること」（東京拘置所既決収容者の心得）などがある。

在所中のノート使用について、広島地判昭46・3・24（訟月17巻6号962頁）は、原告がノートの使用許可の申出をしたが、許可処分がなかったとする訴えに対して、「本件について、原告から出願はなかった」として実質審理をしていない。

岡山地判昭52・11・16（判時893号76頁）は、受刑者のノートを釈放後も領置するについて、適正な手続をとらなかったとして違法の判断をしたものである。本件は、原告はノート100頁余りにわたって日記形式で記述していたが、内容検査のためという理由で領置されたため、原告が返還請求をしたものである。これに対し裁判所は、釈放後も検査のため当該ノートを領置する

ことは許されるとしたが、適法な手続をとらないで領置したことの違法性は認めた。つまり「受刑者の在監中の行状、当該ノートの記述の体裁等から、当該受刑者の釈放後に、刑務所の安全、所内の秩序維持に対する侵害行為の誘発、助長するおそれのある記述がなされているおそれがあると考えられる場合には」、釈放後も検査のため刑務所が占有することは許されるというものである。しかし本件では、たまたま原告が返還訴訟を起こした結果として、しかも焼却処分などされずに返還されたのであって、通常は、このような理由では返還されない。また、仮に記述の内容に問題があれば、そのための検査は常時行われているはずであるから（たまたま釈放前日の日記だけが問題となるとは考えにくい）、本人の釈放後も領置する意図は明白ではない。

　旧監獄法55条は「領置物ハ釈放ノ際之ヲ交付ス」とし、同施行規則170条は「釈放セラル可キ者ノ領置物及ヒ作業賞与金ハ予メ交付ノ準備ヲ為シ置ク可シ」としていた。受刑者は釈放と同時に、あらゆる制約から解放されるべきものである。岡山地裁は、釈放日にノートを提出させ翌日の午前6時20分の釈放までに検査は終了できなかったとするが、施行規則にも反しているのではないか。在所中の記録は本人の重要な資産であり、外部に発表するものも含まれる。

4──刑事施設における「著作」

　受刑者作成の文書図書については新法133条において「刑事施設の長は、受刑者が、その作成した文書図書を他の者に交付することを申請した場合には、その交付につき受刑者が発する信書に準じて検査その他の措置を執ることができる」と規定している。その具体的な措置については法務省令で定めるとしており、その内容は明らかにされていない。ただし発信に準ずるものとしている。新法においては、信書の発受については原則として、その相手方についての制限はないはずである。しかし信書についての実務では、規律秩序の維持を理由に自由な発信が認められているわけではない。さらに事前の検査、内容による交付不許可の措置もなされている。問題は、著作段階での内容による検査・削除・抹消が具体的にどのようになされるかにある。

ちなみに、アメリカでは死刑確定者といえども著作の発表に何の制約もない。昨今話題となった、警察官殺害で死刑宣告を受けたムミア・アブージャマル（MUMIA ABU-JAMAL）は「死刑囚監房からの生還」（Live from Death Row）という著作を出版しベスト・セラーとなっている。

5 ― 受刑者の表現の自由

憲法の保障する表現の自由（21条1項）は、思想・信条・意見・知識・事実・感情など、個人の精神活動にかかわる、いっさいの伝達に関する活動の自由ということができる（佐藤幸治『憲法〔第3版〕』1995年、青林書院、512頁）。むろん在所者については表現の自由といえどもフリー・ハンドではない。しかし、これまでの判例を通じての実務の扱いと判示の論理から判断すると、施設の秩序の維持と管理運営の立場から、いかに表現の自由を制限することが違法ではないかに論点がおかれている。

しかも、その最終的な論拠は「現場の専門性」という特別権力関係論に依拠している。ほんらい「明白かつ現在の危険」の理論は、アメリカにおいて1950年代に言論処罰法への再検討の論拠として生まれてきた。現在では、さらに、個別的な「利益比較衡量論」に重点がおかれつつある。むろん、これらの理論も表現の自由の権利擁護のための絶対的なものではない。しかし、わが国の裁判にみられる顕著な特色は、これらの理論への接近にあまりにも無頓着である。反面において、いかにして表現の自由の制約を正当化することが行刑にとって必要にして、やむを得ないかの防御に実務と裁判が一体となっている姿が浮き彫りにされる。そこには、どの限度まで受刑者の表現の自由が許されるかの、受刑者側に立った接近への態度が残念ながらみられない。

つまり秩序の維持・管理運営と表現の自由を対立関係としてのみとらえているところに悲劇がある。この点に関しても一方では、表現の自由を認めることが管理運営にとってプラスになるという発想がなぜ生まれないかが問題である。大衆はメディアによる効果的な報告に依存している。受刑者とメディアの通信の障害を拒否し、検閲から郵便を保護することは、受刑者の表現

の自由を拡大し、受刑者の欲求不満を解消させ、刑務所職員もそれに応えることで両者にとって利益になる。適当な表現の流出は、緊張をつのらせるよりは和らげるということが、これまで多くの研究でも明らかになっている（The Right of Expression in Prison, 40 S .Cal.L.Rev, 407, 1967）。

　名古屋拘置所に収監されていた確定死刑囚・木村修治は、1995年1月13日、東京地裁に出版妨害訴訟を提起した。その趣旨は、木村は自己が犯した罪に対する贖罪の一環として、自分がたどってきた人生と過ちをとらえ直す目的で記述した手記の出版を勧められ承諾した。ところが記述後すでに5年を経過しており、出版社主と「あとがき」予定者ら2人が原稿の取捨選択のため木村との面会を求めたが同拘置所はこれを拒否した。

　原告は、面会拒否の根拠とされている死刑確定者の外部交通についての判断基準は、憲法上の基本的人権である外部交通権を制限する基準としては抽象的であり、人としての基本的な思想・信条を否定し、人間の尊厳を否定するものである。同時に、出版する側にとっては著者の表現の自由の阻害により、読者に著者の真意を著書に十分に盛り込むことが不可能となり、出版社および、その著書の「あとがき」を依頼されていた者（共同原告）の表現の自由をも侵害したものであるとした。

　この裁判は、同年3月16日に第1回公判が開かれ、公判中であったが、同年12月21日、木村は同裁判が実質審議に入る前に処刑された。同事件は、死刑確定者の表現の自由の問題であるとともに、出版社および「あとがき」執筆予定者の表現の自由に関する憲法上の重大な基本的人権問題であり、裁判所がどのような判決を下すか、最初の事例であるだけに注目されたが、2004年2月24日に最高裁は上告自体を「不受理」とする事実上の棄却判断を下した。

第6章　保健と医療措置

［1］　保　健

1 ― 頭　髪

　新法においては、60条「受刑者には、法務省令で定めるところにより、調髪及びひげそりを行わせる」とある。この意味は、受刑者に調髪及びひげそりの便宜を与えることにあるが、同時に「その意に反しても、調髪及びひげそりを義務付けることができる趣旨を示したものである」（林・北村・名取『刑事収容施設法』229頁）。

　受刑者の調髪等に一定の制約をつけることはやむを得ないが、本条は旧監獄法36条が「意思に反しても」調髪及びひげそりができる、とした趣旨と同じである。問題は具体的にどのような限度に調髪・ひげそりが制約されるかにある。新法においては、「被収容者の保健衛生及び医療に関する訓令」（訓令3293号）において、自弁の調髪の髪型について「刑事施設内の衛生の保持並びに刑事施設の規律及び秩序の維持に支障を生ずるおそれがない限り、本人が希望する髪型とする」としつつも、(1)原型刈り、(2)前五分刈り、(3)中髪刈り、の髪型を図示している。この髪型は旧監獄法時代と異なるものではない。

　名古屋地判平18・8・10（判タ1240号203頁）では、男子受刑者に対する調髪処分の違法性については、個人の髪型を自由に決める権利が憲法13条により保障される権利であることを認めつつも、拘禁施設の裁量に基づいて決定される処遇内容に応じて、その拘禁目的の達成に必要な限度で制限を受けるとして、違法ではないとしている。

このような受刑者の頭髪に関する裁判例は前記東京地判昭38・7・29以来のものである。そもそも「髪型の自由」が拘禁目的により制限できるものであるかが問われている憲法問題に関し、裁判所の判断はこれに何ら答えていないに等しい。

東京地判昭38・7・29（行例集14巻7号1316頁）では、受刑者の頭髪の翦剃が憲法に違反するか否かが論点とされたが、後述するように本件を契機として昭和41年法務省令47号により旧規則103条は改正された。したがって、頭髪の問題に関しては、その後において裁判例はない。しかし、こんにちの受刑者の頭髪問題がすべて解決しているわけではない。

本判決は、受刑者の頭髪を翦剃する必要性として次の理由をあげている。

その第1は、衛生の必要がある。すなわち多人数を一定の場所に隔離する場合、衛生面の注意がとくに要求されることは明らかであり、この意味において、長髪はとかく不潔に陥りがちで、衛生の見地より好ましくないものといわなければならない。

第2は、外観上の斉一性を保つ必要があるということであり、このことは二つの意味をもつ。まず受刑者の外観を特定の形に統一することは、刑務所内の秩序維持ないし逃走の防止に大きな利益を与える。さらに、あらゆる階層の出身者からなる受刑者を刑務所内において一律に扱うことが、刑の執行、受刑者の矯正の目的からして重要である。

第3の理由は、頭髪を翦剃することの方が、長髪を許し、これを調髪するよりも施設、器具等のうえで財政上の負担が軽い。

その他、わが国においては、いわゆる「坊主頭」が社会的評価を損なうものではないこと等を述べた後、裁判所の任務が政策上の当否を批判するものでない以上、裁量権の範囲内のものと認められる限り、憲法違反、違法の問題はおこり得ないと判示した。

現在は「被収容者の保健衛生及び医療に関する訓令」（平18・5・23、矯成訓3293）により、男子受刑者は原型刈り、前五分刈り、または中髪刈り、の別がある。

男子受刑者で累進処遇第1級者、仮釈放の面接が終わった者、残刑3月以内の者、禁錮、勾留受刑者については、おおむね5センチまで伸ばせる（付

図により背面、正面、側面が規制されている）。その他、男子未決拘禁者、女子、外国人等について規定がある。

　これらの調髪要領により、要するに最長で5センチまで伸ばすことができるものとなった。しかし、これは頭髪の翦剃の強制をしないとする局長通達の文言とは必ずしも一致していない。また現実に出所前に5センチになることは少ない。いわゆる刑務所の「坊主頭」は現在しているとみてよい。そこで前記判例の丸刈りの論拠について検討しておく。

　丸刈りの論拠

　①衛生上からの翦剃理由は、現在の入浴回数にしても、長髪が故に不衛生になるとは判断できない。②外観上の斉一性のためという論拠は、受刑者の個性を埋没させるものであって、こんにちの処遇論からいっても受け入れ難い。③財政上の負担が膨大なものとなるとは想定できない。いずれの根拠もさしたる理由とはなりにくい。それは、最初に翦剃が事実として存在し、その後において理由を付加したものであって、丸刈りが当然のものとしているのである。判決でも述べているように、これが裁判の限界である。

　名古屋地判平18・8・10（判タ1240号203頁）によると、性同一性障害者が丸坊頭の違法性を提起した事件で、原型刈り及び五分刈りの措置は、①集団の内の規律や衛生を厳格に維持するため有効、②逃走防止及び画一的処遇の実現にとって統一する必要がある、③長髪を許容することによって生じる施設や器具の調達、維持の財政上の負担増をあげている。いずれの理由も合理性のないものであることは上述のとおりである。

　新法60条2項の「処遇上適当と認めるときは自弁の髪型を許す」の規定は実現されていない。

　それでは、行政において、こんにちでも事実上の「坊主頭」にこだわっている根拠はどこにあるのか。基本的には、受刑者に加辱の意味を身をもって味わわせることにある。国連の被拘禁者処遇最低基準規則が「被拘禁者がその自尊心に合う容姿を整えることができるように、頭髪およびひげを適当に手入れするための設備、ならびに男子が定期にひげをそることのできる設備を設けなければならない」（第16）と規定しているのに反する。

2―入　浴

　旧監獄法には入浴に関する直接の規定はなかった。新法でも入浴の日数は「刑事施設の長が定める」とだけ規定している（被収容者の保健衛生及び医療に関する訓令5条）。実際にはおむね週2回、夏季には週3回実施されている。入浴の禁止が主として問題となるのは後述の懲罰との併科に関してであるが、入浴の回数を定めた旧規則105条に関し、東京地判昭39・7・29（訟月10巻9号1240頁）は、原告が13日間の勾留期間中、入浴の機会があったにもかかわらず入浴させなかったことに対し、「監獄法施行規則105条は、7日間に1回入浴の機会を設ければよいということではなく、個々の在監者に対して少なくとも、7日間に1回は入浴の機会を与えなければならないという趣旨であることが明らか」であるとして、定期の入浴日以外に入浴日を設けなかったことは違法であると判示した。

　これに対し東京高判昭42・3・8（訟月13巻4号445頁）は、「この規定は、要員、施設の都合いかんにかんがみ、常に必ずしも厳格に例外を許さない趣旨で定められたものではなく、……訓示的規定と解するを相当し、……直ちに違法ということはできない」とし、規定どおり入浴させられなかったとしても、それによって在所者の「人権が侵害されたとみられる程の不当な不潔、非衛生が生じたとは考えられない」と判示した。

入浴の意味

　入浴は運動と比較すると集団での衛生管理が優先している。新法では「保健衛生上適切な入浴を行わせる」（59条）としている。しかし詳細は省令に委任されている。入浴は、とくに日本人にとって馴染み深いものであるが、衛生管理の面からは必ずしも入浴が必須ではない。シャワー設備が完備し、適宜利用できるならば入浴にこだわる必要はない。問題は衛生管理の基準をどこにおくかにある。伝えられるように省令において1週間に2回を下らない範囲内での入浴またはシャワーの利用を基準におくならば問題はない。現状でも、おおむねこの基準は実際に確保されている。しかし現実の入浴は工場ごとに隊列を組んで向かい、脱衣・初浴・洗身・再浴・出浴の4段階をすべて職員の立会いのもとにベルの合図で区切りをつけ、全体の入浴時間は10分

前後である。使用する湯水の量についても掛け湯2杯、洗髪4杯、洗身4杯、上がり湯2杯などと細かく制限されている。これらに対する違反がことごとく懲罰の対象となっている。入浴中の一挙手にわたる監視と、これらの懲罰は撤廃すべきである。なお入浴のある日は運動は中止となる。

　入浴に代わるものとして身体清拭がある。タオルで体を拭くことである。府中刑務所では「運動から帰ってきてもシャツやランニングを脱いで身体をふくことは許されず、着衣したまま、それも3分間と決められている」（監獄法改悪とたたかう獄中者の会編著『全国監獄実態〔増補新装版〕』1996年、緑風出版、33頁）。それ以外の時に身体をふくのは懲罰となる。汗をかいても自由にふけないのが現実である。そのため、いんきん・たむし・水虫・あせも等の皮膚病にかかる者が多発している。入浴以前の問題が現実にはある。

　熊本地判平8・1・26（判時1599号123頁）の事例では、原告は熊本刑務所内でタオル縫製などの作業に従事していたが、作業後の洗体に使用する水量は備付けの洗面器2杯に制限された。これでは1日の身体全体の汗等を払拭することが不可能であり、洗体後のタオルを脱衣所から持ち出すことも禁止されており、1枚のタオル使用期間は最低2か月であった。その間、石けんでタオルを洗うことも禁止されていた。

　これについて判決は、入浴・シャワーを実施していたし、舎房内での身体払拭は可能であった、衣類の種別に応じた頻度で洗濯を行っていた、これまでに衛生上の問題が生じたことは認められない等を理由に、使用水量の制限およびタオルの石けんでの洗濯禁止に不合理はないとしている。2か月の不潔なタオル使用を居房内で払拭可能との理由で不法ではないと判断している。

3―運　動

　旧法38条は「在監者ニハ其健康ヲ保ツニ必要ナル運動ヲ為サシム」とし、旧規則106条1項では「在監者ニハ雨天ノ外毎日30分以内戸外ニ於テ運動ヲ為サシム可シ但作業ノ種類其他ノ事由ニ因リ運動ノ必要ナシト認ム可キ者ニ付テハ此限ニ在ラス」と定めていたが、問題となるのは日曜・祭日・休日・祝日・入浴日に運動させないことである。これまでの裁判例では、いずれも

日曜・入浴日に戸外運動させなくとも、直ちに違法ではないと判示している。東京地判昭39・2・27（訟月10巻3号505頁）では、「規則106条をもって、在監者に対する運動についての最低の保障規定と解し、その遵守の有無が直ちに違法判断の基準となるとするのは妥当な見解とはいえず……」とし、一応の基準にすぎないとした（同旨、東京地判昭48・1・31訟月19巻3号53頁等）。

　1957年7月31日に国連で採択された「被拘禁者処遇最低基準規則」では、「すべての被拘禁者には天候の許す限り、毎日少なくとも1時間、適当な戸外運動をさせなければならない」（同規則21(1)）としている。

　新法では、単に時間帯を規定しただけであり（新規則12条1項3号）、時間については、「1日に30分以上、かつできる限り長時間、運動に機会を与える」（新規則24条2項）とするにとどめた。

　旧規則106条の趣旨は30分以内の運動原則を明記したものであるが、むしろ運動時間の最高限を規定したにとどまり、最低限を定めない点で十分に保障的でないことが問題として指摘されていた（倉見慶記・石黒善一・小室清『行刑法演習』1958年、法律研究社、368頁）。

　ところが実務においては、改正後もこの原則を守っている施設は皆無である。「雨天ノ外毎日30分以内戸外ニ於テ」という規定が仮に判例の示すような単なる基準であるとしても、どこまでその基準の拡大を容認するのか疑問となる。判決では、「健康を保つに必要な程度の運動が保障されている場合であっても、刑務所長が十分の人的、物的設備を有しながら、なんら合理的理由もなく、いたずらに戸外運動を制限する措置をとることがあれば、違法の問題を惹起することもありうる」（前掲東京地判昭39・2・27）として、戸外運動でなく室内や廊下での運動がなされている場合でも、戸外運動の制限が違法の場合があることを判示したのである。

　仙台地判平10・10・22（判時1692号98頁）では、宮城刑務所で、午前、午後各1回15分までの休息時間と40分の昼食・休息時間に運動・入浴の一部を実施していた。しかし休息時間内に昼食・用便も入っており、実際に時間は、せいぜい20分くらいであり運動は不可能であった。

　これについて同判決では「運動時間においては受刑者全員に同一の運動を行わせるものではなく、湯茶を供与したり、新聞購読、談話等、一定の範囲

での自由な行動を行わせている」として棄却判決となっている。

　新潟地判平4・7・16（保安情報69号14頁）では、未決者に関してであるが、金網で囲まれた舎房棟の屋上でのコンクリート床の運動場での運動も旧規則106条に違反していないとしている。

　ところが在所者は居房内では指定された場所に座っていなければならない。1日1回の居房内体操を認めている所は多いが、厳正独居者は居房内体操をするスペースもない。居房内運動も十分に条件が満たされていない。ほんらい戸外運動が原則であり、それを補充するものとして居房内運動がある。ところが居房内運動を理由に戸外運動の制限が拡大されている。その居房内運動もこのような状況である。

　たとえば東京拘置所では、天井までは2.7メートル弱あるが、奥行は3.1メートル、幅1.6メートル余であって大柄な体格の者は狭所恐怖症（閉所恐怖症ともいう）、不安神経症になることがある（東京高判平5・12・27保安情報72号50頁）。

　東京地判昭48・1・31（訟月19巻3号53頁）では、「原告は府中刑務所長が日曜日、祝日および入浴日に戸外運動を行わせないのは違法であり、そのために原告は健康を害したと主張するけれども、……原告の右在監中における健康状態はおおむね平常であった」との趣旨の判示がある。

　改正後のこんにちでも、運動の30分に運動場への往復行進も含まれており、実質はせいぜい10～15分である。さらに規定により土曜、日曜、祝日はもとより年末年始、盆の間を含め運動はない。

　死刑確定者に入浴日、日曜、祝日および閉庁日に戸外運動の機会を与えないのは旧法38条および同規則106条に違反していると訴えたのに対し、東京地判平7・2・28（判タ904号78頁）は、旧規則106条の戸外運動は一応の規準であって「当該監獄における具体的な人的物的戒護能力と当該在監者の実質的な運動量とを総合的に考慮して決するのが相当である」として違法ではないと判示している。戸外運動の禁止が違法となるかどうかの判断基準が現実に健康を害さなければ違法とならないかのごとき表現である。1日30分の戸外運動の原則は無条件に守られなければならない。

［２］　医療措置

1 ―医師不足

　新法では保健衛生および医療の原則を「社会一般の保健衛生及び医療の水準にてらし」(56条) 適正な措置を講ずるとした。これがどこまで実現するか。まず現実を紹介する。

　日本の刑務所には、2015年現在、医師は332名（欠員72名）いるが、内科医・外科医が大部分であり、眼科、耳鼻咽喉科の専門医はほとんどいない。さらに深刻なのは、現在の多くの施設では、医師はおおむね１名であり、定員に見合った医師の確保ができていない（定員の８割以下）。とりわけ歯科医師は、そのほとんどが外部の医師に委託している。こうした状況の中で夜間や休日の診療は物理的に不可能である。

　受刑者が医療の要求をしても、ただちに対応してくれる体制ではない。医師でない職員が仮病であると判断し、医療措置を講ずることなく死亡に至った例もある（矯正局死亡帳報告書）。受刑者へのアンケート（2003年10月20日公表）でも、刑務所での医療に対する不満が約70％になっている。とくに長期受刑者（LA．LB級）では70〜80％に達している。①満足な治療が受けられなかった（28.5％）、②希望した薬がもらえなかった（19.9％）、診療を受けるまでに時間がかかった（18.1％）の不満が示されている。少なくとも、投薬の内容の説明を義務づけ、社会における治療内容との継続性を保障することが必要である。

　深刻な問題の一つは、入所前に糖尿病やＣ型肝炎（覚せい剤犯に多い）などで代表される持病持ちの治療が不十分なことである。また入所前での投薬が許されず、刑務所で支給されるクスリが不適合で、病態を悪化させている事例が頻発している。新法では、収容前の医師による診療を認めることとしたが（新法63条）、現実にどこまで拡大されるかは今後の細則および実務を検証しなければならない。

　現状の若干例を挙げておく。

- 診察を求めたのに願せんを拒否された。
- 刑務所の医療課では医師の名前を掲示していないが医師法違反ではないか。
- 看護士がクスリの調合をしているが薬剤師法違反ではないか。調合した人の名前も書いていない。
- 風邪を引いても39度以上の熱が出ないと投薬はない。
- 大動脈瘤の術後で極度の神経痛に苦しむ者に行進の姿勢が悪いと難くせをつけ、尻や足を蹴られた。翌朝胸が痛く、診療を申し出たが医療受付日ではないとして診断を拒否された。
- 皮膚病と思われる症状の出た受刑者の診察申し出に１年経過後まで投薬をせず、両足の付け根、腹部、腕部の皮膚に湿疹ができ、同居房の８名のうち７名が同じ症状に感染し、このことが新聞報道されて、はじめて外部の専門医に診察し、軟膏や飲みクスリを投与した。
- 腰痛で刑務作業に従事できず、病棟に収容されている者で１週間の入浴以外は独居房の外に出ての運動もない。
- 2005年３月28日付、北海道新聞夕刊は次のごとく報じている（要旨）。「札幌刑務所で2004年、受刑者97人が皮膚病の『疥癬』に集団感染していたことがわかった。別の細菌炎症と誤って診断したため対策が遅れ集団感染につながったとみられる。」
- 受刑者の中には血圧の異常に高い者、腰痛やメマイの症状を訴える者も当然いるが、全般に適当な処理がなされていない。のみならず刑務作業を強制されている。それに耐えられない者は軽塀禁の懲罰を覚悟で「作業拒否」を申し出る。血圧が210あり、医師の診断で「このままではいつ血管が切れてもおかしくない」と言われても処遇担当が、独居での横寝も許さない、との報告。
- 歯の治療に関しては受刑者の深刻な問題がある。刑務所では痛い歯の抜歯はしてくれるが入れ歯は自弁である。そのため金のない者は歯を抜いたままとなる。
- 熊本刑務所のある受刑者は、歯槽膿漏のため全部を抜歯され、その後は食事を噛むことができず９か月過ぎたころから胃の具合が悪くなり胃薬

を常用している。入れ歯には15万円が必要だと刑務所担当者が告げた。

　これらの現実は、単に医療体制の不備どころではない。治療を訴えても、まず最初に仮病であるか否かの疑いから始まる。たとえ病気が仮病でないと判断されても刑務作業と規律秩序維持が優先され、治療は「止むを得ない場合」の措置である。その措置も単なる気休め程度の類であり、医療器具も老朽化している。持病のある者は、刑務所入所と同時に、その持病を悪化させないかどころか、いかに持病に耐えるかに限定される。自由刑に加えて病気との戦いが始まる。日本の刑務所では受刑者を人として扱う対象に物理的にできていない。このような現状において、法63条の標目をどのように実現させるかの具体策は何ら示されていない。現実には、上述のように医師不足から、そのような体制が実現する見込みがない。

2——法条の有効確認

　この類型に属すると思われる判例はいくつかあるが、そのうち東京高判昭30・4・19（下民集6巻4号754頁。第一審＝東京地判昭27・12・22下民集3巻12号1810頁）と神戸地判昭48・9・4（行例集24巻8・9号877頁）の2件はいずれも違法の判決となっている。

　東京高裁判決は、肺結核で加療中の老齢の被告人を6か月半にわたり勾留した場合において、刑務所の診療、健康管理が適切でなかったことなどにより死期を早めたとして違法が認められた事例である。

　神戸地裁判決は第1に、刑務所長は旧規則107条および結核予防法4条に定める健康診断を施行する義務を負い、これを施行するか否かの裁量権はない、第2に、定期健康診断の施行を求める訴えが適法とされた事例である。

　原告の主張は、旧規則107条は「独居拘禁ニ付セラレタル在監者ニシテ18歳未満（現行法では20歳）ノモノハ少クトモ30日毎ニ1回、其他ノモノハ少クトモ3月毎に1回、雑居拘禁ニ付セラレタル受刑者ニシテ刑期1年以上ノモノハ少クトモ6月毎ニ1回監獄ノ医師ヲシテ健康診断ヲ為サシム可シ」と規定していたが、神戸刑務所に収容されて以来一度も定期健康診断を受けたことはない、よって定期健康診断を行うよう求めるというものである。

これに対し、被告（刑務所長）は、定期の健康診断はしていないが、保健助手が毎朝巡回し、収容者の健康観察をしている等の反論をした。判決では旧規則107条および通牒等から同条は、刑務所長に対し医師による定期の健康診断を義務づけるものであり、刑務所長にその裁量権はないとした。ただし受刑者個人は健康診断を要求する権利までも保障したものではないが、一定の場合には要求することができるとして、原告の訴えは適法であると判示した。

その後において同種の訴えはないが、矯正の現場においては、入所後の健康診断がまったく行われていない施設もある（長野刑務所、千葉刑務所等、監獄法改悪とたたかう獄中者の会編著『全国監獄実態〔増補新装版〕』1996年、緑風出版、104頁）。

3 ── 医療行政上の不当

この類型に相当すると思われる既決の事例（仙台高秋田支判昭39・4・9判例集未登載、菊田編・前掲書61頁参照、横浜地判昭45・10・16矯裁例集616頁、大阪地判昭55・2・29矯裁例集(2)651頁、東京地判平3・3・19判タ770号168頁）では、いずれも請求および申立てが棄却ないし却下されている。

ただし最近では、大阪地堺支判平11・10・27（保安情報83号26頁）で、刑務所在所中に肝癌で死亡したのは、適切な検査、治療を受ける機会を奪われたためであるとして、死亡した受刑者の遺族に損害賠償を認めた事例がある。

仙台地判平19・10・16（判時1996号68頁）は、原告が肺ガンに罹患しているにもかかわらず、検査を行った医務官が胸部Ｘ線画像の異常陰影を見落とし、またはその評価を誤り、その後の必要な検査を行わなかった過失を認め、4,845万円の損害賠償を求めた判決がある。この種の事件では、医療過誤はもとより、過失の有無、因果関係が重要な争点となる。

電気ショック事件

横浜地判昭45・10・16は、いわゆる電気ショック事件であり、その後においても同様のことが行われ、死者が出た事件である。強制電気けいれん療法の施術は行政処分の執行としての性質を有し、受刑者に対し通常の副作用の

範囲をこえる回復困難な障害を生じさせるものとは認められないと判示した。

　原告の主張は、次のとおりである。被告は原告に対し再三再四、暴力を伴う強制をもって電気ショック・注射等を行ったが、この行為は行政行為ではなく「特別公務員暴行陵虐致傷」に当たる犯罪行為である。原告は強制電気ショック・注射から逃れるため一日として心安まらず、強度の強迫神経症に陥っている。この原告は決して診療を拒否しているのではなく、同意、承諾を得ない強制的な電気ショック・注射を拒否しているのである。

　これに対し判決は、以下の理由で原告の主張を斥けた。原告は訴訟癖が強く、医学的には発揚自己顕示型の精神病者として診断された者である。麻酔電気けいれん療法は数十回にわたり行い、現在は経過観察中である。電気けいれん療法は簡便にして副作用が少なく厚生省「精神病治療指針」として採用されているものである。治療後は本人は頭痛もなくなり感謝していた。本件麻酔電気けいれん療法は精神障害を伴う収容者に対する適正な医療行為である。

　本判決をめぐっては、第1に問題となるのは、旧法40条（病患者の処置）を根拠に、麻酔電気けいれん治療行為を正当化している点である。同条が在所者の一般健康管理に重きをおいた規定であることはいうまでもないが、本人が拒否しているにもかかわらず（この点については両者の言い分に相違はあるが）強制的に刑務所内で高度の治療が可能であるかどうか、たとえ人的・物的に可能であるとしても、精神病院ではない刑事施設において、かような治療が正当かどうかについては判決では触れていないが、問題のあるところである。

　第2に、本判決後において、同刑務所では1969（昭和44）年に電気ショック療法を受けていたと思われる12名の死者が出、10年以上過ぎてから「ポックリ病」とされていたことが新聞報道により明らかとなった。おそらく本件の受刑者もその犠牲者の1人と推定される（未確認ではあるが）。司法判断の空しさを感ぜざるを得ない。

鼻から栄養補給、強制

　大阪拘置所で絶食していた元収容者（男性）が、栄養補給のために強制的に鼻からチューブを挿入され、出血し、精神的苦痛を受けたとして、国に損

害賠償を求めた事例がある。判決は、請求を棄却した第一審の判断を変更し、国の安全配慮義務を認め、50万円の支払いを命じた。事案の概要は、元収容者は、大阪拘置所において11回続けて食事を拒否し、体重が5キログラム減少し、医師は「命の危険がある」として、元収容者の同意を得ず、職員数人に頭や手足を押さえさせ、鼻にゴム製のチューブ（直径9ミリメートル、長さ約80センチメートル）を差し込み、栄養剤を注入したものである。控訴審では「強制的で危険性が高いチューブ挿入の前に、点滴などほかの方法を試みる注意義務があった」とし「体重減少のみを根拠に同意を得ずチューブを挿入した対応は違法」とした（大阪高判平26・1・23判時2239号74頁）。

未決の死亡事件

未決について過失および不法行為責任が認められた事例がいくつかある。東京地判昭51・6・30（判時850号57頁）は、逮捕中の容疑者（喧嘩による）が外傷性腸管破裂により死亡したもので、警察嘱託医は誤診により適切な治療をしなかった。これについて判決では、医師に「相当な問診」をする義務違反はないが、担当警察官には、適切な医療措置を講ずべき義務違反があるとした。

大阪地判昭58・5・20（判時1087号108頁）は、非定型精神病の被疑者が拘置所内で死亡した事案につき、拘置所長らに処遇上の過失があったと認めた事例である。

本件は、殺人未遂で逮捕された容疑者が暴れたため保護房に収容されたが、興奮して寒中に裸で徘徊し、摂食を拒否し身体が衰弱して死亡したものである。医師も専門施設での医療が必要であると示唆していたが、拘置所側は適切な措置をとらなかった。

大阪地判平元・11・30（判タ725号65頁）の事例は、当時36歳の被疑者が警察官の暴行により内臓破裂の傷害を受け、腹痛を訴えて2度まで病院に運ばれたが、担当医師の誤診で異常なしとして戻され翌日死亡したものである。警察側の過失と医師の過失の競合を認め、共同不法行為を認めた。いずれも原告が死亡している。

4―医療技術上の過失

既決の過失事例

　東京地判昭47・3・7（判時678号56頁）の事例は、原告はピリン系のアレルギー体質であり、その事実を述べていたが、歯痛止めとして投与されたグレラン末剤を服用し、皮膚に瘢痕が生じ主観的な苦痛を与えたとして薬剤投与の過失を認めた。

　また、名古屋地判昭58・2・14（判時1076号112頁）の事例は、原告は大分刑務所の作業場において担当看守を欺いて、不正に金槌の交付を受けた他の受刑者により背後から頭部および顔面を強打され、右半身麻痺、外傷性癲癇、小脳失調様症候群、右側頭骨陥没骨折の傷害を受け、身体障害者第3級の認定を受けた。

　この件については、第1に、看守の過失について、事故未然防止の戒護、教育義務を怠った過失、作業上必要のない金槌を貸し与えた過失、加害者が職場を離れたことを見逃した過失、第2に、刑務所長および職員の過失として、原告の負傷に対する診断、治療および看護の適切な措置をとることなく放置し、手術、治療を手遅れとしたことを認めた。

　本件における被告の医療過誤に関しては、次のような事実経過がある。事件は1976（昭和51）年11月25日に発生し、当日のうちに市内の外科病院で治療させたが当日連れ帰った。その後1月7日の仮出所まで薬の投与はなされていたが、翌年の1月20日に入院した結果、右側頭部に陥没があり、この陥没骨折については何の治療もなされていなかったことが判明した。事件直後に処置されていれば完治は無理としても、ある程度は回復可能であった。仮出所までの診察においてレントゲン撮影にも立ち会うことなく痛み止めだけを投与したとして過失を認めた。

　前橋地判平18・10・11では、旭川刑務所で受刑中の脊椎カリエス罹患した原告が、移送先に病院で行った手術につき、医師の診療上の過失により重大な後遺症が残存したとして、被告国に2,113万2,696円の損害賠償を認めた判決である。同判決では、担当医師の原告に対する検査の適否につき過失があったとしている。

なお既決で医療過誤が認められなかった事例（岡山地判昭42・8・21矯裁例集493頁）は採血検査不許可処分に瑕疵がなかったとされたものである。

未決の過失事例

未決で過失の認められた事例の第1は、大阪地判昭48・9・19（下民集24巻9〜12号650頁）で、虫垂炎を発病した被告人に対する拘置所側の医療措置が適切でなかったため、限局性腹膜炎を発病した事件である。原告は虫垂切断の手術を受けたが、術後の腹部の痛みと熱に対する訴えに応対されることなく、外部の病院で再手術した結果、腹膜炎を起こしていたことが判明し、それまでの措置に過失を認めた。

第2の事例は、浦和地判昭58・12・12（判タ515号187頁）で、勾留中脳溢血を起こした被告人について、早期受診と入院措置をとらず疾病を増悪させた事件である。判決では、警察署内で脳溢血症を発症してから東京拘置所へ移監するまでに約12時間にわたり救援、治療をしなかったことの過失を認めた。しかし、同事件についての東京高判昭61・11・26（判時1220号64頁）は、注意義務違反があったとはいえないとして過失を認めなかった。主たる根拠は、脳溢血症が警察署留置場に勾留中に発症したものと認定できないという理由による。

第3の事例は、大阪地判平元・11・30（判タ725号65頁）で、被疑者が警察で暴行されたとの主張は排斥されたが、被疑者が警察から搬送された病院で外傷性腹膜炎で死亡した事案で、警察官と医師の過失の競合を認め、共同不法行為の成立を認めた。また警察は身柄拘束中は適切な医療を施す義務があり、その義務は釈放後も消滅しない、医師の患者に対する問診や検査を怠ったことによる腹膜炎の増強を看過し判断を誤ったことの過失等を認めた。

第4の事例は、松江地判平14・1・30（判タ1123号115頁）で、拘置支所の懲役監に入監後に受刑者が保護房拘禁中にアルコール離脱症候群に伴う肺うっ血・腎不全により死亡した事故について職務上の注意義務違反の過失を認め損害賠償金として葬祭費100万円、逸失利益2,657万円等を認めている。

同事件では、①保護房拘禁の事前または直後の医師の診断を受けさせなかったこと、②嘱託医として受刑者の生命、身体を保全すべき注意義務違反、③高度な医師体制を持つ医療機関に転送しなかったことの注意義務違反、④

その他、これらの注意義務違反と死亡との因果関係のあることを認定した。

その他、東京地判平16・1・22（判タ1155号131頁）では、拘置所内で被告人が脳梗塞を発症した際に外部専門医療機関への転送義務違反を認めた事例、大阪地堺支判平16・12・22（判時1902号112頁）では、勾留執行停止後に肝硬変を原因とする肝不全により死亡した被告人について医師の適切な投薬治療を怠った注意義務違反の過失を一部認容している。

大阪地堺支判平16・12・22では、勾留執行停止から1か月後に肝硬変を原因とする肝不全により死亡した事件で、担当医がC型肝炎に罹患していることを認識しながら、適切な検査や治療すべき義務を怠ったとして、その過失を認め、原告らに各10万円の損害賠償を認める判決を出している。

死刑確定者の事例では、東京地判昭49・5・20（訟月20巻9号63頁）で、死刑の確定した在所者の脳腫瘍による死亡につき、拘置所の診療行為上の過失があったと認定された。本件は三鷹事件の確定死刑囚であるが、1966（昭和41）年12月27日に軽度のうっ血乳頭が発見されたが、拘置所は拘禁反応と診断し、翌年1月13日に昏睡状態となり同月18日に死亡したものである。

なお、東京拘置所獄中医療訴訟がある（日本弁護士連合会拘禁二法案対策本部「レポート・日本における監獄訴訟」1994年、29頁以下参照）。1993年11月9日に提訴（人身保護請求）した被収容者・死刑囚永田洋子は1983年以降、猛烈な頭痛発生に、けいれん、しびれ、耳なりや、1984年4月以降は失禁が日常化した。同年7月16日、慶応病院でシャント手術、同8月13日、東京拘置所、高裁に対し脳腫瘍であることを報告。その後の弁護人の照会では「病状悪化なし」とのことで弁護人は病院移送と刑執行停止の申立てをした。

これまでの獄中訴訟は、在所者が死亡した後に遺族が損害賠償を求める形態が多かったが、本訴訟は、現に収容されている者が適切な医療を求めて提訴した点で在所者の医療を受ける権利の実効性を問うものとして注目されていたが、東京地決平6・3・31（判例集未登載）は、人身保護請求による救済を求める請求に関しては適法としたが、顕著な違法性はないとして棄却決定している。なお拘置所から病院への移送については、現在も適切な治療が行われているとして、これを認めていなかった（東京地判平12・5・12判例集未登載）。

未決で過失の認められなかった事例の第1は、東京地判昭54・2・27（判タ386号105頁）である。逮捕前に肺浸潤、勾留中に粟粒結核の疑いがあると診断され、弁護人からも適切な治療措置をとるよう要望されていた被告人が、約3か月半にわたる判決日まで勾留され、釈放の翌日入院したが22日後に死亡した。判決は、拘置所担当の医師の診断、治療薬が的確であったとして過失を否定している。

　第2の事例は、神戸地判昭59・6・25（判タ535号266頁）で、拘置所の職員には被収容者の病院への搬送処置等につき過失があるが、その死亡との間に因果関係が認められないとして請求を棄却した事例である。

　これまでの検討から明らかなことは、事例そのものが少ないことである。獄中訴訟を起こすことがきわめて困難な背景には、立証がむずかしいこともあるが、被収容者に権利主張の意識がもてない状況であることにも要因がある。前掲『全国監獄実態〔増補新装版〕』によると、「デタラメ医療」として、前述の1969年の横浜刑務所（12名死亡）、1976年2月の大阪拘置所での虐殺事件、1978年の宮城刑務所で貧血状態での重労働で死亡、同年の岡山刑務所でぜんそく患者が薬をもらえず失神して死亡した事件、1980年に東京拘置所で動脈瘤破裂で医師の来るのが遅く死亡した事件、1983年夏に三重刑務所における3名の不審死事件、1984年6月の新潟刑務所における6日間に4人が死亡した事件（原因不明）、1992年8月に城野医療刑務所で看護士長の暴行で死亡したが、当局が看護士を懲戒免職していて検察側は因果関係の立証ができないとして略式起訴した事件（朝日新聞、1995年1月17日、筆者加筆）等がある。このように、わかっているだけでも不審な死亡事件が多発している。同書では、これらの例は氷山の一角だと述べている。

　むろん、これらのすべてに当局の責任があることを確認したわけではない。しかし死亡事件以外の医療一般おいて無数の事件があることを推測しないわけにいかない。刑務所における歯科、産婦人科、耳鼻科、眼科といった医師の常勤が稀である実情から判断すると、受刑者の医療には重大な問題のあることだけは指摘しなければならない。

　ちなみに大阪高判昭60・2・28（保安情報54号13頁）では、原告の腰痛、下肢痛の訴えに対してコルセット装着を認め、鎮痛等の対症療法をしていたが、

外部の病院に移送しなかったことにつき、国家賠償法1条1項の違反行為であると評価しつつも、原告の多発性神経炎は稀病であったことから医務課長が判断できなかったこと、「在監者に迎合して安易に過剰な医療措置をとることも相当でなく」保安上の要請との均衡上自由な一般市民が受け得る処遇に比較して一定の制約を受けることもまたやむを得ないと考えられる、としている。病気治療よりも保安上の要請が優先することを認めている。刑務所在所中は、治療可能な病気も治安優先の名目の前に病気悪化も正当化している（なお本書83頁以下参照）。

医療措置に関する最高裁判断も後述のごとく現実には施設側の過失を認める基準をきびしく解釈している。

東京地判平16・1・22においては、東京拘置所に勾留中に脳梗塞で倒れた男性につき発症後、すぐに専門病院などに転院させ血栓溶解療法など受けさせるべきであったのに、その転院義務を怠ったため、後遺障害が残ったなどとして提訴した国家賠償請求に対し、慰謝料120万円余の支払いを認めた。

しかし、控訴審の東京高判平17・1・18（判時1896号98頁）では、これを認めず原判決を取り消している。その理由は、「病状の悪化が防止できた可能性は認められず」として損害賠償義務が発生しないとしている。病状悪化防止の可能性があったか否かは結果論であり、専門医療施設に早い段階で細かな経過観察をすれば必要な手術がただちに可能である点からは、拘置所の対応は法的にも問題とされるべきである。

このような判例から推察されるのは、刑事施設内では、生命にかかわる病気についても、極限まで専門病院に移送せず、危篤の段階で専門病院に搬送し、医療措置を講じたとの責任逃れの証拠とする傾向がある。むろん、刑務所は病院ではなく、刑罰のための身柄拘束が第一義ではあるが、施設内では救われる生命も死亡に至る可能性が強い。単に自由刑にとどまるだけではなく生命刑が付属している現実を問題とすべきであろう。

［3］ 医療措置に関する最高裁判断

　最判平15・11・11（民集57巻10号1466頁）で「医師が過失により患者を適時に適切な医療機関へ転送すべき義務を怠った場合において、その転送義務に違反した行為と患者の重大な後遺症の残存との因果関係は証明されなくとも、適時に適切な医療機関への転送が行われ、同医療専門機関において適切な検査、治療……責任を負う」として損害賠償責任を認める判断基準を示した。
　本件は、患者を総合医療機関に転送すべき開業医の義務を否定し、早期転送による当該患者の後遺症を防止できたことについての相当程度の可能性があるとすることはできないとする原判決を破棄したものである。
　これに先立つ最判平12・9・22（民集54巻7号2574頁）も「医療水準にかなった医療が行われていたならば患者がその死亡時点において、なお生存していた相当程度の可能性の存在が証明されたときは、医師は患者に対して不法行為による損害を賠償する責任を負う」と判示した。
　ただし、最判平17・12・8（判時1923号26頁）では、東京拘置所の職員である医師が、原告の脳梗塞の適切な治療を受ける機会を与えるための速やかな外部の医療機関への転送義務を怠り、適切な治療を受ける機会を失わせたことに対し、その慰謝料請求を棄却している。
　その理由は、適切な医療の恩恵に浴することがむずかしく、「相当程度の可能性の存在」が証明されない場合に、なお医師の過失責任を負わせることは困難である、とする。
　上記最判平15・11・11の判断基準の実際上の適用にはまだ困難な課題が残されている。
　本件での最高裁判決では、反対意見として、これまでのいくつかの判断基準が示されている。参考までに例示する。
　(1)最判平12・2・29（民集54巻2号582頁）は、「患者が輸血を伴う可能性のあった手術を受けるか否かについて意思決定をする権利」を保護法益と認めた。
　(2)最判平13・11・27（民集55巻6号1154頁）は、「乳がんの患者が、担当医

から、自己の乳がんについて乳房温存療法等を実施している医療機関の説明を受け、手術を受けるか、他の医療機関での療法を受ける可能性を採るかの、いずれの道を選ぶか判断する機会が与えられること」を保護法益と認めた。

(3) 最判平14・9・24（判時1803号28頁）は、医師が末期ガンの患者の家族等に病状等を告知せず、告知を受けていた場合は、家族としては手厚い配慮ができたこととなり、「適時の告知により行われるであろう家族の協力と配慮は患者にとって法的法益に値する利益である」と判示している。

(4) 最判平17・9・8（裁判所時報1395号1頁）は、帝王切開術を希望していた夫婦が、担当医師から説明を受け、「胎児の最新の状況を認識し、経膣分娩の場合の危険性を具体的に理解した上で、担当医師の下で経膣分娩を受け入れるか否かについて判断する機会を与えられること」を保護法益と認めた。

これらの根拠により、専門医による適切な検査、診療等の医療行為を受ける利益を侵害された事例については、保護法益侵害による精神的損害を賠償すべきものとなる。

最判平15・11・11（民集57巻10号1466頁）は、これらの基準からは問題があるといわねばならない。

第7章 懲　罰

［1］　懲罰と適正手続

　国連被拘禁者処遇最低基準規則では、「紀律違反を構成する行為」「科せられるべき懲罰の種類およびその期間」「懲罰を科する権限を有する機関」等が法律または権限ある行政官庁の規則によって定められていなければならない、としている（第29）。また違反事実についての告知義務、自己の弁護を申し立てる適当な機会、審理機関の設置を定めている（第30）。

　新法73条は「刑事施設の規律及び秩序は、適正に維持されなければならない」（1項）とあるだけであり、その他の具体的規定はない。長野地判昭55・6・26（矯裁例集(2)709頁）では、原告が旧監獄法は国民に基本的人権を認めていなかった旧憲法体制下に制定されたものであり、現行憲法と相入れないとし、「懲罰制度」の違憲・無効の申立てをしたが、裁判所は「制裁の内容が所内の秩序維持という目的に照らし必要かつ合理的な範囲のものであり、かつ人道上の見地から最低限の人間性の尊厳を侵すようなものでない限りは、基本的人権に対する合理的制限として許されるものである」とし、憲法11条、97条、18条に違反しないとしている（同旨、東京地判昭56・1・26判時1011号76頁、大阪地決昭54・1・25矯裁例集(2)468頁、大阪地判昭54・2・2行例集30巻2号158頁）。

　抽象的一般論としては、現状において、この通説的見解が成り立つにしても、具体的には国際基準等に照らしても多くの問題をもっている。

1──懲罰手続の不備

　東京地判昭56・1・26（判時1011号76頁）によると、原告は、爆発物取締罰

則違反で府中刑務所に収容中、開房点検と閉房点検の際、職員から点検は定められた位置で受けるよう指示されたが、これを無視し机に向かって読書したり、立ったままでいるなど点検動作をとらず、職員の指示に違反したとの理由で旧監獄法59条、60条により軽屛禁および文書図書閲読禁止各5日の懲罰に付されたものである。

　これに対し、次のように判示している。「監獄法59条、60条の規定は、監獄内においてその規律秩序に違反した者に対し不利益たる懲罰を科することを認めるものであるから、人権の保障上、懲罰の対象となるべき規律秩序違反の行為を明示し、かつ、その科罰手続を規定しておくことが一般に望ましいことではあるが、右の懲罰は、……行政上の制裁である懲罰権であって、規律秩序に対する多種多様にして予測し難い内容の違反に対し、単に応報の目的からするに止まらず、矯正・教育の目的をもって行政機関により裁量的に科せられるものであり、刑罰とは異なるものである。したがって、これにつき刑法、刑事訴訟法等におけるような厳格な罪刑法定主義および適正手続の原則が適用されるものではなく、……科罰手続につき具体的規定を欠き、受罰者に弁護人を付すことも審判が公開されることも認められていないからといって、直ちに違憲違法ということはできない」。

　旧監獄法60条においては、実質8種類の懲罰であったが、新法151条では、(1)戒告、(2)禁錮受刑者の作業の10日以内の停止、(3)自弁物品の使用・摂取の一部又は全部の15日以内の停止、(4)訴訟書類等を除く書籍等の閲覧の一部又は全部の30日以内の停止、(5)報奨金計算額の3分の1以内の削減、(6)30日以内（特に情状の重い場合は60日以内）の閉居、の6種類となった（1項）。実際に科せられる懲罰のほとんどが閉居罰であり、その意味では新法において懲罰の種類が減っても実質的には変わりない。また(2)～(5)については2種類以上、(6)の閉居罰の場合は(5)の懲罰と併せ科すことができ（同条2項）、報奨金計算額削減の併科の点も同じである。これらの懲罰に優遇停止（新聞閲読、運動の停止など）が併科され、さらに該当者には胸にバツ印の布が付けられる。

　これらの懲罰の要件として、各刑務所には「受刑者遵守事項」があって、それには「○○してはならない」という形で40数項目が挙げられている。

　どのような違反に対し、どの罰則を適用するかの構成要件の規定はない。

たしかに「所内生活の手引き」はあるが、手引には「点検動作」の具体的な説明はない。判決によると、そのような科罰手段の規定は望ましいことではあるが、懲罰は刑罰と異なり、適正手続の原則が適用されなくとも矯正・教育の目的からは違憲ではないとしている。

前掲長野地判昭55・6・26も同旨の判決である。この事件で、原告は、「憲法31条、32条、37条は、それぞれ何人も法律の定める手続によらなければ、如何なる刑罰をも科せられないこと、何人も裁判を受ける権利を奪われないことを保障している。ところが監獄法59条、60条に定める懲罰は、前記憲法の各条項をことごとく無視するものであり、法定手続きの要件をその前提において欠落しており、且つ紀律違反の具体的規定を定めておらず、違憲である」と主張した。

これに対し判決は、「監獄内の紀律違反行為に対していかなる種類の懲罰を科し、又は併科するかはもっぱら刑務所長の裁量にまかされているものであり長野刑務所長が監獄の紀律に違反した原告に対して軽屏禁文書図書閲読禁止併科の懲罰を科したことについては何ら違法な点はない」と判示した。本件において原告は、旧監獄法59条、60条の懲罰が法定手続の要件に欠けていると主張した。

次に、前掲大阪地判昭54・2・2は、大阪刑務所に服役中の原告が軽屏禁15日の懲罰を受罰中、正座時間であるにもかかわらず、受刑者生活心得に違反して目を開け、足を乱したとして作業賞与金の削減等の処分を受けた事例である。これに対し、原告は、①本件は紀律違反行為をしたとして動静報告書に強引に拇印を押させ、「拇印を押したあとで事実と相違ございませんと書けば必ず助かり懲罰にならん」と職員に言われたため、拇印を押し引き続き自分の書きたいことを書こうとしたところ、いきなり原告の頭を殴打し懲罰票を持ち去った、②本件紀律違反について開かれた懲罰委員会において事実無根と弁解をしたところ、原告は退場を命じられ、弁解と防御の機会が与えられなかった、③本懲罰委員会は、所長、管理部長、作業課長、庶務課長等が欠席し定数を欠き、資格のない分類課副看守部長が出席して開かれたもので違法である、と主張した。

これに対し判決では、被告（所長）側の主張を全面的に認め、次のような

理由により訴えを却下した。①正座時間の受刑者生活心得違反事実を覆す証拠はなく、そうすると、原告が心得に違反した行為をしたことは明らかであり、原告の主張は理由がない。②原告の違反行為自体はさほど違法視すべきものといえないが、受罰謹慎中になされたものであり、軽視できないものがあり、所長が裁量権を逸脱し濫用したとまでは認め難い。なお原告は懲罰例に比し重きに失すると主張するが、その事実を認めるに足る証拠はない。③職員からの暴行、脅迫、利益誘導等を受けたと主張するが、これを認めるに足る証拠はない。④懲罰委員会なるものは旧規則158条、159条において要求していない。仮に内部において設置要件を定めていても、その点の瑕疵は行政内部の規則に違反したというにとどまり、違法の問題が生ずるわけではない。

問題となる第1は、紀律違反行為は事実無根であるとの原告の主張を証明する方法である。法上の懲罰手続が憲法38条の適用はないにしても、少なくとも当該事実を客観的に証明するものがなくてはならない。ところが本件では、原告が主張する違反事実について、被告は、「反省時間であるにも拘わらず右の如き態度をとった」とのみ主張しているにすぎない。この主張によって判決では「証拠なし」とされている。このような事件では原告は証拠を提出するすべがない。原告の状況説明は具体的であるが、それには何の反応も示されていない。証拠がなければ不問に付される。

第2は、「目を開け、足を乱した」ことだけで作業賞与金の削減、累進処遇階級の低下処分を受けたことが相当であるか否かの問題がある。

第3は、懲罰委員会については、どの刑務所も受刑者心得のなかで、「懲罰にあたる行為があったときは、取調べに付したあと本人ならびに参考人の供述とともに、証拠をそろえて懲罰審査会にかける」（甲府刑務所）、「懲罰は、遵守事項違反行為について取調べをした結果、それについての弁解の機会を与えた上で決定する」（東京拘置所）、「法令及びこの所内生活の手引の付録として掲げた被収容者遵守事項の各項目に違反する行為があった場合は、懲罰処分を受けることがあります」（府中刑務所）などとしているにすぎない。

ただし判決では、設置要件を定めていても、「その点の瑕疵は行政内部の規則に違反したに止まり」としている。形式論理としてはそのとおりである

が、だとすれば、「受刑者生活の心得」の類は法的根拠を何ら有していない。その心得に違反したことで、各種の懲罰が科せられている。その矛盾をどのように釈明するかが問題である。

2 ── 懲罰事例

　懲罰が「証拠なし」により違法とならないとするのが、多くの裁判例である。次の事例（東京地判平3・8・30判時1403号51頁。原告の訴状などを参照）は客観的状況から、いかに懲罰手続が一方的になされているかの検討である。
　原告は懲役7年の刑で新潟刑務所に在所中であった。入所以来優良受刑者として行刑累進処遇令にいう第2級に進級し、夜は緩和独居房で通信教育による簿記検定等の学習をしていた。
　ところが1984（昭和59）年6月、同刑務所において同月7日から12日までのわずか6日間に4名の受刑者が連続して死亡する事件が起きた。同刑務所の受刑者がこの事件の概要を知ったのは7月1日および2日の新聞報道によってである。原告はこの事件に不安を持ち、同年7月18日付けの信書で原告の弁護人に調査を依頼した。原告の依頼を受けた弁護士らが同刑務所を同年8月1日に訪れ、面会を求めたが拒否された（第一拒否事件）。その後の拒否（第二拒否事件）に関連しての厳正独居については省略することとし、この事件にからむ懲罰の経緯についてまず紹介しておきたい。
〔第一懲罰処分〕
　原告は第一懲罰処分の軽屏禁10日を1984（昭和59）年8月24日に受けた。これは弁護人に調査を依頼した後であることに注意する必要がある。その処分の理由は、新潟刑務所の遵守事項では「他人の身体、又は財産に危険を及ぼすおそれのある物を作成し、持ち込み、又は隠匿してはならない」、「他人の物を窃取し、若しくは壊し、若しくは許可なく他人の物をもらい、若しくは借り又は許可なく自己の物を破壊し、若しくは他人に与えてはならない」等が規定されている。これに反し、原告は1984（昭和59）年8月20日の転房（昼夜独居）の際の所持品検査で長さ30センチのプラスチック製定規1本を入手し、これを所持していたことが発見された。

定規取得に至る経過および所持状況を訴状によってみると、原告は、1983（昭和58）年7月ころから簿記試験に具えて学習しており、同年7月には、鉛筆・筆入れを購入し、8月には電卓購入許可を受けた。しかし簿記学習に必須の定規を購入することを失念していた。8月になり雑役係のMに対し、定規購入にどれくらい期間がかかるかを問い合わせたところ、20日位かかるとの返事であった。ところが当日、工場から帰房し、舎房袋を開けると、原告の氏名を表示し、副担当職員の許可印の押印された所持許可証の添付した定規が1本入っていた。原告はMに話していることから、同人に礼をいうとともに、定規を購入したら返す旨述べたが、同人は「あれは副担に正式の許可をもらったのだから返す必要がない」との返事であった。そこで原告はMの好意を受け、あらためて購入申込みをせず、そのまま定規を使用し1983（昭和58）年11月まで簿記の学習と試験に使用してきた。

1984（昭和59）年4月から所持品カードに記載することが義務づけられたが、品目欄には定規の項目はなく、他に記載しない物品としてはメガネ、メガネケース、メガネふき、砂消しゴム等がある。また定規を入手した1983（昭和58）年8月から懲罰処分を受ける1984（昭和59）年8月までの約1年の間に、月に数回の舎房捜検があり、かつ1983（昭和58）年11月22日の簿記試験の際には本件定規を舎房袋に入れて出役し、担当職員は、①出役時、②午前の試験のため試験場へ行く際、③午前の試験から戻った際、④午後の試験に行く際、⑤午後の試験から戻った際、⑥還房時の合計6回所持品検査をしており、同じく1984（昭和59）年6月12日の簿記試験の際にも2回の所持品検査を経ているが、定規につき問題視されることはなかった。

このような状況を踏まえ、原告は、①遵守事項違反を懲罰対象とすることの違法性、②遵守事項自体の違法性、③懲罰要件不該当、④懲罰権の濫用等の理由で処分の不当性を訴えた。とくに、③懲罰要件不該当として、原告は定規をMから譲り受けたものであり、違反の故意がなく遵守事項に反しないこと、④懲罰権の濫用に関し、軽屏禁10日という厳罰に処したのは、原告が受刑者死亡事件に対し、弁護士に調査・接見を求めたことに対する報復処分としてなされたものであり、懲罰権の濫用であり、違法性と不当性が明らかである、と申し立てた。前述のごとく原告は接見拒否処分を受けたことに

関連して1984（昭和59）年8月20日に厳正独居拘禁処分を受け、その日の転房措置の検査で定規の不正所持が判明したものである。

　これらのことから、原告は、刑務所長は死亡事件の真相が弁護士らの接見で解明され、批判されることを恐れて、接見を拒否し原告を厳正独居拘禁処分にし、さらに懲罰処分にしたものであり、原告の弁護士らとの接触を断念させるための不当な目的での懲罰処分であり、懲罰権濫用であると申し立てた。

　（第一懲罰処分の判示）

　判決は、所持品に関しては、①1984（昭和59）年4月から所持品カードに記載することが義務づけられており、1984（昭和59）年8月20日、原告を転房させる際、所持品を検査したところ、物品カードに記載されていない30センチのプラスチック製定規1点が発見された、②入手経路について、詳細に調べたところ、雑役をしていた受刑者から入手したとの供述を裏付ける真相は明らかでなかった、③本件定規には、担当職員の許可印が押印されていた、との事実は認めたうえで、「原告が刑務所長の許可していない物を所持していた場合に不正所持になると解するのが相当である。本件では、原告は、原告が本件定規を所持することについて許可があったと主張するが、右事実を認めるに足る証拠はない。確かに、本件定規に担当職員の許可印が押されていた事実は認められるが、この事実だけでは、原告に対し本件定規を所持することについて許可があったことを推認することはできない」と判示した。

　また原告は、所持していた定規は副担当職員の所持許可証が貼付されていたのであるから、原告は許可のない事実を知らず、遵守事項違反の故意はなかったと主張したが、判決では、受刑者から入手したと供述していること、新潟刑務所では他の受刑者から自由に物を入手することが認められていたわけではなく、原告に対する許可がないのに所持していたと推認できるから、原告に故意がなかったとはいえないとして、原告の主張を斥けている。

　判決において欠落しているのは、①定規が所持品カードに記載する欄になかったことについて触れていない。②入手経路は、本件のもっともポイントをなすものであるが、単に真相が明らかでない、としている。許可印の押された定規をどのようにして入手したかについて、原告が具体的な名前をあげ

ているのであるから、この点を不明確なままにすることに不自然がある。③職員の許可印が押された定規によって、許可があったかどうかを推認できないとだけ述べており、その理由については触れていない。しかも、前後6回にわたる所持品検査でも問題にならなかったが、独居拘禁処分になって問題とした点についても判決は何も触れていない。

〔第二懲罰処分〕

原告は1985（昭和60）年4月9日に叱責の懲罰処分を受けた。その理由は同年4月1日に行われた舎房捜検の際に、便箋の裏表紙2枚を所持し、これをメモの用に供していたことにある（目的外利用）。

原告は、1984（昭和59）年10月と同年11月中旬の2回、便箋を購入し、全紙を使用した後も裏表紙は日常の担当職員に対するメモ用紙として使用していた。これまでも裏表紙にはメモをするなという注意は一般的にも個別的にも、本件懲罰以前には受けたことがなかった。従来、月2回行われてきた舎房捜検時でも、職員は裏表紙を目にしているが、何らの注意を受けたことはなかった。しかるに何らの予告もないまま恣意的に運用を変更し、原告に本件第二懲罰処分をもって臨んだものである。

（第二懲罰処分の判示）

原告は、目的外使用の構成要件に該当しないと主張したが、新潟刑務所では、雑記帳と便箋について用途を区別して使用するように指導していたこと、そのように区別させる理由は、受刑者を扱う刑務所では、何がおこるかわからず、予想できない危険を生じるおそれがあるから物品の管理が必要であることが認められる。そうすると、便箋の裏表紙の使用が目的外という構成要件に該当しないとまでいうことはできないと判示した。

ただし、便箋の裏表紙をメモに使用したものにとどまるのであり、いずれも違反の程度は比較的軽度であることが認められ、事後的には懲罰を科さないということも考えられなくもないと判示した。

本懲罰でも、これまでは注意されず、本件において予告なしに懲罰の対象とした点がもっとも重要なポイントであるが、その点については何も触れていない。

(第一、第二懲罰処分についての判示)

　これらの懲罰は、行政施設である刑務所の秩序を維持するという目的、紀律違反の態様、程度などを、行刑の専門技術的観点から検討を加えたうえ、どのような懲罰を科すかは、刑務所長の裁量にゆだねられていると解され、本件の処分は、その裁量権の逸脱または濫用があるとまでは認められないとしている。

〔本件懲罰処分の検討〕

　本判決を総括するならば、本件の違反行為が懲罰の構成要件に該当するか否かの問題は別としても、他の判例においては、原告の主張を証拠なしの理由で認めないことが多いのに反し、本件では、とくに第一懲罰事件については、原告の主張に十分な状況証拠の提示があるにもかかわらず、その事実を取りあげていない。

　そして最終的には、「刑務所長の裁量権の範囲内であり、逸脱または濫用があるとまでは言えない」で終わっている。本件においては、懲罰が所内の死亡事故と関連しているだけに、その懲罰が、刑務所の管理運営上において正当なものであったことを判示するには、より説得力ある論証が求められる。逆にいえば、説得力がないということは、懲罰自体が不自然であったといえるのではないか。

　なお、本件の第二審(東京高判平5・7・21判時1470号71頁)では、第一懲罰処分については、第一審を支持したが、第二懲罰処分については、秩序維持に予想外の危険を生じさせるものと判断すべき根拠はないとして懲罰権の濫用であり違法であると判示した(上告棄却、最判平10・4・24判時1640号123頁)。

　懲罰に付されることは、いかに受刑者に不利益をもたらすか。その不利益は、単なる物理的な苦痛にとどまることなく、長年にわたって昇格した処遇の階級を降下させられ、それに伴い作業報奨金高を減額され、さらに仮釈放も延びるという、きわめて重大な影響を与えるものである。むろん違反に対する懲罰はやむを得ないが、本件においては、原告は訴状から知る限りでは、違反の認識がない。その認識を覆すだけの判示となっていない。こうして多くの原告が理不尽な裁判への不信感を増幅させていることに思いを致さざるを得ない。このような状況下での原告の主張も、裁判の場では通用しないと

いう悪しき例をみる思いである。むろん、こうした印象は手元の資料からだけの判断である。しかし、本件については、たまたま判決以外の原告の訴状を入手したうえでの検討である。むろん懲罰処分が違法とされた事例がないわけではない（例・大阪高判平12・6・15判例集未登載）。本件では、強迫神経症の受刑者への懲罰処分（軽屏禁罰）が違法とされた。また仙台地判平10・10・22（判時1692号98頁）では、豚肉一切れを居室から舎外へ投棄したことで軽塀禁（文書図画閲読禁止併科）の懲罰を裁量権が逸脱しているとして違法の判決が出ている。

金沢地判平14・12・9（判時1813号117頁）では、「他人を中傷し、ひぼう」した書面を刑務所外の者〔実弟〕に発信して20日間の過酷な懲罰〔軽塀禁〕を受けたことは違法でないとして50万円の慰謝料の支払いを破棄している。「他人の中傷、ひぼう」は刑務所内の者に対するものを予想しているのであって、刑務所外の者になされても人間関係を害するおそれがないとする。

懲罰審査会

懲罰審査会に関しては、従来は「刑務所事務分掌及刑務官会議ニ関スル規定」（昭和10年11月司法省訓令）において、「賞遇ニ関スルコト」とあり、当会議は各課長と必要と認める職員を招集することとされていたことが唯一の根拠であった。ところが平成4年3月25日に「懲罰手続規程」（矯保訓582号法務大臣訓令）および「懲罰手続規程の運用について」（依命通達）（矯正局長通達矯保583号）が出ている。

新法では、懲罰審査会の構成員は、3人以上の委員で構成する。実際には裁判官役である議長は、その刑務所の管理部長または保安課長が務める。審査会では「弁解の機会を与えなければならない」（155条1項）とあるが、そのような雰囲気ではない。

もとより、これまでに検討したいくつかの事例は、当通達以前のものである。しかし、大阪地判昭54・2・2（行例集30巻2号158頁）の事例では、責任ある部課長の出席なく開かれており、昭和10年の訓令に照らしても形式的不備は免れない。また現実の懲罰審査会では被収容者は意見や弁解を述べるといった雰囲気ではなく、一方的に懲罰を科すものとなっている（日本弁護士連合会『日本の監獄』1992年、19頁参照）。

3――未決勾留中の懲罰

　未決拘禁者に対する懲罰については明確な規定がないが、大正13年通牒（大正13年2月行甲185行刑局長通牒）は、被告人に軽屏禁を禁じたものではないとされている（小野清一郎・朝倉京一『改訂監獄法（ポケット註釈全書）』1970年、有斐閣、396頁）。しかし、こんにちでは少なくとも規則でその旨を明示することが要請されている（あらゆる形態の抑留・拘禁下にある人々を保護するための原則26）。千葉地決平元・2・13（判時1325号108頁）は、前記通牒は被告人に対して軽屏禁の懲罰を禁止するものではないとして、原告の主張を斥けた。

　未決勾留中の懲罰処分が、刑務所へ移送された後において執行されたことに対する違法性が争われた事例がある。

　名古屋地判昭51・12・17（訟月22巻13号2959頁）では、受刑者が未決拘禁中に受けた懲罰処分（軽屏禁、文書図画閲読禁止）の執行を事前に差し止めることを刑務所長に求める訴訟を本案として、その懲罰処分の執行停止を申し立てたものである。論点は、執行停止の積極的要件の有無（行政事件訴訟法25条2項）よりも消極的要件（同条3項）たる公共の福祉の観点から執行停止ができるか否かにある。行政法上の論点については言及することを避けるが、判決は、「監獄法に基づく懲罰は監獄拘禁下にある者に紀律違反がある場合、監獄の秩序維持のために科せられる行政上の制裁であり、懲戒罰の性質を有するものである。従って監獄法に基づく拘禁状態が継続する限り、懲罰処分を言渡された者がその執行前移監により拘禁施設が異なることとなっても移監前の施設で言渡された懲罰処分は失効することなく移監後の施設においても執行することができるものであって、監獄法施行規則162条2項、同164条の趣旨からも明らかである。……このことはいわゆる未決拘禁から既決拘禁へと身分の変動があった場合も同様である」と判示した。

　ところで本件の原告は、被告人として在所中に規則違反により懲罰を受けたのであるが、原告は裁判所に対し、当該懲罰の当否について訴訟を提起している。その内容は加害者の拘置所看守が原告に対し不法な暴力制裁を加えたというものであり、現に係争中であった。原告は刑務所へ移監後も腰痛の

ため、病舎に収容されたが、懲罰処分の執行に耐えられる状態になったため、先の懲罰を執行することにしたものであるが、再び腰痛のため現に執行を停止している。

そこで原告は、この懲罰の執行は被害を外部に訴えたことに対する報復措置であり、拘置所での懲罰の経緯を知らない被告が単に引継ぎという手段で、およそ1年8か月経過した時点で先の訴権行使弾圧を意図したものであると主張している。さらに原告は、「かつて名古屋拘置所において原告同様の被害を受けた者が多数受刑者として在監しており……原告の退院によりそれらの者と接触確認する機会が生じると当該訴訟の被告側に不都合不利益なので、これを阻むため当該懲罰執行を利用せんとしている」と述べている。

しかし判決は、「本件処分の内容が軽屏禁であるから、その執行により在監者としての……申立人の訴訟活動が……制約されることは否定できないとしても、かかる不利益は懲罰処分を受けたことによる当然の結果としてやむをえない……、訴訟活動の弾圧を意図して本件処分を執行しようとしているとの事実を認めるに足りる疎明はない」と判示している。

懲罰停止中に、前記訴訟が進行していたのかどうかは不明であるが、軽屏禁罰を受けることで事実上の訴訟遂行は不可能となる。判示のように「制約されることは否定できない」といった程度の問題ではないように思われる。施行規則各条の適用解釈および無名抗告訴訟の判断として、その限りにおいて、判決に形式的整合性は見出せるにしても、その本質についての考慮が完全に欠落している。

4 ― 懲罰の量定

新法においても、紀律違反行為について、懲罰に処するか、いかなる懲罰に処するかについて具体的基準は規定していない。すべて所長の裁量にゆだねられている。

大阪地判昭54・2・2（行例集30巻2号158頁）は、「当該紀律違反の動機、態様、結果等はもとより、当該受刑者の日ごろの生活態度、行刑成績、これが他の受刑者に与える影響等諸般の事情を考慮して決すべき性質のものという

ことができるが、右裁量といえども全く無制約なものではなく、それが社会通念上著しく妥当を欠き、これを濫用したものと認められるときは違法というべきである」と述べている。「日ごろの生活態度」「他の受刑者に与える影響」が懲罰の量定判断に重要な要素となっている。本件の内容については前述したが、たとえ「違法視すべきものといえない」ものであっても、右のような裁量で重大な懲罰が科せられ、裁判提起それ自体が重要な裁量判断の要素となっている。

長野地判昭55・6・26（矯裁例集(2)709頁）では、「法律において、その要件となる紀律違反行為を明確に定めておくことは望ましいことといえる。しかしながら、懲罰は刑務所における秩序維持を目的とする行政上の懲戒権であり、刑罰とはその本質を異にし、刑罰におけるような厳格な罪刑法定主義の適用があるわけではない。……科罰手続をいかなる範囲で法定化すべきかは立法政策に委ねられた事項」であるとしている（同旨、東京地判平元・2・23判タ713号136頁）。

この点に関し最高裁まで争った事例がある。本件は、第一審の長崎地判昭59・8・29（訟月37巻8号1340頁）によると、原告は、未決を経て沖縄刑務所に既決囚として服役中、1978（昭和53）年2月22日から同年12月1日までのほぼ9か月の間に4回にわたり、1回50日の軽屏禁罰・文禁罰（文書図画閲読禁止罰）の併科罰を受けた（本件以前にも未決時代の1976（昭和51）年1月から翌年12月までに14回の懲罰を受けている）。

これについて原告は、①監獄法に定める12種類の懲罰のうち、軽屏禁罰は、事実上の最重罰であり、原告の消極的な拒否行為に対する併科は懲罰選択の裁量権の逸脱があり違法である、②軽屏禁罰50日の対象となっている犯則行為は、殺傷、逃走、暴行、器物損壊など実害を伴う重大事犯に限られており、点検拒否は平均7日、最高でも20日の軽屏禁罰であり50日という科罰日数は裁量権の逸脱である、③原告の点検拒否に対する併科罰は、6回の間に科罰日数を2倍ないし2.5倍に増加させる「累増科罰方式」をとっており、不公平であり合理的均衡を欠く、と主張した。

これに対し、第一審判決は、①福岡矯正管区の科罰基準参考案にそった基準によると抗命の最高罰は併科50日であり、参考案に反していない、②科罰

日数を累増するか否かは刑務所長の裁量の範囲内のものである、③処分理由とならない事由を誤って処分事由に加えたとしても、それを除いた他の事由により同一の懲罰を科すことが相当である場合は、当該懲罰を違法ということはできないとして、長期の隔離拘禁および本件懲罰処分について施設長の裁量の範囲内の処分であるとした。

　第二審（福岡高判平2・12・20訟月37巻8号1310頁）も、在所者に対する懲罰は、「監獄における規律及び秩序維持を目的とした行政上の秩序罰であるから、刑罰とはその本質を異にし、厳格な罪刑法定主義の適用があるわけではない。……懲罰の対象となる行為をいかなる範囲で法定化すべきかは立法政策に委ねられた事項というべきであり、法59条、60条が憲法31条に違反するとはいえない」と判示した。さらに同判決は、沖縄刑務所では、軽屛禁罰の執行は、受刑者の健康などを考慮して、前の執行から少なくとも1か月は間隔をあけるように配慮したので、283日間に合計200日の本処分は違法ではないとした。

　上告審の最判平5・9・10（判時1472号66頁）は、原審の判断を是認し、違法なしとして上告を棄却している。

　なお、違反行為を反復継続した受刑者への保護房拘禁および懲罰執行に伴い、115日間にわたる戸外運動の停止が違法であるとの判決がある（高松高判昭63・9・29判時1295号71頁。最判平4・4・28判例集未登載はこれを支持する）。本件では50日間の軽屛禁の間、戸外運動を制限することを断続的に4回にわたり繰り返したものである。

　これまでの懲罰に関する裁判例において、懲罰の量定に関し、何らかの示唆らしいものを判示しているのは前掲の大阪地判昭54・2・2ぐらいであった。金沢地判平14・12・9（判時1813号117頁）では、受刑者が刑務所職員に対する不満を記載した信書を実弟に宛てて発信しようとしたことが遵守事項に反するとして軽屛禁（20日間）を科した行為は裁量権を逸脱した違法があるとしている。多くは「その性質上刑務所長の自由裁量に委ねられており、その裁量権の行使について逸脱濫用と認められる場合に限り、違法」（神戸地判昭54・6・29矯裁例集(2)561頁）、「特別権力関係における内部的な紀律の問題であり自由裁量の範囲に属する」（神戸地判昭54・9・27訟月26巻1号94頁）等として

いる。

旧監獄法60条は、懲罰の種類を規定し、各種の懲罰についてその期間を特定していた。しかし違反行為を反復継続した場合等の実務上の扱いについては所長の裁量が優先し、逸脱濫用と認める限界は特定できない。問題は、形式論ではなく受刑者側の人権または感情をどの程度まで理解するかといった実務家としての刑務所側のあり方にある。

5──行政手続の保障原則

前掲福岡高裁判決における判示でもあるように、懲罰については、厳格な意味での罪刑法定主義の原則は適用がないというのが従来の通説である（小野清一郎・朝倉京一『改訂監獄法（ポケット註釈全書）』1970年、有斐閣、387頁）。もっとも最近では、憲法31条の、いわゆる法定手続の保障の原則が刑罰手続以外の行政手続について適用があるか否かについては法理論上も見解が分かれている。

いわゆる成田空港団結小屋使用禁止命令事件に関する最大判平4・7・1（民集46巻5号437頁）は、法定手続保障の原則を行政手続について及ぼすべきか否かについては、行政手続の具体的な内容、目的等に応じて個別的に柔軟に考えるべきであると判示した。

この点に関し、学説は、適用説、類推適用説、準用説、不適用説と多岐に分かれている。判例では、典型的な行政手続に憲法31条を正面から適用した最高裁判例はない（法曹時報45巻3号215頁参照）。これまでは、①伝染病患者の強制収容、②課税処分、③規則の制定ないし一般処分のような立法作用、④公務員の懲戒処分等において告知、聴聞が必要か否か等について問題とされてきた。いずれも行政処分は多様であって一般論として定立することは困難であるとされている。

前掲最高裁判決においては、「憲法31条の定める法定手続の保障は、直接には刑事手続に関するものであるが、行政手続については、それが刑事手続ではないとの理由のみで、そのすべてが当然に同条による保障の枠外にあると判断することは相当でない」と判示した。ここでは純然たる不適用説はと

っていない。ただし、判決では「しかしながら、同条による保障が及ぶと解すべき場合であっても……常に必ずそのような機会を与えることを必要とするものではないと解するのが相当である」としている。つまり事前の告知、弁解の機会を与えるか否かは、制限を受ける権利利益の内容等、行政処分により達成しようとする公益の内容、緊急性等を総合較量して決定されるべきであり、つねに必ずその機会が与えられることを必要としないとしている。しかし本判決は最低限、憲法31条の法定手続をとることが憲法上の要求とまではいえなくとも、望ましいとした点で一つの方向性を示したものである。

とくに本判決において園部裁判官は、法廷意見の結論には賛成であるとしつつも異論を述べている。すなわち、「行政庁の処分のうち、少なくとも、不利益処分については、法律上、原則として弁明、聴聞等何らかの適正な事前手続の規定を置くことが、必要であると考える。このように行政手続を法律上整備すること、……もとより、個別の行政庁の処分の趣旨・目的に照らし、刑事上の処分に準じた手続によるべきものと解される場合において、適正な手続に関する規定の根拠を、憲法31条又はその精神に求めることができることはいうまでもない」と。

その後の最判平5・9・10（判時1472号69頁）は、前掲成田空港判決以後のものとして注目されたところである。原告は、上告理由のなかで（要旨）「原判決は適正手続保障の適用を否定したが、憲法31条の解釈を誤ったものである。原判決は、この点について監獄の長は懲罰の対象行為を事前に周知させなければならないとしているが、それ以上に科せられるべき罰としての『懲罰の種類および期間』の定めを義務づけず、非行と不利益の均衡を保つことも必要としていない。これは憲法31条の要請を満たしていない。国連の被拘禁者処遇最低基準規則第30は『いかなる被拘禁者も、法律または規則によるものでなければ懲罰を科せられない』としている。懲罰の種類および期間が不利益処分の均衡を保ち、行政庁の規則として規定され、これが被拘禁者に事前に周知される程度の適正手続が最低限度保障されるべきである」と申し立てた。

しかし判決では、これについては、いっさい触れることなく、単に「本件各懲罰処分が憲法31条の規定に違反するものでないことは、平成4年7月1

日判決の趣旨に徴して明らかである」としてこれを棄却した。かつて秩序罰たる懲罰処分手続にも憲法31条が保障されるべきであるとした訴えに対し横浜地判昭62・2・18（判時1248号81頁）では「弁護人選任権は、本来、刑事手続に関して保障されるものであるところ、右懲罰は秩序罰であって、刑罰とは本質的にその性格を異にする」として消極的判断を下している。

6 ── 刑事施設法の懲罰規定

　新法151条では、懲罰の種類を6種類としたことは前述した。このうち実際に科せられる懲罰のほとんどが閉居罰である。これらの懲罰の要件としては、たとえば名古屋刑務所の「受刑者遵守事項」では「○○○してはならない」という項目が40数項目ある。その基本となっているのが新法74条の「被収容者が遵守すべき事項」である。それには①犯罪行為をしてはならないこと、②他人に対し、粗野もしくは乱暴な言動をし、又は迷惑を及ぼす行為をしてはならない、等々、11項目を列挙している。

　ところで各刑務所では、遵守事項のほかに「既決被収容者生活の心得」なるものがある。遵守事項の違反が懲罰の対象となることを明記しているのに対し、「生活心得」は集団生活の一定の決まりであり、これの違反が懲罰に直結するわけではない。ところが実務においては「生活心得」違反がイコール懲罰の対象となっている。理屈のうえでは、「黙想する」、「正座する」（生活心得）ことに従わなければ「職員の指示に従わないこと」（遵守事項）に違反し、懲罰が可能とされている。つまり「生活の心得」に反することは、ことごとく「遵守事項違反」への該当が可能である。遵守事項どころか、職員の指示違反でさえ、あらゆる懲罰が現実に可能であり、現にこんにちの裁判例においても、この種の違反で多くの原告（被収容者）が敗訴している。

　先にあげた法務省の予定している法務省令で定める遵守事項の基準は、この問題を何ら解決していない。先に検討した最高裁判決の補足意見が指摘する行政規則の整備にも応えるものとはなっていない。むしろ「遵守事項」に法的根拠を持たせることで司法判断自体を回避する危険性があることを指摘しなくてはならない。

7 ― アメリカの懲罰

　個人が国により刑務所に収容されると、その者は、一般市民が基本的に有していた多くの自由、権利、および特権を失う。これは施設収容および刑罰に伴う本質でもある。しかし裁判所は、受刑者として刑務所に留められる間においても、憲法上のデュー・プロセスを保障することなく奪ってはならない一定の自由の利益を憲法上保持するものとしている。ここでは懲罰に関する聴聞、施設間の移送および個人財産の保護についてアメリカの裁判例を紹介しておく（主として、AN AMERICAN CIVIL LIBERTIES UNION HANDBOOK, THE RIGHTS OF PRISONERS, 1988を参照）。

　歴史的にはアメリカにおいても、デュー・プロセスが通常保障する権利を受刑者にはほとんど認めてこなかった。裁判所が介在する以前に、刑務所行政は規則制定権を有し、通常、漠然とした不文律により受刑者を不合理に、かつ専断的な手段で懲罰に付してきた。しかし、こんにちでは、裁判所が関与する懲罰手続における受刑者のデュー・プロセス権は、多くの受刑者の懲罰手続に影響を与え、重大な結果をもたらすことができるがゆえに重要なものとなっている。違反の事実は受刑者の特権の剥奪（面会、読書、レクリエーションの禁止）、隔離拘禁、その他の矯正施設への強制移送およびパロール（仮釈放）の拒否などの結果となるからである。

　懲罰手続は、通常、看守または他の職員により受刑者が刑務所規則、規約に違反したとする告知によって提起される。その後、処分のため事件は刑務所懲罰委員会（調停委員会、刑務所委員会など）に送致される。同委員会は、通常は所長、副所長または分類官などの刑務所職員で構成されている。手続は州および施設によって異なるが、通常は委員会または懲罰委員会は、受刑者を呼び出し、本人に懲罰を告知し、弁明の機会を与える。

　これらの聴聞の結果としての処分および処罰にはいろいろなものがあるが、若干のケースは、そのまま終決し、懲罰を科さないこともある。しかし統計では、大部分のケースでは懲罰となっている。施設内での犯罪に対しては一定期間の刑務所特権の停止、短期間の隔離房への収容、他の施設（通常はより重い刑務所）への移送、善時制（good time system。努力しだいで満期日が短

縮される)の削減などである。なお1987年までは、最悪の場合は、受刑者のパロールによる釈放の適用を判断する委員会への懲罰事実の通告がなされていたが、同年からのパロールの廃止により現在は、この措置はなくなっている。

合衆国最高裁は、受刑者は懲罰聴聞に幾多のデュー・プロセス権のあることを多くの事件で判示している。最初に最高裁がこの問題を取り上げたのはウォルフ対マクドネル事件(Wolf v. McDonnel, 1974)である。同裁判所は、受刑者の権利は、施設収容の効果として限定されるけれども、「この国の憲法と刑務所の間には鉄のカーテンを引くことはない。受刑者が懲罰的違反のため重大な懲罰を受ける前に、州は一定の最低手続を用意しなければならない」と述べている。

受刑者は、本人への懲罰告知書を少なくとも24時間前に受ける資格があり、本人の防御のため証人を呼び出し、証拠書類を提出させる権利(ただし施設の安全または矯正目的に不当な危険とならない限度で)、公平な聴聞を受ける権利および証拠に関する聴聞による書面に反論し、かつ懲罰を受ける理由を告げられる権利を有する。

裁判所は証人に対して反対尋問する権利を認めており、もちろん刑務所職員は、証人との対面弁護人またはその代理人の出席を許可することができる。デュー・プロセスは公平な審判を要求しており、委員会が保安職員で構成されているがゆえに公平な措置に欠けるものであってはならない。

とくに合理的な期間内に聴聞の開かれる権利を有すること、裁判所は7日から1か月内に開くことを求めている。受刑者は違反行為の調査および聴聞を猶予し、行政的隔離(administrative segregation)に付されるが、かかる措置は、従前と同じ保安状態で行われなければならないし、その間、不当な懲罰を受刑者に付すことはできない。

一般的に、刑務所は、ある施設から他の厳重な施設へ移送するについては完全な自由裁量権を有している。ただし、この判断には二つの重大な例外がある。(1)その移送が憲法上の保護の対象となっている受刑者懲罰のためである場合、(2)州法または刑務所規則自体が、ある特別な事実または状況を移送の条件とすることを禁止している場合に、刑務官の自由裁量権に制限を加え

る。

　刑務所に対立して訴訟をするような、憲法上の保護規定の行使に移送を利用することは、受刑者の権利の侵害である。同じく、審判前の受刑者に対して裁判所または弁護士との接触を実質的に干渉するような移送も違法である。

　憲法修正14条が保護する自由権もまた、受刑者が精神病院へ移送されるときは問題がある。1980年の最高裁は、精神病院へ受刑者を移送したネブラスカ州の処分を違憲であると判断している。なぜなら、強制的に収容することによって生じる自由の喪失は、拘禁による自由の喪失より重大であるからであり、かかる移送には、受刑者が資格のある、独立した補助を準備した告知と聴聞を含む、デュー・プロセス手続の保障を必要としている。

　1980年に作成された「刑務所及びジェイルに関する連邦基準」（Federal Standard For Prisons And Jails。矯正局・監獄法改正資料号外）によると、懲罰の対象となる犯則行為、科罰範囲、科罰手続を記載した所内規則は、被収容者に交付したうえ人目につきやすく、近づきやすい場所に掲示するものとしている（同基準10-02）。

　これをフェアトン連邦刑務所（Federal Correctional Institution Fairton, New Jersey）の受刑者手帳（Inmate Information Handbook）の例で見ると、在所者の権利と義務を並列に各々に関し11項目を列挙している。その権利としての主たるものは、①すべての職員により人間的に尊重され、公正に扱われる権利、②施設管理に関する情報、規則、手続および日程を知る権利、③宗教への参加、自発的な宗教活動自由の権利、④健康維持のため、栄養ある食事、衣服の提供、洗濯、一定の入浴、暖房と新鮮な空気の供給、運動、トイレ設備、医師と歯科医の検査を受ける権利、⑤家族、友人との接見、信書の自由と報道機関への信書の自由、⑥刑務所内の状況に関し、信書による無制約の裁判所への信書の自由、⑦自ら選んだ弁護士に口頭または信書による法律相談をする権利、⑧法律問題のための法律図書を図書室から利用する権利、⑨教育、職業訓練、就業に関心ある行事に参加する権利、等である。

　他方、在所者の義務とされるものは、①受刑者、職員に隔てなく接する義務、②規則遵守義務、③他人の権利を理解し、尊重する義務、④食費を浪費しないこと、洗濯、入浴規則に従い、居房を清潔にすること、禁制品を持ち

込まないこと、⑤適正な接見をし、禁制品の授受をせず、信書を通じて規則に反しないこと、⑥裁判所への請願、質問および問題点を誠意をもって提出する義務、⑦図書、図書室を、他人の使用権を尊重し、手続規定にそって使用する義務、⑧有意義で合法的な刑務所生活をする義務である。

こうした権利・義務に基づき、禁止行為とそれに対応した罰則を具体的に列挙している。たとえば、殺人、暴行、逃走、禁制品の持込みなど、第1ランクの行為に対しては、仮釈放予定の取消し、善時制特権の解消（善時制は現在は廃止されている）など、職務遂行の妨害、安全、秩序の維持の混乱または妨害する行為に対しては、善時制特権の解消、移送処分その他の特権の喪失、等からの、いずれかの選択であり、もっとも軽いランクにある、他人の物の所持、禁止場所での喫煙、乱暴な言葉の使用、接見での規則違反等では、善時制の特権の年間からの1ないし7日の還元、レクリエーションの禁止、転房、所持品の制限、叱責、警告、等からの選択としている（州立刑務所でも大同小異である）。

これらの例示からも理解されるように、権利と義務それに対する制裁が、あらかじめ明示されていることである。これに対し、わが国の懲罰の構成要件は新法でも抽象的であり、第2に、人間の品位にかかわる分野まで懲罰の対象としている。

8──国際準則と懲罰

国際準則として第1にあげなければならないのは、国連の被拘禁者処遇最低基準規則である。同基準では「次の各号に掲げる事項は、つねに、法律または権限ある行政官庁の規則によって定めなければならない。(a)紀律違反を構成する行為、(b)科せられるべき懲罰の種類およびその期間、(c)これらの懲罰を科する権限を有する機関」（第29）と定めている。また国連被拘禁者保護原則（原則30）では「抑留又は拘禁の期間中に紀律違反を構成する被抑留者又は被拘禁者の行為の形態、科されるべき懲罰の種類及びその期間並びに懲罰を科す権限を有する機関は、法律又は法律に基づく規則によって定められ、かつ、適切に周知されていなければならない」とし、「被抑留者又は被拘禁

者は、懲罰処分が行われる前に聴聞を受ける権利を有しなければならない。その者は、上級の機関に対し当該処分について審査を求める権利を有しなければならない」としている。そして、すべての被拘禁者は「人道的にかつ人間固有の尊厳を尊重して、取り扱われなければならない」（原則1）としている。これまでに検討してきた、わが国の懲罰の実際は基本的に「人間固有の尊厳を尊重」しているとはいえない。

　これをわが国の矯正裁判例と具体的に対比してみると、まず第1に、刑務所では、科罰基準参考案（所長達示）または「紀律違反者措置内規」によって懲罰が科せられているが、達示・内規なるものは「法律あるいは規則」ではない（通達は、法規としての性質を有しないとするのが判例・通説である。最判昭33・3・28民集12巻4号624頁）。

　第2に、新法においては、懲罰の種類と期間についての規定はあるが、構成する行為と懲罰についての規定はない。

　第3に、権限を有する機関についても平成4年に前記「懲罰手続規程」が出されているが、これ自体が法律ではない。また懲罰審査会の構成など不備な点が多い。しかし、この訓令以前においてはこれすらもなかった。

　第4に、在所者に対し、直接渡されているものは「既決被収容者遵守事項」の類であり、法的な権利義務関係を規定したものではない。ところが実務では、前述のように、単なる達示により「累増科罰方式」で懲罰が科せられ、そのことが裁判では追認され違法ではないとの判示となる。もとより在所者にかような通達や達示が周知されるはずがなく、われわれ研究者も読む機会はない。国連被拘禁者処遇最低基準規則に明らかに違反している。

　また懲罰の実際から導かれる結論は、懲罰中における戸外運動の停止、文書図画閲読の禁止、接見の不許可、弁護人との接見時間の制限など、法律上の明確な根拠なしの懲罰が、国際基準に合致しているとはいえない（高松高判平9・11・25保安情報80号1頁。同判決の内容については本書第5章接見の立会い（180頁以下）を参照されたい）。わが国も批准している市民的及び政治的権利に関する国際規約（国際人権規約）は、「品位を傷つける取扱い若しくは刑罰を受けない」（7条）としている。わが国における懲罰の実際が、国際人権規約の観点からどう位置づけられるかについては、これまでのところの矯正

裁判例において明確な判断を得ていなかった。そのこと自体が、わが国の裁判の限界であるという以前の問題として論議されなければならない。

ここで前掲長崎地判昭59・8・29（訟月37巻8号1340頁）の事例を再び引用してみると、同事件で原告は、上告理由のなかで、市民的及び政治的権利に関する国際規約（B規約）7条および10条1項の「品位を傷つける刑罰の禁止」「人間固有の尊厳の尊重」を引用し、軽屏禁とその懲罰手続の違法性を問題としたのであるが、「懲罰の対象となる行為をいかなる範囲で法定化すべきかは立法政策に委ねられた事項である」とする同事件の高裁判決（福岡高判平2・12・20訟月37巻8号1310頁）の判断を最高裁は支持し、本件を棄却した（最判平5・9・10判時1472号66頁）。

ところで、憲法31条の法定手続の保障が行政手続にも及ぶか否かについては、先に検討した成田空港事件に関する最高裁判決において園部判事の意見があることを紹介した。同判事は、「個別の行政庁の処分の趣旨・目的に照らし、刑事上の処分に準じた手続によるべきものと解される場合において、適正な手続に関する規定の根拠を、憲法31条……に求めることができることはいうまでもない」としたうえで、「当該法令の立法趣旨から見て、右の法令に事前手続を置いていないこと等が、右の一般原則に著しく反すると認められない場合は、立法政策上の合理的な判断によるものとしてこれを是認すべきものと考える」としている。

そこで、この場合の「一般原則」が何であるかであるが、懲罰に関していえば国連被拘禁者処遇最低基準規則が「いかなる被拘禁者も、法律または規則による場合を除いては、懲罰を科せられない」（第30）とした規定は、憲法31条の解釈基準として規範性を有するものである。むろん、この基準は拘束力を有するものではないが、その後のB規約と共通の規範性のもとにあることはいうまでもない。そのような観点からみるならば、法律、規則でもない通達、達示をはじめ、「受刑者所内心得」が形式的にも国際基準に反していることは明らかである。

仮に、園部判事の意見に従い、「一般原則」に反しているかどうかを検討するに、前述のごとく、憲法31条の保障が行政手続に及ぶか否かについては、おおむね準用説がこんにちの通説とみられるところから判断すると（少なく

とも不適用説はとっていない）、具体的にこれを示すならば、同様の行為に対して科罰日数を倍加する「累増科罰方式」は「一般原則」に反するものといわなければならない。

　ところが、現実の判例においては、最終的には「監獄の規律及び秩序維持のために懲罰対象行為として在監者の自由を制限する必要性と、制限される自由の内容及び性質、これに加えられる具体的制限の態様及び程度等を較量して決せられるべきである」という抽象的比較衡量論で結論づけられている。

　ここで改めて比較衡量論を検討するつもりはないが、こんにちの国際的感覚からするならば、その比較されるべき基準は、具体的には、これまでに示してきた国際諸準則である。その基準に照らして、わが国の受刑者への一定の懲罰が憲法31条に適合しているか否か、あるいは行政法上の不備に対し、「一般原則」の観点からどうなのかを判断すべきであろう。つまり、多くの矯正裁判の事例は、こんにちの、わが国の裁判の限界を示しているというよりも、裁判そのものが憲法の視点あるいは国際準則の視点からの検討をネグレクトし、ある特定監獄の個別的所長の判断のみを視点として結論づけているところに拭い難い悲劇があるといえる。

［２］　軽屏禁罰と行動の規制

　新法151条には６種類の懲罰を規定しているが、そのうち閉居罰（152条１項）は、「隔離の期間は２週間以内とする」と規定し、さらに２週間延長できるものとなっている。懲罰処分としてはもっとも多い。懲役受刑者には定役の義務があるが（刑法12条２項）、定役に就かせない根拠となるのが本条である。しかし、この閉居罰には付随して他の懲罰、とくに運動、文書・図書閲読の禁止、一般面会の禁止、ラジオ聴取の禁止、賞遇の廃止等の懲罰が併科されることが多く、また、その執行内容については施設法には何らの規定もなく、「保護室収容等の際における留意事項について」（通知、平20・12・19矯成7242）、「被収容者に対する実力行使に当たり留意すべき事項」（通知、平

21・7・7、矯成3244）等がある。このうち「被収容者に対する実力に当たり留意すべき事項」においては、実力行使時の状況を記録した記録媒体（ビデオ撮影など）につき、状況全体について撮影されているか、とくに留意するよう求めている。しかし現実には職員による被収容者への実力が撮影から巧妙に除外されている等、全体の撮影に至っていない現状がある。

　旧監獄法下においては、これらが残虐な刑罰ではないと判示されているが（東京地判昭63・9・13保安情報61号2頁）、各種の自由の制限が所長の恣意的判断で行われているという問題がある。

1 ── 運動・入浴の禁止と軽屏禁

　運動には、戸外運動と室内運動があり、旧監獄法施行規則は、毎日30分以内の戸外運動を義務付けていた。新法では単に時間帯を規定しただけであり（施行規則24条2項）、時間については「1日に30分以上、かつできる限り長時間、運動の機会を与える」（施行規則24条2項）とするにとどまっている。旧法においては、軽屏禁に戸外運動を最高2か月にわたって禁止できるかどうかが問題であった。また入浴については、旧規則25条が1週間に2回以上と定めていたが、軽屏禁中の者には1週間に1回以上とだけ規定していた。

　新法では、懲罰の一つとして「閉居罰」新法151条3項4号、152条に規定がある。閉居罰中の運動に関しては、単に「運動を制限する」（152条2項）とある。具体的なことに関しては、最高期限は4週間にできるとある（154条5項）以外に何ら規定がない。実務においては新法下でも以下で述べるような同様の問題がある。

運　動

　軽屏禁罰執行の効果として、その期間中の運動をどう扱うかについては、入浴・運動は当然に停止されるという説と、停止されないという説がある。実務では「屏禁罰の執行について」（昭和28年9月25日矯甲1081号矯正局長通達）によると、「屏禁罰執行中はその効力として監獄法施行規則105条及び106条に定められている入浴及び運動は当然停止されるものと御了知相成りたい」とあった。

しかし、この問題について津地判昭36・10・21（行例集12巻10号2138頁）は、原告が15日間の軽屛禁罰の間、運動を禁止されたことに対し、「その懲罰としての意義は、……いかなる場合にあっても受罰者を罰室外に出さないことを意味するものとは考えられない。……戸外運動や入浴については、人間としての生活を維持するに必要であるがゆえに、また、そのかぎりで、これらを禁止することは軽屛禁の内容となるものではない……。このことは、戸外運動に関して、監獄法第60条第1項第8号が『運動ノ5日以内ノ停止』につき軽屛禁とは別個の懲罰種類として規定していることからも窺えるのである。……また、かりに軽屛禁の当然の効力として戸外運動及び入浴が禁止されるとするならば、最大限においては2カ月間も禁止できることとなり、……戸外運動及び入浴の禁止をその内容としないものと解さざるをえないであろう」として、憲法36条、旧監獄法38条、60条1項8号、同施行規則105条に違反すると判示した。

徳島地判昭61・7・28（判時1224号110頁）は、保護房および軽屛禁執行に伴い155日間連続して戸外の運動を停止した措置（うち94日が保護房拘禁、うち81日は軽屛禁罰の執行と競合）は違法であると判示した。被告の刑務所側は「軽屛禁は、受罰者を厳格な隔離によって謹慎させ、精神的孤独の痛苦によって改悛を促すものであるから、その性質上戸外運動の停止を随伴するものと解され、戸外運動を禁じたからといって直ちに違法となるものではない」とし、この間に医師の診断を受けさせていたので戸外運動の禁止は違法ではないと主張した。

これに対し、判決では、旧監獄法60条が懲罰として独立して科せられる運動の停止を5日以内に限定していることや、法改正論議のなかで懲罰としての運動の停止を廃止すべきであるとの意見が有力であることをあげ、最高でも2週間程度を一応の基準にすべきであるとした。そのうえで、事実関係として、①保護房拘禁中あるいは軽屛禁執行中であることのみをもって、直ちに戸外運動の長期の停止が許容されるものではない、②原告の反復性、執拗さから規律違反に出る危険性はあったにしても、戸外運動の実施が規律違反行為に利用されることは認められなかった、③本人のアジ演説は他の受刑者の反抗を誘発するようなものでなかった、等を理由とし、戸外運動を長期に

わたって停止する特別の事情は認められず、遅くとも2か月を経過した時点で解除するか、その試みをなすべきであったとした。

しかし、一般に懲罰処分は、刑務所内の規律に違反した受刑者に対し、精神的苦痛を与えることによって、反省を促し刑務所内の秩序を維持するもので、通常の受刑者より自由の拘束を受けることはやむを得ないものとされている（大阪高決昭45・8・15判例体系(6)809の4頁。同旨、大阪地判昭60・5・31訟月32巻3号562頁）。この根拠に従うと、旧法60条1項8号の運動禁止は最高で5日以内であるのに、軽屏禁は最高で2か月であって、運動禁止より重い懲罰であるゆえに軽屏禁中の運動禁止が最高2か月にわたっても違法ではないということになる（前掲大阪地判昭60・5・31）。

しかし、大阪地決昭45・7・20（判例体系(6)811頁）は、喧嘩ならびに抗争で、第1回目に20日間、さらに4日後に抗弁、暴言などで50日の軽屏禁罰を受け、その間、戸外運動を禁止されたことに対する申立人の異議を認めたものである。被申立人（刑務所長）は、「屏禁罰は、受罰者を独居房に静居させ、室外に出すことなく外界との接触を絶つことにより拘束感と寂しさとのうちに反省だけに専念させることを目的とするものである……戸外運動入浴のためとはいえ受罰者を室外に出すことは右のような屏禁罰の性質に反するものといわなければならない」と主張したが、本決定は、「人間として健康保持のため、戸外運動は必要不可欠で（法60条に懲罰の種類として掲記されている運動の停止期間は5日以内とされている。）戸外運動禁止処分により受罰者である申立人の受ける精神的肉体的苦痛は少なくとも、通常継続5日を限度として回復困難な耐え難いものとなると認められ、右苦痛は原則として金銭賠償によって償うことができるという性質になじまないというべきで、これを避けるため6日毎に戸外運動をさせることが必要」であるとし、軽屏禁罰といえども運動の禁止は5日以内にとどめるべきであり、その運動とは戸外運動のことであることを明白にし、前掲津地裁判決を踏襲した。

ところが、これを受けた前掲大阪高決昭45・8・15は、5日をこえる戸外運動の制限が当然に健康保持に支障があるとは解せられないとして、本件申立てを棄却した。その後の判決においても、この判示が踏襲されている（同旨、横浜地判昭47・12・25訟月19巻2号35頁）。大阪地決昭54・2・8（矯裁例集(2)497

頁）でも「5日以内」という制限の必要はないと判示している。ただし、本件では、運動については10日ごとに1回実施されており、本件の懲罰期間は10日間であった。同じく大阪地判昭60・5・31（訟月32巻3号562頁）では、軽屏禁で停止できるのは旧施行規則106条の戸外運動にとどまり、旧法38条の運動まで停止できないとし、本件では10日間に1回の割合で戸外運動させていた実情をあげている。戸外運動禁止が違法ではないとしつつも（5日をこえ10日以内であれば）、懲罰期間中のすべてにわたっての運動禁止には問題あることを窺わせている。

しかし他の判例では、「軽屏禁の懲罰は、その罰室内屏居の性質上、当然に戸外運動の禁止を伴うものと解されるから、運動停止の懲罰の併科がなくても、その執行期間中運動停止を伴うことは違法ではない」（大阪地判昭58・6・10判タ534号181頁）との判断もある。

なお未決拘禁者について、屏禁は、その性質上、当然運動および入浴の停止を随伴するものと解するとの判断がある（東京高決昭44・8・19訟月15巻11号1313頁）。

このように裁判例は二分している。ところで屏禁罰は、制裁として過去の規律違反に対して科す罰であり、室外に出すことなく反省させる手段であり、本質的に外界との接触を禁止するものである。そこで屏禁中の運動に関し、旧法38条と同法60条1項8号についてどう解釈するかである。まず旧法38条の保障する運動については、他の一般受刑者と隔離して運動させれば屏禁罰とは抵触するものではないとの論理が成り立つ。問題は運動禁止期間を5日とする原則をどのように解するかにある。本質的には屏禁罰は旧法60条1項11号の懲罰の一つであり8号の運動禁止とは独立した懲罰であるところから、当然に屏禁罰に含まれるものとする解釈は不自然である（菊田幸一編『判例刑事政策演習（矯正処遇編）〔改訂増補版〕』1987年、新有堂、183頁〔宮沢浩一・野阪滋男執筆〕参照）。

こうした解釈から実務家の意見では「規則第106条に定める基準での戸外運動を行わなくてもよいという意味であって、入浴および運動を原則として排除するものと解するときは、軽屏禁罰を体罰とするものにほかならず、明らかに妥当を欠く」（倉見慶記・石黒善一・小室清『行刑法演習』1958年、法律

研究社、446頁参照）という有力な見解がある。

　ところが判例から判断できるのは、軽屏禁中の運動停止は2か月までが違法ではないとしていることである。それは単に軽屏禁が2か月（旧60条1項11号）となっているのによっている。しかし、その法的根拠は厳密には存在しないのである。たしかに軽屏禁がこんにちでは、もっとも重い懲罰ではあるが、重複をいとわず指摘するならば、軽屏禁罰が当然に運動停止を伴うものではない。

　運動停止は併科されてはじめて有効となる。したがって、軽屏禁期間にならって他の懲罰を吸収できるものではない。併科のもつ意味は、独立した懲罰を併合させることである。併科としての運動停止は最高でも5日以内であるべきではないのか（新法下では、自弁の物品の使用等と書籍の閲覧の停止について、その併科を認めている（151条6項4号））。

入　浴

　入浴についても、基本的に運動の停止と同一の問題意識が必要である。これまでの判例では、軽屏禁中の入浴の禁止・制限は違法ではないとしている。唯一の違法判断をしたのは前掲津地判昭36・10・21である。同判決では、軽屏禁中でも、その健康に必要な戸外運動および入浴はさせなければならないとし、その具体的な根拠として旧法60条1項8号が「運動の5日以内の停止」としていること、同条3項が、懲罰は併科し得るとしていることをあげている。つまり運動停止の懲罰が科せられてはじめて5日以内の運動が停止できるのであって、それ以外に5日をこえて停止することは許されないとしたのである。なお本判決では、入浴日に湯を与えて拭身させる程度では、健康保持上不衛生であると判示している（行例集12巻10号2138頁）。

　しかし、多くの判例は、前述のごとく、旧規則105条（入浴の度数）は訓示規定であるとし、軽屏禁中の入浴禁止については、たとえば長崎地判昭59・8・29（訟月37巻8号1340頁）では、未決勾留者についてであるが、「法60条2項によれば、……その性質上、室外に出ることを必要とする戸外運動及び入浴の禁止を伴うものと解するのが相当である」としている。なお本件では、入浴については週2回の一般基準から最初の2回の入浴該当日は湯で身体払拭をさせ、3回目からは入浴と身体払拭を交互にさせていた。

入浴について新法49条は「保健衛生上適切な入浴を行わせる」とだけであり、週2回の入浴が確定するかどうか今後の課題である。従来から健康保持というよりも集団生活における衛生維持という観念でとらえられてきた。したがって、観念からは、室外に出ることを禁止する軽屏禁では入浴の制限されるのは当然であるということになる（前掲大阪地判昭54・2・2、前掲大阪地決昭54・1・25など。24頁、249頁、251頁、258頁、260頁、262頁参照）。

問題は、禁止期間を何日まで認めるかについて、運動禁止と同じく明確な基準は判例でも確立していないことである。判例では、入浴は運動と同一の問題として扱われており、前掲高松高判昭63・9・29（40頁、47頁、58頁、262頁参照）のように、保護房拘禁中に155日間に8回しか入浴させなかった。これを補うものとして房内で湯による身体を拭わせる「拭身」を5日に1回の割合で実施していたが、これも刑務所長の裁量権の範囲を逸脱したものとはいえないとしている。判例の基準から問題を論ずることは不可能である。

国連被拘禁者処遇最低基準規則では「すべての被拘禁者が……少なくとも毎週1回入浴し、またはシャワーを使うことができ……」（第13）としており、日弁連の要綱では、懲罰にあっても入浴は奪うことのできない権利であるとの立場をとっている。前述したように津地判昭36・10・21は軽屏禁の内容としての運動と入浴の禁止は違法であるとしたのであるが、この判決が実を結ぶには、まだ相当の日時の経過が必要のようである。

2——その他の懲罰と軽屏禁

階級の低下、文書・図画閲読の禁止、作業報奨金計算高の削減等、旧法151条1項所定の懲罰も軽屏禁罰との併科が可能である（新法下では閉居罰との併科）。

図書閲読の禁止

多くの裁判例では、たとえば軽屏禁罰と併科しての文書・図画の閲読禁止は、それ自体が軽屏禁の目的から基本的人権の侵害とはならないと判示している（大阪地決昭45・7・20判例体系(6)811頁、大阪地決昭54・1・25矯裁例集(2)468頁）。その根拠として、「懲罰は、監獄の秩序を維持するためにやむを得ず不

利益な制裁を科すものであるから、右目的を達するために必要かつ合理的な範囲で一般受刑者以上に精神的肉体的苦痛を課したとしても直ちに違憲の問題が生じるものではない」ことをあげている（前掲大阪地決昭54・1・25）。このように判例では、軽屏禁の目的と文書・図画の閲読禁止が安易に連結しており、種類の異なる二つの懲罰であるとの認識がなされていない。ある意味では、運動・入浴の禁止と同等の基本的人権にかかわる問題であることの意識が必要であろう。

仙台地判平10・10・22（判時1692号98頁）では残飯投棄による軽塀禁7日および同期間内の文書図画閲覧禁止併科は、それが受刑者遵守事項に形式的には違反するものの、軽塀禁は重い刑罰であり均衡を失し文書図画閲覧禁止の併科は裁量権を逸脱しており違法であるとした。

安座姿勢

具体的な懲罰の問題については別論しなければならないが、ここでは、軽屏禁に必然する安座の問題について触れておきたい。

軽屏禁懲罰の間は、基本姿勢として安座姿勢（あぐらをかいた姿勢）を強制されるが、刑務所によっては正座を強制されている所が多い。大阪地判昭54・5・2（下民集30巻5〜8号187頁）によると、原告は1970（昭和45）年1月ころから翌年12月ころにかけ計6、7回の軽屏禁懲罰を受け、その執行にあたり、午前6時20分の起床時から午後7時の就寝時に至るまで居房の一定の場所に座っていることを強制された。これに対し判決は、「軽屏禁期間中基本姿勢として安座をとらしめ、戸外運動、入浴を許さないこととしたとしても、右はいずれも……軽屏禁懲罰の目的に照らし必要かつやむを得ないものというべき」であるとしている。

ところで被収容者はこの間は身体を伸ばすことも、音をたてることも、立ちあがることも許されず、1日中正座したまま目を閉じたままいることを強制されることもある。トイレは1日の定められた時間にのみ許される。これに違反したことが発見されると、さらに懲罰が加えられる可能性がある。たとえば正座中に両手を伸ばしただけで新たな懲罰の対象となる。このような懲罰が2〜3日から2か月と続き、新たな懲罰が加算されることもある。

これらの懲罰に対し、裁判で違法性が認められた例はない。判例のことご

とくは「厳格な隔離によって受罰者を謹慎させ、精神的孤独の痛苦により改悛を促す目的に照らし、必要かつ合理的範囲内の自由の制限である」としている（東京高判平10・5・28保安情報80号89頁）。しかし、被収容者が施設の適切な管理の要求を満たさなかった行為とその制裁には、一定の合理的比例が存在しなければならない（いわゆる「合理性のテスト」。『ヒューマン・ライツ・ウォッチ・レポート（監獄における人権／日本）』（刑事立法研究会訳）1995年、現代人文社、42頁参照）。わが国の懲罰手段は、軽屏禁罰そのものよりも、その懲罰の仕方に憲法上の問題がある。

大阪地判昭60・5・31（訟月32巻3号562頁）では、原告は1981（昭和56）年4月22日から1983（昭和58）年2月18日にかけて、最長で60日（4回）、最短で7日の軽屏禁を10回受けた（2年10か月の間に242日間）が、違法とはいえないと判示している。ちなみに旧法60条1項11号は軽屏禁の上限は2月と定めていたが（新法では4週間）、事実上は健康に支障の出ない限り2か月終了後、数日をおいて再び軽屏禁とする方法がとられている。自由刑より重い肉体刑が恣意的手続で行われている。

3──未決拘禁者の軽屏禁

未決拘禁者への懲罰併科はとくに問題である。東京地判平元・2・23（判タ713号136頁）では、原告は未決拘禁者に対する懲罰対象行為は、原則として市民法的にも刑罰の対象となる行為に限定されるべきである旨主張したが、判決では、刑務所は多数の被拘禁者を外部から隔離して収容する施設であり、内部の秩序維持から身体的自由および他の自由に一定の制限が加えられることは止むを得ないとし、規律違反に対する制裁としての軽屏禁中の運動、入浴等の一定限度の制限は憲法13条、18条および21条に違反するものではないとしている。

東京地判昭52・9・27（矯裁例集(2)341頁）では、原告は軽屏禁・文書図画閲読禁止各40日の懲罰を受けた事例である。原告は、この懲罰は、刑事被告人から防御権行使上必要な手段である公判資料、訴訟文書作成のための筆記具、弁護士との接見交通権を奪うものであり憲法、刑訴、同規則等の各条に違反

すると主張した。

　これに対し、被告（拘置所長）は、懲罰手段としての軽屏禁は、「厳格な隔離によって謹慎させ、精神的孤独の痛苦により改悛を促すことを趣旨とするものであるから、……文書図画閲読禁止は、物を読む自由を奪い……消極的苦痛を与えるものであって、軽屏禁と併科される場合にはそのことによって軽屏禁を効果的なものとすることが期待されている」とだけ述べている（本件の判決は、無効確認を求める訴えについては具体的事件性を欠き不適当であるとして訴えを却下し、実質審理には入っていない）。

　この点に関し、那覇地判昭53・7・12（矯裁例集(2)409頁）では、軽屏禁罰と閲読禁止の併科に関し「刑務所というとくに規律の厳正な維持が要求される集団収容施設においては、規律違反者に対して黙居反省させる右のような懲罰を行うことは必要やむをえないことであり、ながい間の矯正施設運営の貴重な経験から生れてきたものである」と述べている。

　これらの判示から理解されることは、軽屏禁罰に併科される懲罰は、ほんらいの軽屏禁罰に加えて、さらに苦痛を与える手段として、その他の懲罰が併科されていることである。しかも、それが「その処分の性格上、やむを得ないものであり、このような制約が加えられたからといって、それが違法となるものではない」（千葉地決平元・2・13判時1325号108頁）としているが、公判準備に困難を強いられたと主張する原告への説得ある根拠は何ら示されていない。未決拘禁者への閲読禁止は、まさに平等の原則の侵害である。軽屏禁罰に併科して精神的苦痛を与えるための手段とされている。その根拠については裁判例において、それ以外の確固たる論拠を見つけることは困難である。まさに「長い間の矯正の伝統」が唯一の根拠である。憲法上の感覚からは遙かに遠い存在である。

4――刑事施設法の閉居罰

　刑事施設法では、懲罰の種類としての運動の停止はない。しかし「閉居罰を科せられている被収容者については、その健康の保持に支障を生じない限度において、法務省令で定める基準に従い、運動を制限する」（152条2項）

としている。これにより規則では「運動の機会を与える日数は1週間につき1日を下回ってはならない」（87条）とした。これにより従来は事実上、閉居罰の期間運動を禁止されていた問題は解決した。

懲罰としての運動停止を削除したことは、その不合理性を認めたことであると理解されるが、どこまでこれが守られるかを注目する必要がある。

懲罰としての運動制限が問題なのは、運動そのものが人間の衣・食とともに基本的な生存において不可欠であることからきている。そうであるがゆえに懲罰としての運動の制限が問題となったのであって、事実上、閉居罰に重ねて実施すれば不問に付するといった問題ではない。

さらに、閉居罰とは何であるかについて、どのような論議がなされたかにある。文字どおりに解釈するならば、「閉じ込めて置く」ということであろうが、その基本は他囚との接触を避け「沈居反省」させることであり、「罰室内に入れて室外に出さない」ことを意味するにしても、一人で運動させることで閉居罰の目的が達せられないわけではない。いずれにしても、懲罰としての運動の制限が基本的人権の見地から問題であることを自ら認めるがゆえに、懲罰から削除したのであろうから、他の懲罰に付随して実施すれば不問になるといった事柄ではない。

なお閉居罰執行中の入浴については、法では規定がない。被収容者全般については「保健衛生上適切な入浴を行わせる」（59条）としているのであるから、ほんらいは、懲罰とは関係なく実施しなければならないが、「保健衛生」とは集団生活における衛生であって個人の衛生ではないとの見地からは、懲罰執行中は必ずしもその必要はないというのが、これまでに検討した判例の立場である。訓令（被収容者の保健衛生及び医療に関する訓令、平成18年3月26日）では「被収容者の入浴の日数及び時間は、気候、矯正処遇等の内容その他の事情を考慮して、刑事施設の長が定める」（5条）。

第8章　刑務官の職務権限と守秘義務

　刑務官には所内秩序を維持し、規律を守る職務がある。しかし、その行使の範囲は実務において、すべての職務につき明確な基準を定め得る性格のものでなく、裁量にまかされている面も多い。これまでにも戒具の使用、保護室収容等について検討してきたが、ここでは残された、その他の諸問題と刑務官の守秘義務について検討しておく。

［1］　刑務官の職務権限

1──保安作用の内容と限界

　旧監獄法は刑務官の保安作用上の具体的権限としては、制止等の措置（77条）、手錠等の使用（78条）、武器の使用（80条）、収容のための連戻し（81条）を規定していた。その他の具体的な権限の内容と限界に関しては「刑務官の職務執行に関する訓令（平18・5・23、矯成訓3258）がある。

　東京地判昭54・11・26（判時968号87頁）は、勾留中のX被告人に対する戒護責任者たる拘置所職員による有形力の行使が戒護上必要かつ相当であると判示した。この事例は、東京拘置所に勾留中の被告人が、東京地裁の公判廷外通路で共同被告人らと交談したことを制止され、その根拠を質す等して押し問答をした後、再度交談禁止の根拠を説明し注意を与えようとした職員がいきなり怒鳴りつけたため、退室しようとしたところ、同職員がXの左上腕部をつかみ、ふりほどこうとするXの両肩ないし首筋を押さえて在席させ、

治療約3日間を要する内出血を負わせたものである。

　勾留中の被告人が刑務所の秩序と規律維持に必要な合理的制限に反する行動をとったときには、戒護上必要な強制力の行使は、相当な範囲において認められるが、その相当の範囲をどのように判断するかが問題である。

　本件において原告は、「独居房に戻るべく事務所出入口の方に向きを変えようとした途端、居合わせた看守長……に左上腕部を両手で……強く掴まれた。……背後から〔別の看守が〕原告の首を締め、周囲に居た他の看守らは原告の体の各所を掴み押えつけた」と述べている。

　これに対し被告は、「係長の制止を無視して事務所から立去ろうとしたので、その場に居合わせた区長が原告の後を追い、右手で原告の左上腕部を掴んで制止したところ、原告は、……同区長の左手首を掴んで外側に捻上げようとした。そこで〔別の〕看守が原告の両肩に両手をかけて制止しながら原告を係長の机の前に戻した」と主張している。そして肝心の制止行為と原告主張の傷害との関係については、「因果関係が認められないが、仮にこれを認める余地があるとしても、右制止行為は、正当な職務執行行為でありかつ必要最小限度の範囲内における措置であって、違法性はない」と主張している。

　これについて原告は、交談は以前から行われており、有形力行使は「公安被告人」に対するうさばらしの目的でしかない。また身体に対する物理的強制力を加える場合は、かかる行為をしなければ勾留の目的を著しく阻害するような状況の場合は格別、その他の場合には、その手段の選択および行使にあたり被拘禁者の身体を傷害することのないよう厳に注意すべき義務がある、と主張した。

　判決は、「戒護上必要かつ相当と認められる程度、方法の有形力を行使してこれを強制することもできる」と述べ、「原告に対する有形力の行使は、その方法、程度及び有形力を加えた部位並びに原告をその場に在席させて注意、指導を行う必要性、原告の抵抗の程度に照らし、戒護上必要かつ相当と認められる」として職務行為の範囲内であると判断した。

　ここでの問題点は、看守が原告の腕をつかんだことは認めており、掴まれた腕を原告が「痛い」といってはね除けたことが、被告側の主張では抵抗し

たとなっている点である。常識的には、強い力で押さえつけられれば、だれしも無抵抗ということは現実には困難である。そこで生じた全治3日間（原告は14日間を主張している）の傷害は、「通常生起する可能性のある軽微な傷害であるから」制止行為は相当性を欠くものではないとしている。原告は拘置所の医師の診断により左上腕挫傷（内出血）による14日間の傷害としているのに対し、被告側は同医師の診断により全治3日としている点など、その相違について理解できない面もあるが、看守が傷害の加害者であることは判決でも認めている。ところが、被告側はその事実すら積極的には認めていない。むろん判例だけで判断することは困難であるが、立ち去ろうとして看守に押さえられ傷害を受けたことは事実であり、そのことが「戒護上必要な行為」として正当化されてよいものか問題である。その行為自体は逃走防止、証拠隠滅とは直接関係がないだけに、有形力の行使については、より慎重・厳重な判断が求められてしかるべきであろう。

最大判昭45・9・16（民集24巻10号1410頁）は、「未決勾留は、……逃走または罪証隠滅の防止を目的として、多数の被拘禁者を収容し、……管理するにあたり、その秩序を維持し、正常な状態を保持する……ためには、被拘禁者の身体の自由を拘束するだけでなく、……必要な限度において、……合理的制限を加えることもやむをえないところである。……右の制限が必要かつ合理的なものであるかどうかは、制限の必要性の程度と制限される基本的人権の内容、これに加えられる具体的制限の態様との較量のうえに立って決せられるべき」であるとして、いわゆる比較較量論を提示したのであるが、具体的事例において、これをどのように適用するかを客観的に示すことが困難であるだけに、その限界は実務の人権感覚に待つほかない。その意味では実務の感覚は必ずしも国際的感覚からは十分とはいえない。

平成3年4月1日、法務省は「行刑施設の規律の維持等に関する刑務官職務規程」（法務省矯保訓689号）を定めていた（現行法下では「刑務官の職務執行に関する訓令」平18・5・23）。それによると7条（制止等の処置）「刑務官は、被収容者が自己若しくは他に危害を加え、逃走し、行刑施設の職員の職務執行を妨げ、その他規律の維持等に支障を生じさせる行為をし、又はしようとする場合には、その行為を制止し、その者を拘束し、その他その行為を抑止

するための処置を執らなければならない」としていた。

現行法の「刑務官の職務執行に関する訓令」(23条・24条)においては、これを「……被収容者等又は被収容者以外の者の行為を制止し、その行為をする者を拘束し、その他その行為を抑止するため必要な措置を執る場合には、不必要な危害を与えないよう留意しなければならない」との表現となっている。

本事例のような場合に、この規程が該当するとは思われない。実務においては規程には該当しない事例の生ずることがむしろ通常のことである。そこで要求されるのは職員の現場での的確な判断である。その判断基準を定型的に定めることは困難ではあるが、少なくとも結果的にせよ身体的な傷害が加えられることが正当化されることがあってはならない。

本件(東京地判昭54・11・26)における判決では、「有形力の行使は、その方法、程度及び有形力を加えた部位並びに……原告の抵抗の程度に照らし……相当と認められる」としている。つまり場合によっては有形力すなわち傷害が加えられても違法ではないことを是認したものである。このような基準から、この意味での有形力を認めるものとすれば、その限界は止めどなく拡大する危険性がある。

市民的及び政治的権利に関する国際規約(B規約)が「非人道的な若しくは品位を傷つける取扱い若しくは刑罰を受けない」(7条)としていることをみるまでもなく、いかなる理由にせよ正当な手続を経ることのない有形力の行使が許されることがあってはならない。

それでは、これまでの事例において、いわゆる有形力の行使が違法とされた場合、または適法とされた場合について、さらに具体的に検討しておく。

2―違法とされた事例

徳島地判昭40・10・1(判例集未登載。鴨下守孝『新行刑法要論』1991年、東京法令出版、306頁参照)では、「S看守が本件現場にかけつけた際には、……Hを取り押え、Hの所持するバットを取り上げると共に、捕縄ないし手錠を使用してHの身体を拘束する必要は認められるけれども、当時のHの状態か

らみて、いかなる意味においても右の処置を採る前にHの顔面を殴打する必要はなかったことが明らかであって、S看守が右のような措置を講ずることなく、いきなりHの顔面を殴打したことは……客観的に妥当な裁量の範囲を著しく逸脱した違法なものと言わざるを得ない」としている。

千葉地判昭57・1・20（判例集未登載。鴨下・前掲書306頁参照）では、「緊急やむを得ないものと首肯すべき特段の事情もないのに、被連行者の身体に対し直接殴打を加えるなどの行動に及んだり、その結果傷害に至らしめるような場合には、そのような実力行使は違法なものと認めざるを得ない。……本件の場合、……原告1人に対し5人が連行に当たったのであるから、いかに原告が抵抗を示したとしても、殴打、傷害に及ぶ実力手段を行使しなければその抵抗を排除し得なかったとは到底認めることはできない」としている。

これらの事例は、相手が抵抗するなど必要やむを得ない場合を除いて殴打することは違法と判断したものである。

京都地判平18・11・30（判時1966号90頁）は、名古屋刑務所で消防用ホースの放水を受け死亡した受刑者の遺族が提訴した事件で、国に約3,929万円の支払い命令を下した。また、名古屋刑務所では、2002年5月と9月に受刑者が革手錠により暴行を受け、1名が死亡、1名が重障害を負う事件があった。

北九州医療刑務所で2005年、男性受刑者（当事25歳）が独居房で自殺したのは、刑務所側に注意を怠った責任があるとして、受刑者の母親が国に4,500万円の損害賠償を求めた事例がある。裁判所は、2,090万円の支払いを命じた。男性受刑者は2004年、覚せい剤取締法違反の罪で佐世保刑務所に収容され、2005年8月に北九州医療刑務所に移送された。同年9月24日に独居房の中で首つり自殺しているのが見つかった。受刑者は床から高さ約30センチのタオル掛けに、刑務所が貸与したタオルとふきんを結び合わせて作ったひもをかけ、うつぶせの姿勢で首をつっていた。判決は「自殺は予見可能な範囲内の方法で行われ、タオルを貸与したことと因果関係がある。刑務所は自殺防止に向けた措置を講ずるとともに、動静を注意深く観察する義務を怠った」と指摘した（福岡地小倉支判平21・10・6判タ1323号154頁）。

山形刑務所の健康診断で医務官が肺がんの兆候を見落としたとして、服役していた仙台市の男性（55歳）＝刑の執行停止で釈放＝が、国に約7,400万円

の損害賠償を求めた事例がある。裁判所は、約4,850万円を支払うよう命じた。判決では「エックス線画像だけで肺がんの可能性を否定した医務官の過失がなければ、手術で根治した可能性が高い」と指摘された。男性が服役中だった2004年10月、胸部エックス線検査で左肺に陰影が見つかったが、医務官は肺がんかどうか診断するための検査をしなかった。その後、外部の病院で末期の肺がんと診断された。男性は強盗致傷罪などで山形刑務所に服役していたが、治療のため刑の執行が停止された（仙台地判平19・10・16判時1996号68頁）。

　大分刑務所での手術ミスで後遺症が残ったとして、受刑者の男性（31歳）が国に355万円の損害賠償を求めた事例がある。裁判所は、刑務所の医師の過失を認め、国に100万円の支払いを命じた。男性受刑者は、2007年11月、刑務所の診察室で、医師から下半身の腫瘤（しゅりゅう）の切除手術を受けた。その後、患部が内出血し、皮膚に炎症が起きるなどした。判決は「止血のための電気メスを準備するなどの注意義務を怠ったうえ、血管を損傷させたことに気付かないまま縫合し、皮下出血を生じさせた」と医師の過失を認定した（大分地判平25・9・30判例集未登載）。

3――適法とされた事例

　東京地決昭52・3・17（判例集未登載。鴨下・前掲書307頁）では、「Aは長時間にわたりくりかえし正座による点検を拒否し、……他の被拘禁者を扇動するという……拘置所内の秩序を破壊する行為を行っており、これを理由として4回の懲罰が科せられたけれども」、本件のときも正座による点検を受けさせるため、Aに対して左上膊部および後頸部を掴んで房舎の中央に寄せた程度であって、必要最小限度の範囲内の行為であり正当な職務執行であるとしている。さらに正当な職務執行中に抵抗し暴行を加えて、その職務の執行を妨害した場合には、その暴行を制止するのは拘置所職員の保安業務として当然のことである、とし比較衡量して違法性はないとしている。具体的にはAの足蹴による暴行を制止し、正座点検を受けさせることを目的として取り押さえたというものである。

千葉地決昭57・1・19（判例集未登載。鴨下・前掲書308頁）では、大声を発し続けて刑務所内の秩序を乱し、刑務官による口頭による制止にも従わないMを、秩序回復維持のため保護房へ強制連行し同房内で座ろうとしない同人に対して足を払って強いて座らせ独居拘禁を継続したものである。その目的、方法、程度のいずれも適法な職務の範囲内であるとしている。

　ここで例示した事例が妥当な判断をしているかどうかは留保する。しかし保護室へ連行する実務の慣行から推測して、足蹴して強制的に正座させた程度のものが裁判になること自体が不自然である。旧監獄法施行規則47条は、「在監者ニシテ戒護ノ為メ隔離ノ必要アルモノハ之ヲ独居拘禁ニ付ス可シ」としているが（新法ではこのような規定はない）、同条は「必要であるときは有形力を行使して隔離の措置を強制することも可能であると解される」としている。その意味するところは、いうまでもなく強制的に連行することを認めたものであるが、現実には、少しでも抵抗すれば頭から袋をいきなり被せ、集団リンチを受けることが少なくない（監獄法改悪とたたかう獄中者の会編著『全国監獄実態〔増補新装版〕』1996年、緑風出版、176頁）。ほんらい保護房自体については旧監獄法には規定がなかった（新法でも保護室と名称が変わったが同じく詳細な運用規定はない）。自傷・自殺のおそれある者、暴行、施設の破壊、逃走のおそれある場合の一時保護のための特別な房である。そこでの正座の強制も法的根拠はない。ところが、こうした実態が裁判の場で問題となることはない。

　名古屋地判昭55・4・25（訟月26巻7号1178頁）は、勾留中の被拘禁者が許可なく居房内壁面にした貼紙をはがそうとしたので、拘置所職員が、抵抗する同被拘禁者と房内で押し合い、矯正護身術の要領で足払いをしかけ同人を転倒させたことが、適法な職務行為に対し実力的抵抗をもってした被収容者の妨害を制圧する目的でなされた、必要かつ相当な抑止行為として違法性を欠くとしている。この件において原告は、刑務官5名により猿ぐつわをされ、階段をかつぎ運ばれる途中、看守の一人から太ももを強く突きあげられ、さらに階段の終了間際に同看守から左膝で横腹を蹴られたことを、刑務官による暴行、理由なき保護房への収容であると主張したが、必要かつ相当な抑止行為であると判示された。

有形力の行使それ自体の限界についての法的根拠がない。前掲東京地決昭52・3・17では、「制限の具体的態様や制限される自由の内容などを勘案しながら、制限の必要性の程度と自由が制限される程度とを比較衡量して決せられるべきもの」としている。この判断基準は、前掲最大判昭45・9・16と同趣旨であるが、いずれも第1に、「有形力の行使」を是認するにしても、その「有形力」というものがどういうものであるかを示していない。一般的には「条理上の限界」という用語が使われているようであるが、「有形力」以上に抽象的である。あるいはこれを「規律及び秩序の維持という目的達成のため必要最小限度のもの」（鴨下・前掲書309頁）といい換えても同じである。問題は何が許されるかの具体的な基準の問題である。「最小限度の範囲」の論点はもっぱらその点にある。「かりにも暴力をもってすることは許されない」（小野清一郎・朝倉京一『改訂監獄法（ポケット註釈全書）』1970年、有斐閣、146頁）との厳格な、客観的な基準が示されなくてはならない。むろんその前提には、前述のB規約のいう、人間の尊厳が基本にあるわけで、物理的な暴力でなければ、また傷害にならない程度のものであれば、その他の行為が許されるというものではない。言葉による暴力、威嚇的な行為も厳に禁止するところから出発する必要がある。

　これまでに検討した裁判例は、「最小限の暴力」は許されるとの判断が背後にあるように理解される。かような判断基準は、こんにちの国際基準からは、とうてい受け入れられない。刑務官の職務権限を明確化する根拠法規が求められる。

　東京地判平21・3・31（判例集未登載）では、宮城刑務所の受刑者だった二人が刑務官に首に手を巻かれたうえ床に投げつけられたり、払い腰で投げられたことに対する国家賠償請求事件につき、計43万円の支払い命令を言い渡した。なお本件は著者が主任弁護人として提訴した事件である。

［2］ 刑務官の守秘義務

　国家公務員法100条1項は、「職員は、職務上知ることのできた秘密を漏らしてはならない。その職を退いた後といえども同様とする」と規定し、この義務に違反した者は1年以上の懲役または3万円以下の罰金が科せられる（同法109条12号）。ここでの「職務上の秘密」が具体的にどういうものであるかについて定義は存在しない。

1――職務上の秘密

　最判昭55・12・19（訟月27巻3号552頁）では、行刑に関する通達等は、旧監獄法令を適用、実施するにあたっての職務上の指示ないし指針であって、収容者の目に触れることを前提として作成されたものではなく、記述の内容が収容者の目に触れる場合に与える影響についてまで十分考慮が払われていないから、通達等収容者の処遇の内容そのものは、とくに秘匿する必要がない場合であっても、その記述いかんによっては、これを収容者に閲読させることにより無用の誤解を、ひいては不安、動揺の原因となり得ることは否定できないので、通達類の閲読不許可処分は、刑務所長の合理的な裁量権の範囲内のものである、と判示している。同事件は第一審の東京地判昭50・2・25（訟月21巻4号824頁）では、違法ではないとしたものを、第二審の東京高判昭51・7・19（判時824号24頁）では「通達類を掲載した部分は秘匿しなければならないものではなく」として違法判断したものが最高裁では違法ではないと判断されたものである（この判例と閲読の問題について本書93頁以下参照）。

　同高裁判決では「これを閲読したからといって、そのことにより収容者の逃亡や証拠隠滅に役立ったり、所内秩序のびん乱をきたすとは考えられない」としたのであった。ところが最高裁の判決では、前述のように所長が閲読させなかったことは違法ではないとした。この最高裁判断に至るまでの高裁段階の見解は、東京高判昭52・2・15（行例集28巻1・2号137頁）でも違法であるとしていたものである。ところで原判決では「〔本件通達等の内容に示

された〕基準を下廻る等不当な処遇を受けた収容者が基準通りの正当な処遇を求めること自体、非難すべき理由はない」としているのであるが、最高裁判決では、上告理由の「これは被収容者が本件通達等の趣旨、内容を正しく理解し、平穏に正当な処遇を求めることを前提として初めて肯定し得るところである」を肯定的に解釈し、原審に差し戻した。

つまり通達に従順として従う者には閲読させることは許されるが、そうでない者には閲読させないで秘匿することが正当であるとするものである。職員の職務守秘義務は、かくして自らの職務遂行上支障とならないための砦として解釈されている。前述のように国家公務員の職務上の守秘義務の根拠の一つは、刑務所に関していえば、秘密をもらすことによる逃走防止や所内秩序維持に支障があると判断される場合、また個人のプライバシーの侵害の危険性がある場合であると考えられるが、本件についていえば、通達等は、それ自体が法的根拠ともなり得るものであり、現に裁判の場においては通達を根拠に権利の有無を判断している。その根拠たる通達を閲読させるか否かは、論議以前の問題である。

これをさらに敷衍して検討するならば、裁判例としては存在しないが、国家公務員法100条1項により、以前に刑務官として在職していた者も当然に職務上知り得た秘密を守る義務がある。その場合の守秘義務の範囲が問題となる。法の趣旨から判断すれば、被収容者のプライバシーに関わるものでない限り、自らの体験を公表することは違法ではないと考えられる。たとえば、死刑執行に立ち合った刑務官が執行の状況を公表することは職務上の守秘義務に抵触するものではないと判断するが、最近でのこのような公開の事実に接していない。

2 ― 被収容者の身分帳簿

「被収容者身分帳簿」（平18・5・23、矯成3281）は、在所者の名籍に関する重要な文書綴であって、刑務所庶務課名籍係で保管されている。身分帳簿は秘密文書として指定されてはいない（「法務省秘密文書等取扱規程」昭和48年1月20日訓令47号）が、矯正局長の通達により、その扱いが厳格に規制されている。

いわゆる宮本身分帳事件の東京地判昭53・4・28（判時894号28頁）では、職権濫用罪について無罪となったが、その後の高裁（東京高判昭54・12・26高刑集32巻3号298頁）、最高裁（最決昭57・1・28判時1029号60頁）でいずれも有罪となった。その論点の中心は、身分帳簿の守秘義務に関する刑法上の公務員職権濫用罪（刑法193条）の成否にあった。この審理の過程で明らかとなったことは、身分帳簿は秘密文書として指定されているものではないが、身分帳簿の「裁判所への提出は、刑事訴訟法99条2項に基づく〔裁判所の〕提出命令による場合のほかは差し控え、裁判所からの提出依頼の趣旨が身分帳簿の一部を知るためのものである場合は、同法279条に基づく照会によらせ……相当でないと認められるときは回答の限りでない」として、身分帳簿の開示は厳格に規制されている（差戻後の第一審判決、東京地判昭58・2・28判時1071号39頁）。

　身分帳簿の開示が厳格に規制されていること自体は被拘禁者の権利保護から当然のところである。宮本身分帳事件はその趣旨を明確にしたものといえる。しかし、身分帳簿の開示を厳格に規制することと、身分帳簿の内容が現実に厳格に規制されているか否かとは別の問題である。たとえば、旧規則130条1項は、検閲者については所長に権限があるとしているが、実際には検閲作業は指名された職員が代行している。そして、その検閲により知り得た事項は、本人の身分帳簿に記載される（旧規則139条）。その限りにおいて、信書の秘密性は保障されていない。検閲者の特定および秘密漏洩の違法性に関する規定は存在しないのである（倉見慶記・石黒善一・小室清『行刑法演習』1958年、法律研究社、404頁参照）。

　身分帳簿については、司法研修所長から司法研究を委嘱された者のように、正当な権限ないしは利益を有する機関等からの正当な理由と手続によって求められた場合は、その開示が許される（前掲東京地判昭58・2・28参照）。しかし大学の研究者に開示された事例は聞かない。つまり守秘義務が行刑密行主義の後ろ楯となっているきらいがある。

　最決平8・9・25（判例集未登載）によると、刑事確定訴訟記録の閲覧（死刑確定記録）を求めた北九州大学教授（当時）・石塚教授に対し、福岡地小倉支部は、その閲覧を拒否したが、これを不服とする石塚教授の準抗告申立て

について、最高裁は検察官の抗告を却下した。同氏は「刑事事件の資料が、個人のプライヴァシーに関する多くの情報を含んでおり、その利用方法を誤れば関係者の権利を侵害する可能性が高いことは事実である。……しかし、公的機関がプライヴァシーの保護を口実にして、行政事務の密行性を守ろうとする態度には根本的な反省が求められる」(石塚伸一『刑事政策のパラダイム転換』1996年、現代人文社、112頁)と述べている。

3──接見表・書信表、願箋・診療録

　接見表は、接見の許否、立会省略の許否、接見の年月日、接見者の住所・氏名・年齢・職業・受刑者本人との関係、出願の要旨、接見時間等のほか、談話の要領を記載し、また同書信表には、受信者が発受信する信書について、発受の許否、発送または交付年月日、発受信者の氏名・受刑者本人との関係等のほか、書信の要旨が記載される(現在は「被収容者身分帳簿及び名籍事務関係各帳簿様式」平13・3・22、矯保訓651)。

　広島地決昭56・12・10(訟月28巻2号292頁)は、刑務所長が身分帳簿を受刑者以外の者が当事者となっている民事訴訟事件の検証において提示することは、受刑者の名誉または人権を侵害するおそれがあると同時に、公務上の秘密が漏れるおそれがあるので、提出を拒否したことは正当な理由があると判示している。

　次に願箋・診療録に関し、大阪高決昭56・4・6(判時1015号42頁)では、警察官による傷害を理由とする国家賠償請求事件について、拘置所の被収容者が、拘置所長に対してなした、同所長が所持する診療願、診療録、X線フィルムの提出命令の申立てが却下されている。

　その理由は、これらの書面等は、民事訴訟法312条3号(現220条3号)所定の文書に当たらないというにある。つまり同条3号の文書とは挙証者と所持者間の法律関係として記載されたものであると解するのが相当であるが、それが、もっぱら所持者の自己使用のため作成されたものであるときは本号の文書に当たらないとした。本条の解釈については説が二分しており、本決定は、内部的な使用目的のための文書であるとして、適用範囲を制限的に解

釈したものとされている。

　さらに、これらの願箋・診療録・X線フィルム等を提出したときの不利益として、①願箋を提出したときは、関係職員の個人攻撃を受けるおそれが顕著である。②願箋には被収容者の舎房名を記入しており、提出したときは警備上重大な支障がある。③診療関係の願箋は、診療録の一部に貼付しており、これを単独で提出したときは破損のおそれがある。④民事訴訟法280条、281条（現196条、197条）に規定する証人の証言拒絶権は、証言拒絶によって、たとえ民事訴訟における実体的真実の発見が妨げられても、個人の名誉、人権の保護のためにはやむを得ないとする趣旨にほかならず、憲法にいう「個人の尊重」、「個人の尊厳」に由来するものである。⑤その他、医師との信頼関係を損なう、警備上重大な支障を生じるなど、いわずもがなの理由が羅列されている。

　問題は、これらの文書を提出することによる障害と、被収容者の人権との対比において判断されるべきである。本人の訴訟のため書証提出を要求し、そのことが本人の名誉侵害になるとの論理は理解できない。被収容者の処遇上知り得た文書を被収容者の名誉、プライバシーといった名目のもとに、管理者側の不都合を隠蔽する密行主義の隠れ蓑とされているきらいがある。

　なお弁護士法23条の２第２項は、「弁護士会は……公務所又は公私の団体に照会して必要な事項の報告を求めることができる」と規定している。京都地判昭50・9・25（判時819号69頁）では、同条に基づく照会に対して区長のなした前科犯罪歴の回答が違法ではないとしたが、大阪高判昭51・12・21（判時839号55頁）では、回答が違法であると判断され、これを受けて最判昭56・4・14（ジュリスト779号116頁）も原審を支持している。本事例の核心は前科犯歴について公務所が原則的に回答義務があるか、それとも例外的に認めれば足りるかの問題であり、最高裁の見解は、これを厳格に解釈したものである。

　本事例は、弁護人が受任事件について訴訟の相手方の前科・犯罪歴の照会・回答を求めたものである。これに対し、上述の民訴事件における願箋・診療録提出依頼の件は、本人の利益のため書証を求めたものであり、本質を異にする。最高裁の弁護士法23条の２の解釈が一般原則化される性質のもの

ではない。
　鳥取地判平24・7・17（判タ1390号195頁）では、鳥取刑務所の職員であったAが同刑務所の受刑者Xの個人情報を漏らしたとして、違法を判示している。本判決は、前掲大阪高判昭51・12・21の判決を踏襲したものである。

第9章　代用監獄

　代用監獄は、原則として捜査を終了しない被疑者または被告人を拘禁し、捜査が終了すれば拘置所へ移監する運用が実務ではとられている。この代用監獄制度は、旧監獄則で警察署内の留置場をも監獄の一種としていたものに由来するが、警察官署の留置場をそのまま刑務所に代用するもであって、組織上は警察事務に属し、行刑面からの規制については、その法的根拠に欠けている。そのため刑務所法の改正論のたびごとに論議されてきた。しかし「刑事収容施設及び被収容者等の処遇に関する法律」（平成17年5月25日法律第50号）の成立とともに、同法第2編第3章（180条～240条）に代用監獄の存続を前提として新たな法をもとに発足するものとなった。新法第1編第3章留置施設（14条～24条）によると都道府県警察は、留置施設を設置するとした（14条）。

1 ― 代用監獄制度の意義と弊害

　新法では、「留置施設視察委員会」（20条～22条）や「不服申立制度」の新設（229条以下）など従来と異なる組織も導入されたが、従来から国際的に問題視されてきた代用監獄の事実上の恒久化がなされた。

　事実上の代用監獄恒久化のもとにおいて、従来からその弊害とされていた課題は当然のことながら今後も残る。

　これまでにも、死刑判決が破棄され、無罪となった事件として松川事件や八海事件、仁保事件、さらに財田川事件（高松地決昭54・6・6刑事月報11巻6号700頁）、免田事件（福岡高決昭54・9・27高刑集32巻2号186頁）、松山事件（仙台地決昭54・12・6刑事月報11巻12号1632頁）等がある。これらの著名な事件以

外に、無数の人権侵害事件が頻発しているが、これらの多くは代用監獄での違法な取調べが原因であるとされている。それらの若干を例示しておきたい（日本弁護士連合会拘禁二法案対策本部『捜査と拘禁の分離を——代監と自白強要の構造』1996年、日本弁護士連合会人権擁護委員会編『人権事件警告・要望例集』1996年、明石書店、等参照）。

①長時間にわたる取調べ

〔松山選挙違反無罪事件〕　Fは逮捕されてから保釈までの58日間、連日朝の9時から夜の12時近くまで取調べを受け房に帰ってもトイレ、歯磨き、布団を敷くなどで同房の者に迷惑をかけた。この間、取調官による足蹴り、羽交い締め、胸倉をつかんでしゃくり上げ、頭を机に押さえる、壁に押さえつける、灰皿を投げるなどされた。嘘の自白により無罪となる。

〔高野山放火事件〕　取調べは1988（昭和63）年7月15日から同年10月27日までの、約3か月半にわたる。取調べは9時過ぎから17時まで、この間、18時を過ぎたことが17回、22時を過ぎたことが4回。警察官が髪の毛をつかんで引っ張り、右肩を平手で殴られ、膝で右腹を蹴られるなど暴行された。この間、検察官に自白しなければ保釈の可能性はないなど利益誘導される。

②取調時に暴行等

〔山口組抗争事件〕　被告人S・R・Mの三人は、それぞれ銃刀法違反、殺人の疑いで逮捕され、Sは玉名署の警察官により約1時間、殴る、蹴る等暴行を受け、足蹴り、拳骨による殴打により左腕を骨折、次の1時間に、3人の警察官の暴行により下唇と左耳を切られた。その間、何度も失神した。

Rは、3人の警察官に後ろから蹴られたり、殴られ、柔道の首締めの暴行を受け失神。暴行により全治1か月以上を要する傷害を受けた。

Mは、約17人の警察官により殴る、蹴るの暴行を受け、転倒したところを踏んだり、蹴ったり、柔道の首締めにより4～5回失神。さらに同日の夜、殴る、蹴るの暴行を受け全治約1か月の打撲傷、擦過傷、裂傷を受けた。

同事件の弁護士の記述によると、両脇を抱えられたSやRは自分で歩くことができず、警察官に両脇を抱えられて検察官の前に来たが、検察官は何らの措置もとらなかった。同じく勾留担当裁判官も被告人らの傷害に対し何の質問もしなかった。SとRに対しては勾留場所を代用監獄から拘置所に移し

た。

　1989（平成元）年12月12日、上記暴行・拷問を受けた20人が原告となり、国、熊本県および警察官らを被告とし、国家賠償請求事件を熊本地裁に提起した。その結果、1993年11月8日、①今後は適正捜査の推進につとめる、②本件請求を放棄する、として和解が成立している。

③取調時に利益誘導

　〔建造物侵入・窃盗控訴無罪事件〕　被告人は窃盗容疑で熊本北警察署に約6か月留置された。被告人は、いったん認めた熊本事件を否認したが、ほかに被害額400〜500万円相当の福岡事件を犯していた。担当警察官から「熊本事件を認めれば福岡事件は握り潰してやる」といわれ、どうせ懲役に行くのなら被害額の少ない熊本事件を認めて、福岡事件を握りつぶしてもらった方が得策と判断し、否認していた熊本事件を認めた。ところが警察官は、それ以外にも事件があるとして自供を迫り、①余罪がいくらあっても3割しか対象にしない、②タバコ、飲料水の代金は出費させない、③取調べがない日でも留置場から出してタバコを吸わせる等の利益誘導をした。その結果多数の余罪を自白した。

　福岡高裁は、他の事件を自白すれば福岡事件を送致しないという約束は、不起訴の約束に等しく、任意性がないとして無罪とした（福岡高判平5・3・18判時1489号159頁）。

　〔長田警察署代用監獄の実態〕　被疑者Sは覚醒剤違反については自白したが、強盗致傷事件については警察で逃走させることを約束して自白させた。逃走するのであれば犯人未検挙事件をSが犯人であることにして、事件を消化してほしいと依頼されSがこれを承諾し供述調書を作成した。

　ところが逃走の機会がなく、意に反しこれまでの利益供与（看守との宴会など）や、逃走事件の事実が副署長の知れるところとなり、拘置所に移監された。被疑者Sは騙されたと考え、これらの事実を弁護人、新聞社に打ち明けた。

2——代用監獄の問題点

　代用監獄制度は自白強要の温床であり、冤罪事件の構造的な原因であるといわれている。それは同時に暴行と違法捜査の温床ともなり得るものである。日弁連が報告している上述の事例は、いずれも部外者には信じられないような事件である。これも、たまたま弁護士の介入によって問題となった、いわば偶然のものともいえる。

　こんにちでは、もっぱら、むしろそれ以前の代用監獄における捜査上の人権侵害に焦点が当てられている。それでは代用監獄において、どのように被疑者の扱いがなされているのか。それらの若干を例示しておく（日本弁護士連合会『代用監獄』1993年参照）。

　①入浴は1週間に1回、運動は1日1回、それぞれ10分から15分、捜査官の意見ですべてが決定され、否認、黙秘者に対し利益誘導、利益供与など不利益を与えている。

　②代用監獄では、取調べ時間が際限なく房内での生活を規制することで自白を可能にしている。

　③接見制限。刑事訴訟法39条3項では、「捜査のための必要」を理由とする面会の制限を規定している。とくに否認事件での接見指定権行使により弁護人との面会が制約されている。

　④弁護人への連絡はできない。接見も妨害される。食物、衣類の自己購入も妨害される（拘置所では差入れ、自弁は保障されている）。

　その他、夜間に逮捕された被疑者に執務時間外であるとの理由から弁護人が面会できない等が指摘されている。

　ほんらい旧監獄法下においても、代用監獄という言葉どおり、過度的な措置としてやむを得ず、留置場の施設を代替利用するものとしてきた。裁判例としても、したがって例外的措置として、その適用範囲を縮小する見解がとられてきた。しかし「捜査上の事情」から代用監獄への勾留を認めた事例も散見されるに至ったが、勾留の目的からして、その正当性には疑問がある。

　さらに、裁判例としては、旧監獄法および施行規則が、たとえば被疑者留置規則に、いかなる点で具体的にどちらが優先するかの問題がある。ほんら

いは、代用である以上は、法がすべて優先するべきものであるが、現実には物的設備や人的構成の相違から実現不可能な点も当然に生じる。しかし、近年においては、そのような問題を提起した裁判例はない。

周知のように、日弁連では1966年に代用監獄廃止の決議をして以来、一貫して精力的な反対運動を展開し、1991年4月25日には「代用監獄廃止要綱」を発表し、2000年末までに全廃するものとしていた。しかし、死刑事件を含む再審無罪事件、国際的な代用監獄への批判に実務は何ら答えていない。国連の規約人権委員会は、1988年7月に開かれた第2回政府報告の審理において「代用監獄制度は警察と別個の権限のもとに置かれていないこと」の勧告をし、その後、1998年11月5日に開かれた規約人権委員会も「委員会は日本政府による第3回定期報告の審査時の勧告を再度強調し、『代用監獄』制度を規約に定められた基準を満たすものにするよう勧告する」としている。

代用監獄の漸減・廃止の方向の検討はここでの課題ではないので省略するが（詳細は、日本弁護士連合会拘禁二法案対策本部『代用監獄の病巣』1992年、同『代用監獄——21世紀に残すな』1998年など参照）、国連の規約人権委員会の勧告をみるまでもなく、勾留事務は行政組織からは法務省の管轄であり、警察法ならびに地方自治法で定める所轄に当たらない。行政上の委任関係が不備である。代用監獄は今後も廃止の方向でねばり強く再検討されなければならない。

なお、私事ながら筆者は、「未決拘禁者の処遇等に関する有識者会議」（平成16年2月2日）委員として参加の機会を得たが、多勢に無勢のなかで孤立奮戦の末、事実上の代用監獄恒久化に抵抗できなかった。

●●● 判例索引 ●●●

〈昭和27年～40年〉

東京地判昭27・12・22（下民集 3 巻12号1810頁）……………………………… 238
最判昭30・4・19（民集 9 巻 5 号534頁）………………………………………… 89
東京高判昭30・4・19（下民集 6 巻 4 号754頁）………………………………… 238
最判昭31・1・30（民集10巻11号1502頁）………………………………………… 89
最判昭32・5・31（刑集11巻 5 号1579頁）……………………………………… 151,152
東京高判昭32・12・16（判時145号29頁）………………………………………… 151
最判昭33・3・28（民集12巻 4 号624頁）………………………………………… 270
大阪地判昭33・8・20（行例集 9 巻 8 号1662頁）
　………………………………… 1,7,12,24,32,94,101,120,131,137,149,158,194,199,200
最大判昭33・9・10（刑集12巻13号2897頁）……………………………………… 65
東京地判昭34・4・9（訟月 5 巻 5 号663頁）…………………………………… 78
静岡地判昭35・3・18（行例集11巻 3 号716頁）………………………………… 4,23
千葉地判昭35・4・14（行例集11巻 4 号1114頁）……………………………… 4,23,32,37
札幌地判昭35・11・14（下民集11巻11号2449頁）……………………………… 55,78
東京地判昭36・9・6（行例集12巻 9 号1841頁）……………………… 101,111,130,171
釧路地帯広支決昭36・9・18（判時278号32頁）………………………………… 204
津地判昭36・10・21（行例集12巻10号2138頁）…………………… 4,13,101,274,277,278
大阪地判昭38・7・18（行例集14巻 7 号1309頁）……………………………… 201
東京地判昭38・7・29（行例集14巻 7 号1316頁）……………………………… 13,230
東京地判昭39・2・27（訟月10巻 3 号505頁）…………………………………… 234
仙台高秋田支判昭39・4・9（判例集未登載）…………………………………… 239
大阪地判昭39・6・26（行例集15巻 6 号1175頁）……………………………… 62
東京地判昭39・7・29（訟月10巻 9 号1240頁）………………………………… 232
東京地判昭39・8・15（行例集15巻 8 号1595頁）……………………… 40,41,42,124
東京地判昭40・3・24（訟月11巻 6 号866頁）………………………… 88,103,149
高知地判昭40・3・31（訟月11巻 6 号873頁）………………………………… 4,145
徳島地判昭40・10・1（判例集未登載）………………………………………… 286

大阪地堺支決昭40・11・15（判例体系(6)693頁）……………………………… 207
徳島地判昭40・11・25（訟月11巻12号1805頁）……………………………… 15,18
岐阜地決昭40・12・24（行例集16巻12号2076頁）…………………………… 21
仙台地判昭40・12・25（訟月12巻3号378頁）………………………………… 149,157

〈昭和41年～50年〉

東京地決昭41・3・16（下刑集8巻3号524頁）………………………… 7,195,216
大阪地判昭41・12・26（行例集17巻12号1385頁）……………………… 4,23,138
東京高判昭42・3・8（訟月13巻4号445頁）…………………………………… 232
広島地判昭42・3・15（行例集18巻3号223頁）……………………… 4,10,99,102
東京高判昭42・4・28（下民集18巻3・4号445頁）…………………………… 150
岡山地判昭42・8・21（矯裁例集493頁）……………………………………… 243
広島高判昭42・10・31（高民集20巻5号484頁）……………………… 10,13,100,102
福岡地判昭43・3・15（訟月14巻4号411頁）………………………………… 24,35
広島地判昭43・3・27（訟月14巻6号614頁）………………………………… 100
大阪地判昭43・9・16（判タ227号224頁）…………………………………… 204
大阪地判昭44・3・29（行例集20巻2・3号303頁）…………………… 151,158
広島地決昭44・8・1（判例体系(5)55の201頁）……………………………… 18,38
東京高決昭44・8・19（訟月15巻11号1313頁）……………………………… 276
東京地判昭44・12・26（訟月16巻4号400頁）………………………………… 4,7
鹿児島地判昭45・2・23（訟月16巻7号747頁）……………………… 171,177
大阪地決昭45・7・20（判例体系(6)811頁）…………………………… 21,275,278
大阪高決昭45・8・15（判例体系(6)809の4頁）……………………………… 275
東京高決昭45・9・3（判例体系(5)39の2頁）………………………………… 15,18
最大判昭45・9・16（民集24巻10号1410頁）………………… 5,8,10,145,203,285,290
横浜地判昭45・10・16（矯裁例集616頁）……………………………………… 239
東京地判昭45・12・14（訟月17巻4号624頁）……………………………… 15,17,18
最決昭45・12・18（判例集未登載）……………………………………………… 15
東京地判昭45・12・21（訟月17巻4号631頁）………………………………… 177
徳島地判昭46・2・16（訟月17巻5号824頁）………………………… 34,36,38
広島地判昭46・3・24（訟月17巻6号962頁）……………… 37,62,114,115,118,225
名古屋高判昭46・5・14（行例集22巻5号680頁）…………………………… 127

高松高判昭46・10・18（判例集未登載）…………………………………………35
東京地判昭47・3・7（判時678号56頁）……………………………84,87,242
高松地判昭47・3・30（訟月18巻8号1267頁）……………………96,158,218
最判昭47・5・25（民集26巻4号780頁）……………………………………85
横浜地判昭47・12・25（訟月19巻2号35頁）……………………………275
東京地判昭48・1・31（訟月19巻3号53頁）……………………119,234,235
高松高判昭48・3・31（訟月19巻6号86頁）………………………………96
広島高判昭48・5・29（行例集24巻4・5号376頁）…………………7,115,118
広島地判昭48・7・4（訟月20巻2号51頁）……………………114,115,116
札幌地室蘭支判昭48・8・17（判時734号84頁）…………………………80
神戸地判昭48・9・4（行例集24巻8・9号877頁）………………………238
大阪地判昭48・9・19（下民集24巻9〜12号650頁）……………84,87,243
大阪地判昭49・1・30（判時749号43頁）………………………………208
東京地判昭49・5・20（訟月20巻9号63頁）…………………………84,244
鹿児島地判昭49・5・31（訟月20巻9号103頁）………5,100,102,114,117
東京地判昭49・8・26（判時770号69頁）………………………………147
東京地判昭50・2・21（行例集26巻2号211頁）…………10,92,95,110,111
東京地判昭50・2・25（訟月21巻4号824頁）……………………92,94,111,291
東京地判昭50・3・25（行例集26巻3号406頁）…………………………166
札幌高判昭50・3・27（判時782号53頁）…………………………………80
京都地判昭50・9・25（判時819号69頁）………………………………295
東京地判昭50・11・4（行例集26巻10・11号1259頁）……………………14
東京地判昭50・11・21（訟月21巻12号2493頁）……………………10,103,120

〈昭和51年〜60年〉

東京地判昭51・6・30（判時850号57頁）…………………………………84,241
東京高判昭51・7・19（判時824号24頁）……………………………93,111,291
大阪地判昭51・12・17（矯裁例集(2)250頁）………………………………20
名古屋地判昭51・12・17（訟月22巻13号2959頁）………………………259
大阪高判昭51・12・21（判時839号55頁）…………………………295,296
札幌地岩見沢支判昭52・1・19（判タ347号156頁）………………………68
東京地判昭52・1・31（判時839号21頁）…………………………………87

東京高判昭52・2・15（行例集28巻1・2号137頁）…………………92,93,291
東京地決昭52・3・17（判例集未登載）……………………………288,290
函館地決昭52・5・17（判例集未登載）……………………………………16
前橋地決昭52・5・19（矯裁例集(2)306頁）………………………………14
東京高判昭52・5・30（訟月23巻6号1051頁）………………………120
山口地決昭52・7・11（矯裁例集(2)323頁）………………………………14
宇都宮地決昭52・7・12（判時870号128頁）……………………151,152
最大判昭52・7・13（民集31巻4号533頁）……………………………127
広島高決昭52・7・20（矯裁例集(2)328頁）………………………………14
札幌高決昭52・9・26（判タ364号205頁）…………………………15,20
東京地判昭52・9・27（矯裁例集(2)341頁）……………………………280
岡山地判昭52・11・16（判時893号76頁）……………………………225
京都地判昭52・11・25（訟月24巻1号109頁）……………………14,67
東京地決昭52・12・26（矯裁例集(2)463頁）……………………………14
東京地判昭53・2・20（矯裁例集(2)374頁）………………………………14
東京地判昭53・4・28（判時894号28頁）……………………………293
那覇地判昭53・7・12（矯裁例集(2)409頁）……………………………281
東京地決昭53・7・24（矯裁例集(2)431頁）………………………………14
那覇地判昭53・8・10（矯裁例集(2)433頁）………………………………20
神戸地判昭53・9・12（訟月24巻11号2378頁）…………………………20
最判昭53・10・20（民集32巻7号1367頁）………………………………89
東京地判昭53・11・8（行例集29巻11号1925頁）……………………200
大阪地判昭53・11・10（判例集未登載）…………………………143,144
東京地判昭54・1・24（矯裁例集(2)465頁）………………………………20
大阪地決昭54・1・25（矯裁例集(2)468頁）………………249,278,279
大阪地判昭54・2・2（行例集30巻2号158頁）………24,72,249,251,258,260,262,278
大阪地決昭54・2・8（矯裁例集(2)497頁）……………………………275
東京地判昭54・2・27（判タ386号105頁）……………………………245
大阪地判昭54・3・23（訟月25巻7号1775頁）…………………………71
東京地判昭54・4・24（訟月25巻8号2221頁）……………………119,121
東京地判昭54・4・24（訟月25巻8号2224頁）…………………………111
岐阜地判昭54・4・25（矯裁例集(2)539頁）………………………………21

大阪地判昭54・5・2（下民集30巻5〜8号187頁） ……………………………… 100,279
高松地決昭54・6・6（刑事月報11巻6号700頁）………………………………… 297
神戸地判昭54・6・29（矯裁例集(2)561頁）……………………………………… 262
東京地判昭54・8・27（判時953号83頁）……………………………………… 85,87
広島地判昭54・8・28（訟月25巻12号2950頁）…………………………………… 103
福岡高決昭54・9・27（高刑集32巻2号186頁）…………………………………… 297
神戸地判昭54・9・27（訟月26巻1号94頁）……………………………… 5,73,262
大阪地判昭54・10・31（矯裁例集(2)598頁）……………………………………… 42
東京地判昭54・11・26（判時968号87頁）…………………………………… 283,286
東京地判昭54・12・6（判時947号67頁）…………………………………………… 10
仙台地決昭54・12・6（刑事月報11巻12号1632頁）……………………………… 297
東京高判昭54・12・26（高刑集32巻3号298頁）………………………………… 293
福岡高宮崎支判昭54・12・26（訟月26巻3号508頁）……………………… 42,43,44
那覇地判昭55・1・29（訟月26巻5号719頁）……………………………… 112,200
大阪地判昭55・2・29（矯裁例集(2)651頁）……………………………………… 239
東京地判昭55・3・13（訟月26巻5号747頁）……………………………………… 206
名古屋地判昭55・4・25（訟月26巻7号1178頁）………………………………… 289
東京地判昭55・5・21（矯裁例集(2)701頁）……………………………………… 100
長野地判昭55・6・26（矯裁例集(2)709頁）……………………………… 249,251,261
東京地判昭55・7・8（矯裁例集(2)734頁）……………………………………… 207
東京高決昭55・7・29（東高民時報31巻7号159頁）……………………………… 19
大阪地判昭55・8・7（矯裁例集(2)751頁）………………………………………… 73
東京高決昭55・8・14（東高刑時報31巻8号103頁）……………………………… 206
大阪地判昭55・9・30（矯裁例集(2)762頁）………………………………………… 20
東京地判昭55・10・29（矯裁例集(2)769頁）…………………………………… 196,197
東京地判昭55・12・10（行例集31巻12号2557頁）…………………………… 155,156
最判昭55・12・19（訟月27巻3号552頁）……………………………… 92,93,111,291
東京地判昭56・1・26（判時1011号76頁）………………………………………… 249
大阪高決昭56・4・6（判時1015号42頁）………………………………………… 294
最判昭56・4・14（ジュリスト779号116頁）……………………………………… 295
東京高判昭56・11・25（行例集32巻11号2084頁）……………………………… 155
広島地決昭56・12・10（訟月28巻2号292頁）…………………………………… 294

千葉地決昭57・1・19（判例集未登載） 289
千葉地判昭57・1・20（判例集未登載） 287
最決昭57・1・28（判時1029号60頁） 293
東京高判昭57・5・27（判タ510号149頁） 94
徳島地判昭57・7・30（訟月29巻2号276頁） 74
東京地判昭57・9・24（判時1076号77頁） 197,199,202
名古屋地判昭58・2・14（判時1076号112頁） 76,242
東京地判昭58・2・28（判時1071号39頁） 293
熊本地判昭58・3・10（保安情報50号39頁） 81
大阪高決昭58・3・31（判タ498号189頁） 21
大阪地判昭58・5・20（判時1087号108頁） 83,241
大阪地判昭58・6・10（判タ534号181頁） 276
最大判昭58・6・22（民集37巻5号793頁）
　　　　　　　　　　4,5,6,9,11,94,104,107,108,117,120,121,169,202
東京地判昭58・9・14（訟月30巻3号540頁） 24,162
大阪地判昭58・11・10（行例集34巻11号1895頁） 201
浦和地判昭58・12・12（判タ515号187頁） 243
徳島地決昭58・12・20（訟月30巻6号1037頁） 112
高松高決昭59・4・4（訟月30巻9号1681頁） 113
岐阜地判昭59・5・14（訟月30巻12号2613頁） 13,102,117,156
水戸地判昭59・6・15（判例集未登載） 82
神戸地判昭59・6・25（判タ535号266頁） 86,245
東京地判昭59・8・8（判タ540号207頁） 120
長崎地判昭59・8・29（訟月37巻8号1340頁） 261,271,277
東京地判昭59・12・3（行例集35巻12号2007頁） 120
大阪高判昭60・2・28（保安情報54号13頁） 245
名古屋高判昭60・3・27（訟月31巻11号2860頁） 13,102,117,156
大阪地判昭60・4・5（訟月31巻12号3109頁） 17
長崎地判昭60・5・22（判タ562号144頁） 8,103
大阪地判昭60・5・31（訟月32巻3号562頁） 275,276,280
最判昭60・12・13（民集39巻8号1779頁） 153,155

判例索引

〈昭和61年～63年〉

京都地判昭61・4・24（判時1206号87頁）……………………………………121
高知地判昭61・4・28（保安情報56号36頁）…………………………………167
東京高判昭61・6・26（刑事月報18巻5・6号725頁）…………………………15
徳島地判昭61・7・28（判時1224号110頁）……………………40,44,46,57,274
東京地判昭61・8・28（保安情報57号26頁）…………………………………199
東京地判昭61・9・25（行例集37巻9号1122頁）……………………………168
東京高判昭61・11・26（判時1220号64頁）……………………………………243
広島高松江支判昭61・12・24（訟月33巻10号2396頁）………………………44
横浜地判昭62・2・18（判時1248号81頁）……………………………………265
東京地判昭62・5・27（行例集38巻4・5号457頁）……………………………17
東京地判昭62・6・17（訟月34巻1号9頁）……………………………95,111,150
東京高判昭62・11・25（行例集38巻11号1650頁）…………………………168
東京地決昭62・12・28（判例集未登載）……………………………………17,18
東京高決昭63・2・19（判タ680号235頁）…………………………………17,19
大阪高判昭63・4・27（保安情報60号36頁）……………………………………81
横浜地判昭63・5・25（判時1295号94頁）……………………………………81
東京高判昭63・6・2（行例集39巻5・6号464頁）……………………………120
岐阜地判昭63・7・4（行例集39巻7・8号695頁）……………………………224
東京地判昭63・9・13（保安情報61号2頁）……………………………………273
仙台地判昭63・9・21（訟月35巻5号761頁）…………………………………159
高松高判昭63・9・29（判時1295号71頁）……………………40,47,58,262,278
名古屋地判昭63・11・11（保安情報61号60頁）………………………………84

〈平成元年～10年〉

岐阜地判平元,1,23（保安情報62号1頁）………………………………………225
千葉地決平元,2,13（判時1325号108頁）…………………………………259,281
東京地判平元,2,23（判タ713号136頁）……………………………………261,280
東京地決平元,3,1（訟月35巻9号1702頁）…………………………………107,186
大阪高判平元,5,17（判時1333号158頁）………………………………………186
東京地判平元,5,31（判時1320号43頁）……………………9,107,182,187,191,211,214
札幌地判平元,6,21（判時1330号97頁）………………………………………84,87

大阪地判平元,11,30（判タ725号65頁）……………………………………241,243
東京地判平2・2・20（保安情報64号11頁）…………………………………63
高松高判平2・3・19（保安情報64号21頁）…………………………………178
広島地判平2・6・29（保安情報65号1頁）……………………………………84
大阪地判平2・10・19（保安情報65号28頁）…………………………………88
東京地判平2・10・31（保安情報65号33頁）…………………………………106
福岡高判平2・12・20（訟月37巻7号1137頁）……………………………8,103
福岡高判平2・12・20（訟月37巻8号1310頁）……………………………262,271
東京地判平3・3・19（判タ770号168頁）……………………………………239
東京地判平3・3・25（判時1397号48頁）……………………………………218
東京地判平3・3・29（訟月37巻11号2050頁）……………………………106,214
最判平3・7・9（民集45巻6号1049頁）……………………………………168
東京地決平3・7・12（判タ780号176頁）……………………………………21
東京地判平3・7・16（保安情報67号28頁）…………………………………19
横浜地判平3・7・17（判タ780号178頁）……………………………………153
東京地判平3・8・30（判時1403号51頁）………………………48,63,121,174,253
東京高決平3・12・16（訟月38巻6号1084頁）………………………………22
大阪地判平3・12・26（判タ788号159頁）……………………………………112
大阪地判平4・1・24（判タ783号107頁）…………………………………95,106,113
東京地判平4・2・4（判時1436号45頁）……………………………………95
札幌高判平4・2・5（保安情報70号66頁）…………………………………163
札幌地判平4・2・10（保安情報68号58頁）…………………………………204
東京高判平4・2・27（保安情報68号94頁）…………………………………218
東京地判平4・3・16（行例集43巻3号364頁）……………………………98,197
東京高判平4・3・24（判時1422号82頁）……………………………………213
最決平4・4・9（判例体系(5)58頁）…………………………………………22
東京地判平4・4・17（判時1416号62頁）……………………………………188
最判平4・4・28（判例集未登載）……………………………………………262
大阪高判平4・6・30（訟月39巻4号690頁）…………………………………114
最大判平4・7・1（民集46巻5号437頁）……………………………………263
新潟地判平4・7・16（保安情報69号14頁）………………………………161,235
東京地判平4・7・27（判タ806号144頁）…………………………8,9,107,111,221

東京地判平4・9・29（保安情報73号121頁）……………………………………… 42
大阪地判平4・12・2（判例集未登載）……………………………………………… 63,105
東京地判平5・2・25（判時1487号75頁）…………………………………………… 169
福岡高判平5・3・18（判時1489号159頁）………………………………………… 299
東京高判平5・7・21（判時1470号71頁）…………………………… 48,63,121,175,257
東京高判平5・7・29（行例集44巻6・7号671頁）………………………………… 99,197
東京地判平5・7・30（判タ841号121頁）…………………………………… 9,183,220
札幌地判平5・7・30（判タ835号165頁）……………………………………………… 59
最判平5・9・10（判時1472号66頁）………………………………………………… 262,271
最判平5・9・10（判時1472号69頁）………………………………… 8,103,104,264
大阪高判平5・9・30（保安情報71号86頁）…………………………………………… 64
千葉地佐倉支判平5・9・30（保安情報71号90頁）……………………………………… 19
東京地判平5・11・24（判時1485号21頁）……………………………………… 171,201
東京地判平5・11・30（保安情報72号17頁）………………………………………… 174
大阪地堺支判平5・12・8（保安情報72号33頁）……………………………………… 81
東京高判平5・12・27（保安情報72号50頁）………………………………………… 235
東京地判平6・1・25（訟月41巻3号283頁）………………………………………… 97
鳥取地判平6・1・25（判タ847号139頁）………………………………………… 105,203
旭川地判平6・6・15（保安情報73号1頁）…………………………………… 117,122
東京高判平6・7・5（判時1510号98頁）…………………………………………… 170
東京高判平6・7・12（保安情報73号74頁）…………………………………… 97,106,109
東京高判平6・9・20（保安情報73号121頁）………………………………………… 97
大阪地判平6・10・12（保安情報73号129頁）……………………………………… 116
最判平6・10・27（判時1513号91頁）……………………………………………… 197,198
東京地判平6・12・13（訟月41巻12号2925頁）…………………………………… 183
東京高判平6・12・21（判例集未登載）……………………………………………… 221
大阪地判平7・1・30（判時1535号113頁）…………………………………………… 79
東京地判平7・2・28（判タ904号78頁）……………………………… 106,109,162,235
東京高判平7・8・10（判時1546号3頁）……………………………………………… 190
大阪地判平7・8・29（保安情報75号36頁）………………………………………… 122
東京地判平7・10・26（保安情報77号1頁）………………………………………… 174
東京地判平7・11・8（保安情報75号48頁）………………………………………… 213

広島地判平7・11・13（民集59巻3号627頁）……………………………………180
東京高判平7・12・14（保安情報76号1頁）…………………………………163
大阪高判平7・12・21（保安情報76号3頁）…………………………………185
熊本地判平8・1・26（判時1599号123頁）…………………………200,233
東京地判平8・3・15（判タ933号120頁）………………61,62,106,109,186
徳島地判平8・3・15（判時1597号115頁）…………………177,181,186
東京地判平8・3・25（判タ929号143頁）……………………17,96,217
最決平8・9・25（判例集未登載）……………………………………………293
東京高判平8・10・30（判時1590号63頁）………………61,186,213,224
大阪高判平8・10・30（判時1589号58頁）……………………………………79
大阪高判平8・11・28（保安情報77号45頁）……………………………154
東京地判平9・1・29（保安情報78号44頁）………………………………59
福岡地判平9・3・23（保安情報78号51頁）…………………19,109,153,182
高松高判平9・11・25（保安情報80号1頁）…………………174,178,181,270
東京地判平9・11・28（保安情報79号40頁）……………………………61
東京高判平10・1・21（判時1645号67頁）………………………………59
大阪高判平10・2・27（保安情報80号54頁）……………………………161
最判平10・4・24（判時1640号123頁）……………………………48,176,257
東京高判平10・5・28（保安情報80号89頁）……………………………280
東京地判平10・8・27（保安情報81号1頁）……………………………214
東京地判平10・9・21（判例集未登載）………………………………………19
仙台地判平10・10・22（判時1692号98頁）…………………………234,258,279
宇都宮地判平10・10・22（訟月46巻9号2頁）……………………………150
最判平10・10・27（判例集未登載）…………………………………………190

〈平成11年～20年〉

岐阜地判平11・1・20（保安情報82号7頁）…………………………………88
東京高判平11・1・25（保安情報82号45頁）……………………………214
最判平11・2・26（判時1682号12頁）…………………………………212,221
最判平11・3・11（保安情報82号128頁）…………………………………163
旭川地判平11・4・13（判時1729号93頁）…………………………………50
札幌地判平11・4・23（保安情報82号177頁）………………………………81

大阪地堺支判平11・10・27（保安情報83号26頁） …………………………… 84,239
広島高判平11・11・17（民集59巻3号641頁） …………………………… 180
福岡高判平11・12・17（判タ1077号182頁） …………………………… 153
広島地判平12・2・4（保安情報第84号56頁） …………………………… 82
千葉地判平12・2・7（訟月48巻9号2686頁） …………………………… 56
東京地判平12・5・12（判例集未登載） …………………………… 244
福島地判平12・5・23（判タ1099号177頁） …………………………… 82
大阪地判平12・5・25（判時1754号102頁） …………………………… 199
大阪地判平12・6・21（判例集未登載） …………………………… 159
札幌地判平12・8・25（訟月47巻9号2699頁） …………………………… 44,47
最判平12・9・7（判時1728号17頁） …………………………… 178,181
最判平12・9・22（民集54巻7号2574頁） …………………………… 247
東京地判平12・10・26（判例集未登載） …………………………… 214
東京地判平12・11・12（判タ1106号93頁） …………………………… 116
東京地判平12・11・13（判タ1106号93頁） …………………………… 96
東京高判平13・2・15（訟月48巻9号2075頁） …………………………… 56
最判平13・11・27（民集55巻6号1154頁） …………………………… 247
松江地判平14・1・30（判タ1123号115頁） …………………………… 84,88,243
熊本地判平14・5・31（判例集未登載） …………………………… 203
東京地判平14・6・28（判時1809号46頁） …………………………… 45,56
最判平14・9・24（判時1803号28頁） …………………………… 248
福岡高判平14・10・31（判例集未登載） …………………………… 203
金沢地判平14・12・9（判時1813号117頁） …………………………… 258,262
東京地判平15・2・7（判時1837号25頁） …………………………… 116,161
札幌地判平15・3・14（判時1818号158頁） …………………………… 77
広島地判平15・3・27（民集62巻5号1024頁） …………………………… 176,179
最判平15・9・5（判時1850号61頁） …………………………… 197
最判平15・11・11（民集57巻10号1466頁） …………………………… 247,248
東京地判平16・1・22（判タ1155号131頁） …………………………… 86,244,246
大阪地判平16・3・9（判時1858号79頁） …………………………… 166
広島地判平16・6・29（判時1890号113頁） …………………………… 181
大阪地堺支判平16・12・22（判時1902号112頁） …………………………… 84,244

東京高判平17・1・18（判時1896号98頁）……………………………………87,246
大阪高判平17・1・25（訟月52巻10号3069頁）……………………………166
最判平17・4・19（民集59巻3号563頁）……………………………………180
最判平17・9・8（裁判所時報1395号1頁）…………………………………248
広島高判平17・10・26（民集62巻5号1143頁）………………………176,179
最判平17・12・8（判時1923号26頁）………………………………………247
名古屋地判平18・1・27（判時1933号102頁）……………………………107,153
最判平18・3・23（判時1929号37頁）…………………………………195,203
名古屋地判平18・8・10（判タ1240号203頁）………………………229,231
前橋地判平18・10・11（判時1980号106頁）……………………………85,242
京都地判平18・11・30（判時1966号90頁）………………………………287
仙台地判平19・10・16（判時1996号68頁）…………………………239,288
熊本地判平20・1・15（判時1999号98頁）…………………………………79
最判平20・4・15（民集62巻5号1005頁）……………………176,177,179

〈平成21年～〉

大阪地判平21・2・18（判時2041号89頁）…………………………………56
佐賀地判平21・3・30（判時2040号103頁）………………………………151
東京地判平21・3・31（判例集未登載）……………………………………290
福岡高判平21・5・14（判時2061号47頁）…………………………………80
福岡地小倉支判平21・10・6（判タ1323号154頁）………………………287
福岡高判平22・2・25（判タ1330号93頁）…………………………………154
名古屋地判平22・5・25（判時2098号82頁）………………………………55
熊本地判平23・3・15（判時2138号90頁）…………………………………209
岐阜地判平23・6・16（判例集未登載）……………………………………206
津地判平23・7・7（判時2123号112頁）……………………………………167
福岡高判平23・8・25（判タ1388号167頁）………………………………209
広島高判平24・1・27（民集67巻9号1831頁）……………………………191
鳥取地判平24・7・17（判タ1390号195頁）………………………………296
広島地判平25・1・30（判時2194号80頁）…………………………………187
広島地判平25・3・26（訟月61巻1号1頁）…………………………………45
大阪高判平25・9・27（判時2239号24頁）……………………………………8

大分地判平25・9・30（判例集未登載） …………………………………………… 288
広島高判平25・10・25（判時2209号108頁） ………………………………………… 188
最判平25・12・10（民集67巻9号1761頁） …………………………………………… 191
大阪高判平26・1・23（判時2239号74頁） …………………………………………… 241
東京高判平26・9・10（判時2241号67頁） …………………………………………… 188
名古屋地判平27・3・12（判例集未登載） …………………………………………… 188
東京地判平27・5・20（判例集未登載） ……………………………………………… 105
岐阜地判平27・9・16（判例集未登載） ……………………………………………… 85
福岡地判平28・3・11（判例集未登載） ……………………………………………… 188

●●● 事項索引 ●●●

あ

アメリカの給食	144
安座姿勢	44, 52, 279
移送	31
移送（病院への）	244
移送の告知義務	36
移送の相当性	37
移送の法的性質	32
医師不足	236
医療	236
医療過誤	242
医療技術上の過失	242, 243
医療行政上の不当	239
医療上の過失肯定の事例	83
医療上の注意義務	83
医療措置	247
飲料水	144
運動	233
運動の禁止（軽屏禁）	273
閲読	13, 91
閲読（未決拘禁者の）	92, 93
閲読禁止の根拠	122
閲読時間の制限	117
閲読誌の一部制限	99
閲読誌の冊数制限	114
閲読制限（外国語文書）	97
閲読制限（死刑囚の）	106
閲読制限（既決）	99
閲読不許可（法規範ではない）	112

か

戒護	55
外国語文書の禁止	97
外国語文書の翻訳	97
戒護上の注意義務	76
外部交通権	14
革手錠	56
願せん（箋）	294
願せん受理の拒否（信書の）	209
既決拘禁者の閲読制限	99
喫煙	145
義務	80
義務づけ訴訟	20
給食	144
行政事件訴訟	21
行政手続の保障原則	263
居室の指定	27
禁錮刑受刑者の勤労の権利と義務	65
苦情の申出	30
国の賠償責任（少年院）	85
刑事施設における「著作」	226
軽屏禁罰	272
軽屏禁（未決）	280
軽屏禁と入浴の禁止	273, 277

軽屏禁罰と行動の規制 …………… 272	差入れ ………………………………… 148
刑務官の戒護上の注意義務 ………… 76	差入れ（現金）……………………… 153
刑務官の守秘義務 …………………… 291	差入れ（物品）……………………… 153
刑務官の職務権限 …………………… 283	差入れ（受刑者）………………… 153,155
刑務官の職務上の注意義務 ………… 76	差入れ（書籍等の）………………… 149
刑務官の職務上の秘密 ……………… 291	差入れ（新法における）…………… 163
刑務官の不法行為責任 ……………… 87	差入れ（未決拘禁者への）………… 149
刑務作業 ……………………………… 65	冊子の一部抹消 ……………………… 200
厳正独居 ……………………… 49,52,53	雑誌の一部削除 ……………………… 111
厳正独居と国際基準 ………………… 55	冊数制限（未決拘禁者の）………… 96
憲法25条と糧食給与基準 ………… 137	死刑囚の拘禁目的 …………………… 9
公共の福祉 …………………………… 7	ジャーナリストの接見 ……………… 188
公共の利益 …………………………… 8	証拠書類の閲覧 ……………………… 117
拘禁の目的 …………………………… 8	証拠書類を閲読する権利 ………… 13
拘禁の目的（死刑囚の）…………… 9	書籍の一部抹消 ……………………… 111
公権力の行使 ………………………… 34	書籍の差入れ ………………………… 149
交通遮断 ……………………………… 41	書籍の証拠上程方法 ………………… 112
購読紙の一部削除 …………………… 110	書信表 ………………………………… 294
購読紙の一部不許可 ………………… 112	自弁 ……………………………… 148,157
購読紙の一部抹消 …………………… 94	自弁（受刑者）……………………… 159
国際準則と懲罰 ……………………… 269	自弁（新法における）……………… 163
米と麦の割合 ………………………… 139	自弁（未決）………………………… 157
	就労の義務（受刑者）……………… 67
さ	受刑者の分類（新法）……………… 26
	出頭許否の基準 ……………………… 17
最高裁判断（医療措置）…………… 247	宗教（刑務所における）…………… 132
在所者と外部との面会 ……………… 165	宗教家への公金支払い ……………… 127
再審弁護人の接見 …………………… 186	宗教の強制（受刑者）……………… 130
裁判を受ける権利 ……………… 12,24	宗教の強制（死刑囚）……………… 131
作業義務 ……………………………… 65	宗教の自由 …………………………… 123
作業上の注意義務 …………………… 80	職務上の秘密 ………………………… 291
作業報奨金の法的性質 ……………… 68	所内生活の心得 ……………………… 112

318　事項索引

新興宗教 ………………………… 129
信仰の自由 ……………………… 124
審査の申請 ……………………… 30
信書（死刑確定者）…………… 210
信書（受刑者）………………… 203
信書（未決）…………………… 194
信書の一部削除 ………………… 206
信書の一部抹消 ………………… 199
信書の字数制限 ………………… 207
信書の受信 ……………………… 208
信書の制限（勾留目的による）… 196
信書の発受 ……………………… 192
信書の発受（受刑者）………… 203
信書の発受と人権 ……………… 214
信書の発受（未決拘禁者の）… 194
信書の発信（弁護士宛て）…… 209
新聞の閲読 …………………… 91,118
新聞閲読の一部不許可 ………… 119
新聞閲読禁止の根拠 …………… 122
新聞閲読の不許可 ……………… 118
診療録 …………………………… 294
接見（面会）の立会い ………… 180
制限区分 ………………………… 27
制裁具の使用 …………………… 55
接見表 …………………………… 294
前科犯罪歴 ……………………… 295
全裸検身 ………………………… 62
相当の蓋然性 …………………… 10
孫斗八事件 …………………… 101,102

た

代用監獄 ………………………… 297
代用監獄の弊害 ………………… 297
代用監獄の問題点 ……………… 300
宅下げ ………………… 148,160,162
宅下げ（新法）………………… 163
玉検査 …………………………… 63
昼夜独居 ………………………… 43
懲役受刑者の就労の義務 ……… 67
懲罰 ……………………………… 249
懲罰（アメリカ）……………… 266
懲罰（未決勾留中の）………… 259
懲罰規定（新法）……………… 265
懲罰手続の不備 ………………… 249
懲罰と適正手続 ………………… 249
長時間にわたる取調べ ………… 298
懲罰事例 ………………………… 253
懲罰審査会 ……………………… 258
懲罰の量定 ……………………… 260
著作（既決）………………… 224,226
著作（未決）…………………… 216
著作発表（確定死刑囚の）…… 220
著作物原稿の一部抹消 …… 217,218
通報発信の制限（死刑囚）…… 213
手紙の検閲 ……………………… 193
頭髪 ……………………………… 229
特殊房（死刑囚）……………… 61
特別権力関係（論）…………… 1,3,5
図書閲読 ………………………… 91
図書閲読に関する判例 ………… 102

図書閲読についての最高裁の判断
　　……………………………………… 103
図書閲読の禁止 ……………………… 278
独居解除 ……………………………… 53
独居拘禁 ……………………………… 39
独居拘禁の期間 ……………………… 46
独居拘禁の更新と告知 ……………… 48
独居拘禁の法的性質 ………………… 40
独居房（既決） ……………………… 61
取調時の暴行 ………………………… 298

な

入浴 …………………………………… 232
入浴の禁止（軽屏禁） ……………… 277
ノートの使用 ………………………… 225
ノートの領置 ………………………… 225

は

発受回数の制限 ……………………… 193
発信の不許可 ………………………… 203
発信日の指定 ………………………… 207
比較衡（較）量（論） ……………… 7
筆記具等の常時使用 ………………… 218
平峯判決 ………………………… 1, 3, 101
表現の自由（受刑者の） …………… 227
副食の品質 …………………………… 141
物品の差入れ ………………………… 153
物品の差入れ（受刑者） …………… 156
不服申立制度 ………………………… 30
分類（処遇） …………………… 25, 29

分離処遇（新法） …………………… 29
閉居罰 ………………………………… 281
弁護人との接見 ……………………… 174
弁護人の秘密交通権 ………………… 166
保安作用の内容と限界 ……………… 283
防衛権（訴訟準備のための） ……… 14
報奨金の基準 ………………………… 70
報奨金の削減 ………………………… 72
法条の有効確認 ……………………… 238
法廷出頭権 …………………………… 15
保健 …………………………………… 229
保護室拘禁 ……………………… 57, 59

ま

丸刈りの論拠 ………………………… 231
身分帳簿（被収容者） ……………… 292
明白かつ現在の危険 ………………… 11
面会（再審弁護人） ………………… 186
面会（死刑確定者の） ……………… 181
面会（受刑者の） …………………… 170
面会（未決拘禁者との） …………… 165
面会時間 ……………………………… 167
面会の意義 …………………………… 191
面会の回数 …………………………… 166

や

優遇区分の指定 ……………………… 28
優遇措置 ……………………………… 28
幼児との面会 ………………………… 168

ら

利益誘導（取調時の）……………299
糧食……………………………137
糧食の一般基準………………139
糧食の授受……………………151
領置（保管）………………148,160
領置（新法）…………………163
累進制…………………………25

●著者紹介──

菊田　幸一（きくた・こういち）
　1934年生まれ
　現在、弁護士　明治大学名誉教授

〈著書等〉
『死刑』（新版）明石書店、1999年
『日本の刑務所』（岩波新書）、2002年
『刑務所改革』（編著）日本評論社、2007年
『社会のなかの刑事司法と犯罪者』（編著）日本評論社、2007年
『刑事司法』勁草書房、2011年
『犯罪学』（八訂版）成文堂、2016年

受刑者の法的権利　第2版
2001年 6 月10日　初版発行
2016年11月10日　第2版第1刷発行
2018年 9 月30日　第2版第2刷発行

　　　　　　　　　著　者　　菊　田　幸　一
　　　　　　　　　発行者　　株式会社　三　省　堂
　　　　　　　　　　　　　　　代表者　北口克彦
　　　　　　　　　印刷者　　三省堂印刷株式会社
　　　　　　　　　発行所　　株式会社　三　省　堂
　〒101-8371　東京都千代田区神田三崎町二丁目22番14号
　　　　　　　　　　　電話　編集　(03)3230-9411
　　　　　　　　　　　　　　営業　(03)3230-9412
　　　　　　　　　　　　　http://www.sanseido.co.jp/
Ⓒ K. Kikuta 2016　　　　　　　　　　　Printed in Japan
落丁本・乱丁本はお取り替えいたします。　〈2版受刑者・336pp.〉
　　　　　　ISBN 978-4-385-32132-5

　　　　　本書を無断で複写複製することは、著作権法上の例外を除き、禁じられ
　　　　　ています。また、本書を請負業者等の第三者に依頼してスキャン等に
　　　　　よってデジタル化することは、たとえ個人や家庭内での利用であっても
　　　　　一切認められておりません。